风雅大宋·熙宁变法

FENGYA DAS叁NG

王佳 —— 著

浙江人民出版社

图书在版编目（CIP）数据

风雅大宋．三，熙宁变法 / 王佳著．—杭州：浙江人民出版社，2022.6（2022.9 重印）

ISBN 978-7-213-10522-7

Ⅰ．①风… Ⅱ．①王… Ⅲ．①中国历史—宋代—通俗读物 Ⅳ．① K244.09

中国版本图书馆 CIP 数据核字（2022）第 034770 号

风雅大宋（三）：熙宁变法

王 佳 著

出版发行：浙江人民出版社（杭州市体育场路 347 号 邮编 310006）
市场部电话：（0571）85061682 85176516
责任编辑：方 程
特约编辑：小 北 黎福安
营销编辑：陈雯怡 赵 娜 陈芊如 小 马
责任校对：朱 妍
责任印务：刘彭年
封面设计：琥珀视觉
电脑制版：北京东安嘉文文化发展有限公司
印 刷：杭州丰源印刷有限公司
开 本：710 毫米 ×1000 毫米 1/16 印 张：19.75
字 数：240 千字 插 页：1
版 次：2022 年 6 月第 1 版 印 次：2022 年 9 月第 2 次印刷
书 号：ISBN 978-7-213-10522-7
定 价：58.00 元

目录

事实证明，吕惠卿没有辜负王安石的信任。他有文采，精于吏道，办事果敢干练。不过，最让王安石欢喜的，还是他“注重实际”这个品质。当初吕惠卿任真定推官秩满回京述职，遇到了王安石，交谈之下，一见如故。这两个人思想境界很接近，特立独行，而且都爱说实话，当然就成了好朋友。

这封信很有名，体现了王安石的一贯风格，没有像司马光一样旁征博引，企图用学问吓人，也没有像苏轼一样使劲用排比句，华丽飘逸。王安石就是这样，简简单单说事情，把自己的观点表明就结束了，简朴到极致。他的淡定和务实在文字里表露无余。

王安石根本不畏惧这一套，他认为：上天能提什么意见呢？这只是自然现象而已。但在那个时代里，他不能旗帜鲜明地破除迷信，与根深蒂固的迷信思想对着干，只好违心地说：“华山的灾异，或许是为小人而发，和市易务没什么关系。这个机构本来就是抑制兼并的，对官府有什么利益呢？”

可是事情出现了微妙的变化。渐渐地，由于王安石总是不给郑侠安排重要的岗位，郑侠变得十分有意见，出于某种外因的刺激，事情走向了极端，也出现了质变，向相反的方向发展——“反者道之动”，此意也！唐垧在这一刻灵魂附体，司马光的衣钵也后继有人，郑侠疯狂起来，开始攻击新法。

序

20 世纪上半叶，中国近代以来两位史学巨擘陈寅恪和钱穆，给大宋王朝下了两个著名的论断。一个说“华夏民族之文化，历数千年之演进，造极于赵宋之世”；另一个说两宋王朝乃是“积贫积弱”的“文官政府”。

这两个论断命运迥异。前者的说法一度只有少数历史学者还记得曾经有这么一回事，而后者的说法亦被割裂，只剩下“积贫积弱”四个字。伴随着 1840 年以来缠绕于中国人心里近 200 年的悲情意识，借助《说岳全传》《杨家将》等演义小说及民间戏曲留下来的文化意识片段，直到今日的中国，仍然深入人心，几乎构成两宋的“历史符号”。

两宋与晚清一样，一度是绝大多数中国人都不太愿意提起的王朝。人们向往的是汉唐雄风，而两宋在人们的心目中，不过是苟延残喘地延续了 300 年，而对于我们这个担负过太多屈辱历史的民族来说，回忆那个时代，实在容易勾起民族潜意识里的悲情。即使完全不读历史书的人，也知道岳飞的故事……但凡还记得中学历史知识的国人，对于宋朝的“岁赐”也一定印象深刻，世界上再也没有比我们对割地赔款更加深恶痛绝的民族了。

至于文学爱好者，也许有人如醉如痴地喜爱宋词，但这正可当成宋朝“文弱”的一个证据，而诞生于宋朝的理学，则更被人们普遍视为造成中国近代衰落的重要原因……

同样是在20世纪上半叶，准确地说是1910年，在隔壁那个经历过明治维新，正磨刀霍霍准备实现其帝国野心的日本，一个在后世享有崇高学术地位的历史学家内藤湖南，第一次正式提出了他的著名学术观点——唐宋变革论。那篇将唐朝视为中世纪的结束，将宋朝视为近世开端的学术论文，在接下来的时间里，深刻影响着某些中国学者的历史观。

从此，有了另一个宋朝。

这个宋朝，经济发达、文化繁荣、科技昌明，它处在华夏文明演化的关键路口。政治、军事、文化、思想、商业、农业、科技……几乎每个方面，都发生了前所未有的革命性变化。当你用“屈辱”与“失败”来描绘这个宋朝与周边民族的关系时，会让人觉得那是一种几乎不可忍受的浅薄之见。它的结局的确以失败告终，但在它失败的废墟下，掩埋着无比珍贵的财富，等待我们拨开悲情的迷雾去发掘。

实际上，在中国研究两宋的学者中，这样的工作已经进行了近30年。只是，无数发掘出来的珍宝，它们的外表依然是看起来枯燥无味、令绝大多数人望而却步的学术论文、学术著作。

在今日的中国，其实既不缺乏踏踏实实、安于清苦，致力学术研究的学者，也不缺乏求知若渴，想要了解更多知识的大众。但学者们往往敏于思而讷于言，大多数人并不善于与大众沟通；而普通大众，也同样将枯燥的论文与学术著作视为畏途，因而真正缺失的，乃是将学术与普通大众两者沟通起来的桥梁。

幸运的是，这样的桥梁逐渐多起来了——当读者翻开这本书的时候，即意味着你已经走上了一座桥梁。这是一件值得庆幸的事情，因为本书不仅将带你去拜访一个个活灵活现、个性鲜明的宋朝人物，追随他们的事迹，与他们一起思考、呼吸……而且，这座桥梁也是安全可靠的。

在沟通的桥梁尚少之时，人们面对滔滔的大河，不太会挑剔桥的安全质量。但是，当桥梁逐渐多起来后，人们对历史的了解亦随之加深，过河的途径一多，对于桥的安全质量自然会有所评价，这亦是一种进步。在过去的几十年里，承担架起桥梁之任的人，的确有一些故意曲解史籍，反果为因，夹带私货；另有更多的人，粗制滥造，干的其实只是诸史纪事本末的白话文翻译工作……

这是可以理解的。只是，随着读者的进步，担当这种桥梁的人，也应当随之进步。这样才能进入一个真正的良性循环。

我们手中的这本书，正是这样的一个良性循环，在目前同类有关宋朝的作品中，这还是唯一一本让我打开阅读后，能够清楚地知道作者的确认认真真读过不少笔记小说——她不是在翻译《宋史纪事本末》或者《皇宋通鉴长编纪事本末》。作者虽然是用通俗、轻松的语言讲述宋朝的故事，但她所讲的故事是可靠的。我至今还清楚地记得，当年读了某本仿黄仁宇风格讲述宋朝历史的作品之后，有多么失望。

作为一个学习历史的人，面对历史，心里始终会有一种难以言说的尊重——我一直认为，对于历史的尊重，并不是要我们正襟危坐，板着脸，满口古文，讲着一些普通人听不懂的学术名词，甚至读书都只读竖排繁体……那种腔调，其实是很可笑的。真正尊重历史的人，应当尊重历史本身的情感，我们应当去体会身处不同时代的人们的情感，体谅他们的心情，其中最重要亦是最基本的则是尊重事实。对历史可以有不同的解释，我们也可以用自己的观点去解释历史，却永远不应该通过曲解历史，故意颠倒前因后果，来曲护自己的观点。

每本作品都是有灵魂的，而读者将感受得到。

所以，能够向各位介绍这本书，我将这当成一种荣幸。

阿越

2021 年 11 月于未飞斋

第一章 宦途更比昆仑险

虽然士兵们没学过概率论，也没有计算出这件事出现的概率是多少，但他们凭借自己的直觉判断出，如果没有神仙插手，这件事是不可能出现的。

既然神仙都这么定了，还有什么可担心的呢？于是全军欢呼，声震林野。

狄青来了！

远在千里之外的侬智高打了个寒战，此公的大名早就如雷贯耳，他不得不加紧布防。仁宗皇帝也对左右说：“狄青威名在外，敌人肯定害怕他前来，会想尽办法加害于他，所以他的左右侍从乃至饮食起居，非亲信不可。”

在大战之前，狄青去拜访了一个人——何仙姑。

北宋时候还没有出现“八仙”的说法，所以这个何仙姑是不是八仙之一，不得而知。关于她的传说非常神异，但听起来又合乎常理，所以找她的人很多，“往来士大夫率致敬焉”。

何仙姑本来是个很普通的放牛妇女，有一天遇到一位异人，让她吃了几粒枣子，从此身怀绝技，成为远近闻名的预言家。

狄青出永州，听说了此人大名，就“以兵事问”。

何仙姑告诉他：“此战后，你将再也见不到贼兵，因为他们被打败后会跑得无影无踪。”

这等于给狄青吃了颗定心丸，他便放心带兵出发。而就在他身后，右正言韩绛上奏仁宗：“狄青只是武人出身，不知能否完成这次朝廷的重托？”言外之意是问：要不要派个监军跟随？

仁宗拿不定主意，去问庞籍。庞籍镇守过边陲，算是半个武人，回答道：“狄青出身行伍，带兵经验丰富，无需过于担心。如果给他派个文人副手，恐怕反被制约，最好不要派。”

对狄青这种身经百战的猛人来说，打仗不过是小意思，但是稍微有点管理学常识的人都知道，带兵打仗靠的不是匹夫之勇，从某种程度上来说，一个人单枪匹马，越勇猛就死得越快。所以，明智的主帅都知道，关键是需要调动士气，士气上来后，人人都可以以一当十，这场战的胜率就高多了。

那些著名的帅才不一定都是膀大腰圆的壮汉，也有许多饱读诗书的儒将，他们每到关键时刻，都会通过一些慷慨激昂、深情款款的演讲来振奋士气，比如“兄弟们，为了胜利，让我们一起进攻……”士兵们听后顿时一片沸腾。

于是，在兵出桂林之南时，狄青带领大家到了一座小庙前，这是一座著名的庙，据说十分灵验，有求必应。

狄青站在庙里神像前，手里捧着一百个铜钱。他告诉大家，现在我要把这把钱扔出去，如果这些钱落到地上全部都是字面朝上，我们此行必然大捷！

左右随僚有点慌了，这不是开玩笑，万一有一个铜钱没有字面朝上，对士气可是个巨大的打击。

狄青不惧，他就在众目睽睽之下，将铜钱随意撒出，于是奇妙的一幕出现了——“百钱尽红”，所有的铜钱都服服帖帖地字面朝上！

虽然士兵们没学过概率论，也没有计算出这件事出现的概率是多少，但他们凭借自己的直觉判断出，如果没有神仙插手，这件事是不可能出现的。

既然神仙都这么定了，还有什么可担心的呢？于是全军欢呼，声震林野。

狄青是想用这件事告诉大家：你可以不信我，也可以不信何仙姑，但你没有理由再怀疑这一百个铜钱的暗示，你要再怀疑就是故意挑衅，就必须军法从事了。

接下来，狄青命人拿来一百个钉子，将铜钱钉在原地，上面再罩上青纱，然后亲手贴上封条。

“等打了胜仗回来，再来谢神取钱！”开拔前，狄青如是说。

当狄青在路上行进时，前方战事又有了变化，侬智高再入邕州，而宋军有两员战将因为轻敌丧生，一时士气受挫，几乎不敢迎战。

狄青叫人传令：不要轻易和敌人作战，等我来了再议。

但还是有人不听将令，广西钤辖陈曙带了八千步兵出击，不幸在昆仑关被打得落花流水。陈曙之所以着急出击，是害怕被狄青抢了头功，他想赶在狄青到来之前把敌人干掉。可惜事与愿违。

狄青到达之后，便招集部将开会。他对陈曙说：“你先站起来！”然后开始分析此次失败的主要原因，就是“令之不齐，兵所以败”。

接着宣布第一条命令：把陈曙和侥幸生还的三十多名官员，推出去斩了！

这一举动把大家都吓坏了，特别是先头部队的孙沔和余靖，这两人不由相顾愕然。昨日还活蹦乱跳地叫嚣着要抢头功的同事，现在“咔嚓”就变成了边地野鬼，这个转变简直太残酷了。

余靖，就是因不修边幅、差点把仁宗熏死的那位莽汉。此时，他的心脏“砰砰”狂跳，当初正是他授意陈曙出击的。不过，他还是敢做敢当的，便硬着头皮离席而起，告诉狄青，是自己让陈曙去的。狄青却说：“舍人你是文臣，军旅之事恐非所任。”没有处罚他。

这件事干得实在干净利落，似乎不像我们所熟悉的狄青。他不是情商很高，善于忍耐，乐于团结兵将吗？

我们稍加分析就能看出，狄青这样处理也在情理之中。首先，他处置的都是武将，而对那些文臣则一根汗毛都没动。其次，他深知此战之重要性，如果不能做到“令行禁止”，他自己反倒会被这些人连累。所以一开始他就高调亮相，为以后的工作定下基调。

陈曙用他的性命帮助狄青严肃了军纪。自此之后，大家对这位“赤枢”充满了敬畏，军纪顿时肃然。

接下来，狄青并不着急进攻，反而下令部队休息十天。得到探子的报告后，一直神经紧绷的侬智高松了口气，认为宋军疲师远来，休息几天也属正常。

不料第二天，狄青部队就开始行军，一昼夜抵达昆仑关。

时值上元时节，也就是皇祐五年（1053）正月十五，在宋代这是最隆重的节日。“月上柳梢头，人约黄昏后”，说的就是这个时候。

在这十天休整期间，狄青大搞欢度节日的活动，张灯结彩宴请宾客，和部下彻夜饮酒欢歌。与此形成鲜明对比的是，在都城开封，因为广南用兵，仁宗皇帝特意取消了上元节隆重的观灯活动。

侬智高如果消息足够灵通，应该能嗅出此中的不寻常：朝廷艰苦朴素，边将却在大唱反调，肯定有什么猫腻。

狄青在宴会上一改前几天的冷峻，和大家亲切碰杯，通宵达旦联欢，看起来十分放松。第二天晚上照旧，只是喝了一会后忽然风雨交加，二鼓①时分，狄青觉得身体有些不舒服，起身向大家告辞，退入内室。

孙沔出来主持宴会，过一会狄青又出来劝酒，大家喧闹到天亮。

这时忽然有人来报：“三鼓时分，已经夺下昆仑关！”这就是狄青

① 也就是二更，相当于现在的 21—23 点。

的计策，表面上按兵不动，其实早已派出精兵“暗度陈仓”，趁着敌军在风雨之夜防备松懈，夺取了天险。

战机不可延误，狄青立时发兵过关，在归仁铺摆下阵势。失去了天险遮挡的敌兵也倾巢而出，手执大盾标枪，穿着绛红色的军服，看起来倒是气势吓人。但是这假把式吓吓文人孙沔还行，狄青并不畏惧，他冷静地指挥部队，没多久就将敌阵击溃。

侬智高见势不妙，便安排了一个替身，然后放火烧了邕州，率兵逃至大理。

此战搜集尸体五千多具，其中一具居然穿着金龙黄袍。由于大家都没见过侬智高，所以判断这可能就是他。这样的好处是显而易见的，贼首被戮，可是奇功一件，对大家的前程意义非凡。古时候这种事并不少见，边境打了败仗，却向朝廷谎报大捷，用来逃避惩罚、骗取赏赐。

但是作为一名成熟的政治家，狄青深知自己的处境，所以他抵抗住了这种诱惑，告诉大家：“谁能保证这个人不是假的呢？我宁愿失掉剿灭侬智高的军功，也不欺骗朝廷冒领功劳。”

在旁人看来，狄青有点过于谨小慎微了，侬智高不管在哪里，肯定再也翻不起什么浪花了，朝廷今后怎么会知道他还在不在人世呢？

只有狄青心里最清楚目前的状况，他这一战也是喜忧参半。

喜的是，完成了朝廷交给他的任务，平定了叛乱；忧的是，回去后，该怎么应付那些文人同僚们。自从他当上枢密副使，总感觉不自在，身边的人不时指指点点，好像他是通过不正当手段升任的。

胜利的消息传回京都，仁宗急忙告诉宰相：“赶紧拟定一个赏赐方案，一定要快，要是迟了就失去意义了！”

最重要的一个赏赐，就是重新任命狄青为枢密副使。之前出兵时，他的职务是宣徽南院使、荆湖南北路宣抚使、提举广南东西路经制贼盗事。

胜利之后，我们抽出一点时间，来解释一下那个关于铜钱的“小概率事件”。

回来的路上，狄青派遣了一名亲信，再次赶到那座神奇的庙宇，他要履行自己的诺言：得胜归来，谢神取钱。揭开青纱，拔下钉子，谜底这才显现。原来狄青的一百个钱是特制的，两面都是字。

所以说狄青不光勇敢，也是谙熟心理学的军事家。

大宋好久没有打过像样的胜仗了，这次胜利让仁宗很是兴奋，一开始他决定直接让狄青担任枢密使正职，但此举遭到了宰相庞籍的强烈反对。

我们知道，当初是庞籍推荐狄青去打侬智高的，为什么现在他又要极力阻止狄青升任呢？我们可以回忆并揣摩一下，庞籍推荐狄青，有可能就是不想让狄青在枢密院继续出现，把他赶出去。

要真是如此，难不成二人之间有什么过节？或者说，庞籍是一个小人，见不得他人出人头地？

都不是。首先庞籍和狄青二人早有相交，当初在延州边境，狄青就是他的部将，没听说发生过什么不愉快。

其次，庞籍人品应该也没什么问题，我们从一则轶闻可以稍加推断。早年间，他颇得“大奸贼”夏竦的赏识。有一次，迷信的夏竦握着庞籍的手说：“我只是个使相的命，但你是个真宰相，不过你是个穷命，这一点不如我！”

说着，夏竦伸出手来，只见手上掌肉堆起，他得意扬扬地说：“这才是大富之手。”

庞籍有点不解：“如果真有那么一天，我都贵为宰相了，还能有多穷？”说的也是，宰相都成穷人了，这大宋得衰弱到什么地步。

夏竦解释说："相对而言，和你同级别的官员相比，你是比较穷的。"夏竦对自己的相术很有信心，后来有一天，他正在办公，有人来报告说："长官，那个庞籍得病死了。"夏竦站起来大惊："不可能，他还没当宰相呢，哪能说死就死。"

"就是死了，人家家里都发丧了。"来人回道。

于是夏竦急忙赶过去，用烛火照着"死"庞籍的脸观察片刻，断言说："死不了，这是阳症伤寒，你们不会治。"随后他安排人给庞籍灌下药汤，将其救活。

夏竦算对了，庞籍后来果然成了一名穷宰相。他晚年退休后写了一首诗，其中有这样两句："田园贫宰相，图史富书生。"一个宰相，能够在这样高的职位上安贫乐道，其个人操守应该是不错的。

庞籍之所以现在极力压制狄青，显然是基于大宋重文轻武的基本国策：狄青能打仗、能指挥，他就不应该成为朝廷重臣，在枢密院和文人并列。

没多久，枢密副使狄青回来了，仁宗在垂拱殿为他举行了盛大的庆功宴。

一个月后，仁宗再次捡起之前的念头，想让狄青当枢密使。庞籍再次跳了出来，大声抗议。乍一听他的话，其实还是有道理的。

庞籍的理由是，当初太祖在位时，慕容延钊攻下荆、湖两地，也不过加官进爵。至于曹彬，他扫平江南、生擒李煜，太祖都"食言而肥"，硬是没兑现加封使相的承诺，只不过塞给他一屋子钱，这才哄得曹彬有点开心。

对先帝来说，名器封号这些都是重如山岳的，而钱财如粪土。狄青靠着皇上您的威望把侬智高赶跑，这功劳比慕容和曹彬如何，他以后要是再立新功，又该怎么赏赐？毕竟，枢密使是武臣的顶点了。更何况，现任枢密使高若讷没有什么过错，凭什么罢免他呢？

仁宗也不开心了，说："高若讷怎么没犯错？他推荐胡恢书写《石经》，胡恢是个狂妄无耻的家伙，而且高若讷出行时，前导官打人致死，这都不是错吗？"

庞籍又七七八八说了一堆，为高若讷辩护。一边站着的参政梁适看不下去了，说道："文彦博只不过拔除了王则小小一座贝州城，就被封为宰相，狄青现在功劳这么大，当个枢密使也不过分吧？"

庞籍实在说不过大家了，就来了一句："我这样其实也是为了爱护狄青，当初他担任枢密副使时就招致议论纷纷，现在要是当了枢密使，对他更不好。"

此事就这样暂告一段落，但梁适还是有点不服气，他就是要把高若讷挤下去，史书称他"晓畅法令，临事有胆力，而多挟智数"，所以这个人脑子很好使。他不是狄青的亲友团，但有自己的小算盘。高若讷现在是军事一把手，职位在他参政之上，如果以后庞籍退休，按照惯例，高若讷就会升任宰相。

但如果狄青当了枢密使，因为是武将，所以永远不可能当宰相。也就是说，只要把高若讷弄下台，梁适就相当于是给自己暗中升了一级，变成了"首席候补宰相"。

梁适这就开始张罗着煽风点火，派人到处嚷嚷："对狄青他们赏赐太轻了，这样下去还有谁为国家卖命啊，简直太不公平了，寒了大家的心……"

听到这个议论，加上上次和谏官们斗争的经验，仁宗决定利用自己的龙威，和庞籍扳扳手腕子。他把庞籍叫来，直奔主题说："上次赏赐太轻了，我决定任命狄青为枢密使，孙沔为枢密副使，其他人也都各有赏赐……"

说这些话的时候，仁宗那两只虚张声势的耳朵是红的。他做出了怒气冲冲的模样。

庞籍没料到会遭到如此“偷袭”，惊慌失措道：“我们回中书省商议一下，明天再来奏报。”仁宗说：“就在门口商议吧，赶快，我就坐在这里等消息！”

庞籍还能怎么样，于是狄青就被一个偶然的人在一个偶然的小诡计里，推到了他一生荣誉的巅峰，成为货真价实的枢密使。

梁适这一招不露痕迹，但确实高明，没过多久，他就顺利成为宰相，虽然当了没几天，但总归是圆了一个梦。

狄青在枢密院前后工作了四年，虽勤勤恳恳，谨慎从事，却还是堵不住那些文人的嘴，坊间各种各样的传闻依旧冒了出来。

有人说：“狄青家里的狗很厉害，头上生出了犄角。”

有人说：“狄青家里半夜有怪光冲天而亮。”

随即某些人捕风捉影道：“五代时候的朱温发家之前住在午沟，也是半夜里火光冲天，邻居们都还以为着火了，都赶过来救火。今天这个样子，很相似啊！”朱温是造反起家的，所以这些传闻背后的意思太明显了，就差给狄青家门口挂一块“开张造反”的招牌了。

这件事是怎么回事呢？原来当时京城里火禁十分严格，每到夜半时分就必须将灯烛熄灭。如果家里要醮祭先人、神仙，必须提前上报，结果那晚狄青家里烧纸，忘了给有关机构报备，就发生了这个误会，进而被别有用心的人利用。

与此同时，朝野之间还流传着一首歌：“汉似胡儿胡似汉，改头换面总一般，只在汾河川子畔。”抛开感情因素，这首歌的构思还是很精巧的，第一句“汉似胡儿胡似汉”，说的是狄青明明是个汉人，却要姓“狄”。“狄”者“夷狄”，荒蛮之地的少数民族是也。

其实，我们稍微研究一下狄青的名字，就会发现一些有意思的细节。姓狄名青，这里的“青”说的是汉代名将卫青，为什么笔者敢如此猜测呢？因为狄青字“汉臣”。所以说，当初长辈给狄青起名字时，应该就考虑到了这个不怎么体面的姓，所以特意强调，虽然我姓狄，但我是汉家的臣子。

第二句“改头换面总一般”，指的是狄青不愿意去掉脸上的涅文。

第三句“只在汾河川子畔”，则指的是狄青的祖籍，山西汾州西河人。

这首歌在民间没什么反应，因为狄青在民间很受欢迎，每次出去都会被老百姓簇拥争相观看。倒是那些进士出身的人，横竖看狄青不顺眼，就大肆传扬此曲。万幸的是，这首歌没有被仁宗听到。

就连狄青体恤下属、爱护士兵，也成为士大夫诟病的地方。他们在私底下议论，狄青自恃有功，骄蹇不恭，士兵们每每得到衣物津贴，就会说：“这都是狄家爷爷所赐！”

这纯属谣传，“知将而不知君”，把军队训练成将帅的私家部队，是用兵者的大忌，作为一个成熟的政治家，狄青焉能不知？当时有唐代狄仁杰的后人，拿着狄仁杰的画像和十几通狄仁杰的告身[①]来找狄青拉关系，说狄仁杰是他们共同的祖先。

狄青急忙推辞说：“我之所以能有今天，完全是一时际遇，运气好而已，哪里敢和狄梁公相比！”最后给了来人不少东西，将其打发走了。

在清代中兴名臣曾国藩发迹之后，给家人写的信中，总是反复强调，自己时时刻刻都如履薄冰，畏惧名望和官爵太盛，以免引来祸患。

---

① 告身是官员任免文件。唐代狄仁杰的告身到宋代也算是文物了。

狄青又何尝不是？处于舆论风暴中的他，哪里还敢用狄仁杰来给自己脸上贴金？

如果单单是一些见识短浅的浅薄文人嘀嘀咕咕也就罢了，问题是当时朝廷里，几乎没有人替狄青说话。我们所熟悉的几个人，也各自用自己的方式在表达着态度。

首先是文坛领袖欧阳修，他当时的职务是翰林学士，并不是台谏官员，但是此公一向喜欢发言。他在给仁宗上书劝立皇储时，捎带说了这样一段话，后来这段话一直被视作欧阳修“陷害”狄青的“罪证”。

欧阳修说：“枢密使狄青出身行伍，执掌枢密，任职三四年间确实也没有什么过失，但是武人掌握国家机密而熟悉军情，岂是国家的福气？所以，希望能够放狄青任外职，到某个州去，这是为了保全他，也是为国家消除尚未萌芽的祸患。”

文人说话就是这样含蓄，即便是一向直言不讳的欧阳修，也用了“以保全之”这样的由头来处理狄青——当时仁宗的身体已经很不好了，而且帝国的接班人也迟迟未定，留着这样一个猛将在京城，不由得大家不担心。

欧阳修这个意见提了好几次，都被仁宗压了下来。

这不是个人恩怨，而是阶级局限性的体现，整个大宋朝对武将的忌惮已经到了“风声鹤唳”的地步。

我们知道欧阳修性子很直，所以每每提到狄青，大家都要把欧阳修拎出来数落一番，显示是他在构陷狄青。有一本叫《哨亭杂录》的书，把欧阳修批得鼻青脸肿。这本书告诉我们，本来宋朝名将就很少，就一个狄青还拿得出手，但是欧阳修这家伙蓄意中伤，肯定是有别的想法，这哪里是为国家爱惜人才？

还有更加巨大的黑锅扣了下来："后来秦桧之所以能够成功诬陷并杀害岳飞，其实是抄袭了欧阳修的主意。"就这样，欧阳修平白无故被安排了一个奸臣的骂名，就连岳飞的千古奇冤，他也要承担责任。

除欧阳修外，文彦博也曾建议狄青离开京城，担任两镇节度使[①]。狄青当然不服气了，自己没有什么过错，却要被赶出京城，这是什么道理？

仁宗也有点不服气，告诉文彦博："狄青是个忠臣。"

文彦博神秘一笑，搬出赵普的老一套，反问："太祖不也是周世宗的忠臣吗？"[②]这一招简直太好使了，当即令仁宗默然不语。

没过几天，狄青和文彦博两人又谈起这件事，狄青还是那一套说辞："我没犯错误，为什么要从国防部长变成州县干部？"

文彦博怒了。他双目炯炯地盯着狄青，用狄青这种粗人可以理解的语言说："没什么，只不过朝廷怀疑你而已！"这是一记重磅炸弹，一下把狄青打得"却行数步"。

就在这段时间，应该是由于连降暴雨导致黄河决堤了，京师闹水灾，狄青一家在大相国寺避水灾。他站在大殿上指挥手下搬运行李，就因为穿了一件浅黄色的袄子[③]，顷刻之间消息传遍全城："狄枢密穿黄衣、登大殿指挥士卒了！"

后来狄青家里失火，韩琦还幸灾乐祸地问别人："你们刚才有没有看到狄枢密，他是不是又穿着黄衣服出来指挥救火了？"

---

① 也就是管辖两处地方的节度使。

② 当年太祖想任命符彦卿掌管禁军，但遭到赵普的极力反对，多次请太祖再考虑。致太祖急道："你是怀疑符彦卿的忠心吗？我厚待他，他又岂会辜负我呢？"赵普回怼道："周世宗不也是这样厚待陛下的吗？"言下之意是，周世宗柴荣对你也是荣恩有加，为什么他一撒手人寰，你就迫不及待造反了。

③ 当年曹利用的侄子曹汭就因为穿了黄衣服，才被人诬告谋反的。

够了！真的是够了！作为大宋官场最大的一个“异类”，狄青如芒在背，实在待不下去了，只好主动上表恳请到地方任职。受到群臣蛊惑的仁宗也就半推半就，批准他到陈州去。

命令传来，狄青惨然不乐，他告诉身边亲近的人说：“我这一次去陈州，肯定就要死在那里了。”别人问为什么，狄青回答：“陈州出产一种很有名的梨子，叫作‘青沙烂’，此去陈州，我这个‘青’，也要烂死在那里了。”

即便退到了陈州，朝廷还是每月两次派遣中使前来“探望”，狄青当然知道这是什么意思。最后，由于他心理压力过大，导致“疽发髭”，就是得了肿瘤且溃烂，让他在很短的时间内黯然逝去……

一代名将，就这样死在了自己人的软刀子下。

在这里，我们无意去指责任何人，不管是欧阳修或者文彦博，他们的初衷很有可能确实就是那两个目的：首先要保证帝国皇权安全；其次要让狄青不再成为舆论焦点。迷信的人都说“千夫所指，无疾而终”，在这样的舆论环境下，狄青确实已承受不了。

他们是名臣，但不是超人，身处当时的环境，谁也难以超越自己的局限性。

可就是这些“合情合理”的处理，温柔地软化了帝国的脊梁，成为一种根深蒂固的潜规则。自此之后，武将成为最高危的职业，不光要面对正面的刀枪，还要提防身后虎视眈眈的同僚——那些满怀“正义感”的同僚。

至于群臣为何要选择这段时间、约好似的来找狄青的麻烦，这是有原因的。

嘉祐元年（1056）正月初一，仁宗皇帝病了。这次得病的直接原因，是在前一天，仁宗赤着脚在雪地里通宵祈祷，天亮后感到眩晕，可能是得了中风之类的症状，连口水都不能自控。

正月初五，在紫宸殿设宴招待辽国使臣，当宰相文彦博拿着杯子上前敬酒时，仁宗没来由地说了一句："你是不是不高兴？"文彦博惊愕得目瞪口呆，一时不知如何应对。

之后，仁宗的身体情况越来越不妙，好几次陷入昏迷，在奈何桥上徘徊，这让宰相和近臣们心惊肉跳。更令人生气的是，近侍那帮人神神秘秘，对仁宗的病情讳莫如深。文彦博把他们叫来问话，这些人还以"皇上的身体状况是高度机密，禁内消息哪敢轻易泄露"为由，拒绝回答。

文彦博勃然大怒："天子违豫，海内寒心，我们身为宰辅，难道都不能知道？"

富弼也拍桌子叫骂道："宰相岂能一日不见天子！"

如此恐吓了一番，情况方才有所好转，以至于黄昏时候皇城是否需要锁门这样的事，主管官员都不敢做主，告诉守门者："你们去跟宰相说吧，我不敢擅自做主，搞不好会杀了我的！"

为了及时掌握皇帝的身体状况，以设醮祈福为由，宰相还打破惯例，一直睡在宫内。

这是神经高度紧绷的一段时光，富弼、文彦博二位就像面对千军万马的将军，时刻准备应付突发状况。

忽然在某天半夜，前谏官王素敲响宫门，表示有紧急情况汇报。文彦博皱着眉头，坚决反对深夜打开宫门，就算是天塌下来，也要等到明天再说。

次日，王素汇报，了不得了，昨晚有士兵汇报：都虞候要造反了！

这可不是小事，文彦博急忙找来殿前都指挥使许怀德，许怀德拍着胸脯反复保证，这个都虞候善良谨慎，绝对不可能造反。于是得出结论，是那些小兵平时心怀怨恨，想在这个危急时刻诬陷上级，挟私报复罢了。

当时富弼请假不在，文彦博写好判状，签了字，就准备交给有关部门处理。

就在这时，文彦博忽然感觉膝盖一紧！

文彦博回头一看，是他的朋友王尧臣，在桌子下捏他的膝盖，王尧臣对他挤眉弄眼，似乎是在暗示什么。文彦博当即醒悟，请了另一位宰相刘沆共同签字。

文彦博真得感谢王尧臣，多亏这一捏，替他排除了一颗地雷。

许久之后，刘沆果然发难了，他在仁宗身体恢复之后，打小报告说："在您身体状况不好时，文彦博私自斩掉了状告造反的士兵。"这个罪名不轻：有人举报造反，你却把原告斩了，说不定是你在策划谋反呢！

等文彦博把当初判决的状子找了出来，上面赫然有刘沆自己的签名，此事方才不了了之。

皇帝龙体有点小恙，身边的执政大臣就慌乱成这个样子，应变能力是不是太差了？或者说，这些人的神经过于敏感了？

其实，这里有一个内在的原因，不由得大家不惊慌！

原来，仁宗皇帝虽然生了一大堆子女，却始终没能留下一个儿子。他曾经有三个儿子，都相继夭亡了。万一皇帝有一个闪失，究竟由谁来继承大统，这关系到江山社稷的安稳。

于是，大臣们趁着这次仁宗身体不好，开始了另一场战斗——建议仁宗"建储"。

对于皇帝来说，臣子请求确定接班人，无论如何都算不上一个美妙的消息，这表明自己已经有些老了。

如果皇帝有多个儿子，这个局面就更复杂了。要知道，臣子是没有资格、也不会轻易推荐太子的，因为这样的坏处太多了。第一，如果你的想法和皇帝不一样，就算你是对的，难道你会比他还高明？第二，随意品评人家的儿子，是犯了“离间宫廷”的大罪。第三，你是不是收了某个皇子的贿赂，或者说希望搞一次政治投机，这才替他说话？

曾在淳化年间，太宗觉得自己身体状况还良好，就有一些大臣建言立皇太子，太宗勃然大怒，将他们悉数赶到岭外去，这其中就有倒霉的冯拯，当时“中外无敢言者”。

到了仁宗这里，情况就更特殊一点。因为他没有儿子，要建储就必须找宗室之子，也就是他兄弟的小孩，这是他所不愿意的。

事实上，对于仁宗没有儿子这件事，全天下人都很关心。早在皇祐二年（1050），就出过一件“真假皇子”案。

当时在京城里，出现了一个老和尚，法号全大道，他身边带着一个年轻人，四处宣传：“这是当今圣上的儿子！”问题是，皇子怎么会和他混在一起呢？原来据这个叫冷青的年轻人说，他母亲曾经在宫内工作过，在一个风雨交加、电闪雷鸣的夜晚，得到了仁宗的临幸[①]，但是不久后宫缩减人员，他母亲被迫离开皇宫，他就被生在了民间。

此言一出，老百姓可乐坏了。这可是个稀罕东西，平时谁都没有见过皇子，现在可以尽情围观了，于是不管冷青走到哪里，身边总是一团人围着，人气很旺。

时任开封府府尹的钱明逸听到风声后，觉得这样闹下去也不行，就把和尚和“皇子”抓了起来。这个冷青在外面招摇撞骗惯了，也练得派头十足，竟然丝毫不惊慌。他一见钱明逸就呵斥道：“钱明逸，你给我

① 这种事早有先例，仁宗就是这样降生的，他的生母只是一个端脸盆的宫女。

站起来！”一副太子的口气。

钱明逸一时竟然被这个“长相魁伟”的家伙给镇住了，两腿一哆嗦，老老实实地站了起来。

镇定下来后，钱明逸组织人手审问，审来审去也是一笔糊涂账，最后他想了一个好主意，把这两人定义为“癫狂”，当成精神病处理，而精神病是不需要承担重大刑事责任的，于是二人被送到汝州，相当于流放。

钱明逸这是留了一手，万一此人是真的皇子，杀错了担待不起。

这个处理结果遭到了同僚的非议，推官韩绛说：“这个冷青放到外地去，还会继续妖言惑众，造成不好的社会影响。”

翰林学士赵概说：“你这是什么处理？简直就是和稀泥，如果他是真皇子，就不用流放，如果是蓄意假冒，就该砍了脑袋！”

于是赵概和包拯一路追捕，把冷青抓回来一顿严刑拷打，才把实话撬了出来：冷青的母亲当年在后宫干过粗活，出宫后嫁给冷绪，生了这个儿子，因为他母亲知道一些后宫的事情，这家伙就以这些秘闻为基础添油加醋，到处吹嘘自己是皇帝的儿子。

最后的结果可想而知，冷青与和尚都被斩首，钱明逸因为处理此案不当，被罢了官。

这件案子虽然没有造成什么恶劣后果，却揭示了仁宗后继乏人的尴尬。于是有一些臣子就鼓起勇气，让仁宗赶快确定接班人，不管是谁，只要确定下来，大家就都可以松一口气，太子乃是“国本”。

第一个站出来的人叫范镇，成都华阳人。

在所有建议立储的臣子里，范镇是第一个，也是最坚决的那个，所以应该是我们介绍的重点。而要完整了解范镇，就有必要从他父亲这里说起了。他父亲叫作范文度，不是什么大人物，也没当过什么大官，当年是张咏的部下，职务是孔目[1]。在工作中，范文度发现张咏有一个小本子，每当探子报告了某人的阴私坏事，张咏就掏出笔记下，等到了一定时候，就拿出来和某人秋后算账，这样干掉了不少人。平日里，这个小本子就锁在箱子底下，密封很严，一般人根本见不到。

有一天，张咏面色阴沉坐在窗前，拿出小本子勾勾画画，准备处理某人时，忽然内急，于是扔下本本，解决内急问题去了。

张咏用刑随心所欲，而且远比一般人严酷，难免让人觉得不近人情。范文度思忖片刻，觉得这个小本子害死了不少人，不能留在世上。于是，范文度一时头脑发热，把这害人的小本子给烧掉了。

张咏一身轻松回来，准备继续工作时，却发现小本子不见了。范文度面色平静地告诉他："已经被我毁了，你杀了我吧，死了我一个，救活很多人！"张咏头一次遇见这么彪悍的部下，顿起惺惺相惜之感，思考半天，说："算了，我留你一命，因为这件事，你的子孙后代肯定有人要发达。"

范镇出生后，确实很有天分，很早就获得了后任成都知州薛奎的赏识。

薛奎不止一次说过："范君廊庙人[2]也。"等薛奎从成都任满回京，就带着范镇一起走，回去后大家问薛奎："你从成都回来，有没有发现什么珍奇异宝，给我们开开眼！"

薛奎把范镇叫出来给大家看："珍宝有什么稀罕的，我得到一名伟人，当以文学名动天下！"

虽然有了薛奎的赏识，但一个年轻人从四川来到河南，人生地不熟

---

① 掌管文书的小吏。

② 廊庙者，朝廷也，意指必成栋梁。

的，也没几个人知道范镇。幸运的是，没过多久机会来了，范镇遇到了文坛赫赫有名的“二宋”兄弟。

古代文人见面，跟现在的科研人员差不多，报上大名，介绍自己师承某某，写过什么论文（作品），参与过什么重大科研课题，目前在研究什么方向，最重要的是，还要互相交流一下科考是哪一甲第几名。当时，范镇和“二宋”都还没有功名，所以最后一个步骤省略了。

大家在一起研讨的题目是《长啸却胡骑》，每人以此为题写一篇赋。

范镇写得很快，写好后递给宋氏兄弟，大宋和小宋互相交换了狐疑的眼色，拿起来细细品读，看完之后不作声，然后又互相交换了眼色。

自愧不如。

范镇这篇仓促写就的文章有多好？就在他晚年出使辽国的时候，有点文化的辽人都指着他说：“此乃‘长啸公’来了。”

范镇对此文也十分得意。晚年居许下，每到春天，便邀朋友在大堂前饮酒。大家制订了一个饮酒规则：花架飘下的坠英落到席上哪一位宾客的酒杯里，此人就必须将杯中酒一饮而尽。结果，有风吹过，满座人人杯中飘花，所以号为“飞花会”。

而大家喝酒的这个大堂，就叫作“长啸堂”。

但如果就这样结束了，那宋氏兄弟以后还怎么在江湖上立足？如果这件事传出去，大家都知道了，随便来个人就吓得两人不敢写文章，这还了得？所以他们斟酌片刻，十分郑重地对范镇说：“你的文章确实很好！但是，在破题的这个地方少了一点抑扬顿挫之感，不如每句添上‘一者’，听起来更舒服，你看如何？”

范镇点头说好，就这么改。

从此江湖上少了一对仇家。

“学成文武艺，货于帝王家。”文章写得好不好，最后有一条硬标准，通过了它，你的腰杆才能硬起来，那就是科举。毫无疑问，范镇也参加了考试。等他考完省试之后，在礼部奏报的名单里排名第一，随后参加殿试。

殿试成绩发布时，出了一点意外，他的第一名没有保住。

不但第一名没保住，前三名的名单也没有他。此时，站在范镇身边的朋友撑不住了，纷纷给他打手势使眼色，叫他“该出手时就出手”。

那么到底是出什么手呢?

这就要从宋代科举考试的一个惯例说起了。当时，如果你在礼部考试中是第一名，那么恭喜你，基本上甲科前三名你是保住了，等公布殿试结果时，如果前三名里没有你，不要紧，立刻举手示意，然后将准备好的腹稿倾倒而出，为自己辩护——考试都还是这些人，我当时考第一，现在怎么就落后了呢?

正是为了维护礼部的权威，所以才有了这个规则，只要你开口，一定会给你面子，最差也会安排一个榜眼。

当初欧阳修也是礼部考试第一名，甚至还找裁缝做了一件新衣服，计划当上状元开酒会时用，没想到状元和新衣服都被王拱辰给抢占了，最糟糕的是，殿试前三名也没有他。

欧阳修大怒，合理利用比赛规则，当场愤然出手辩白，硬是抢了一个前三名。《宋史·欧阳修传》里写道：“举进士，试南宫第一，擢甲科。”

抛开礼部的权威性问题，这个规则也有它的合理性。在礼部能考第一，说明此人还是很有水平的，殿试可能是偶然失手，给个前三名也是应该的。

但是范镇不这么想，任凭身边的朋友如何提示，他就是稳如泰山……

范镇就这样静静等待，等到天荒地老，直到念到自己的名字时，方才出来应对，那是第十九名①。作为一个潜规则的破坏者，范镇牺牲了自己的利益，但也收获了巨大的名声。

读书人想当官，也想要好名声，但二者很难得兼，所以这就是一个选择题，考验你的世界观、价值观和人生观。范镇不是不想进甲科，但他更珍惜自己的名誉，他所信奉的就是“规矩”，是怎样就怎样，该如何就如何。

其实这也是一种底气，一种傲气，更是一种硬气——以范镇的本事，出人头地是早晚的事，犯不着使用这种手段。

后来范镇参加学士院考试，被主考人员误以为失韵，没当上馆阁校理，成了校勘，身边的朋友又是群情激奋，范镇还是一声不吭。这些表现都被庞籍看在眼里，他对仁宗这样评价范镇：“范镇是个有才干的人，最可贵的一点是他没有削尖脑袋往上爬，不汲汲于名利。”

有意思的是，范镇甚至将“坚持原则”这个好习惯带到了另一个世界。在他去世之后，他的孙子有一天做梦，梦见爷爷表情十分严肃地告诉他：“在我墓前有石人、石虎、石羊等雕像，经过我测量，这些东西尺寸有点偏大，逾制了。”

范镇所说的“逾制”，特指官员享受了不该享受的待遇。在古代，这事关封建社会的价值体系之基础——“礼”。说严重一点，一个人要是“逾制”，那就是不懂礼，不懂礼还算什么读书人呢？

当然，“逾制”这个罪名是模糊的，也常被皇帝拿来处理那些富可

①《东都事略》说是第七十九名。

敌国的贪官们。

范镇在另一个世界经过实地考察，自查自纠了自己“逾制”的问题，要孙子限期整改，把雕塑都换成小件的。他孙子觉得，这不过就是个梦而已，而且工程量实在太大了，醒来后并没当回事，转头就忘掉了。忽然有一天，守护陵墓的和尚来报告：“昨晚雷鸣闪电，你爷爷墓前石人有一个被打断了腿，一个被拦腰击断。”

现在，这样一个执拗、倔强、强悍的人已经跨上了马，提枪冲了过来，他冲锋的目标，就是“建储”。此刻，仁宗皇帝脖子一紧，打了个寒战，范镇这个人，可不好对付啊！

第二章 『油紫』皇帝

所谓“油紫”，指的是仁宗晚年时，京师老百姓染布品位忽然变了，先染作青色，然后用紫草慢慢加染，所以称为“油紫”。“油紫”与“犹子”谐音，也就是说老百姓的染布工艺其实隐含了一个谶语，就是皇位将传给一个“犹如自己儿子”的人，即英宗。

在生育这个问题上，仁宗是个命苦的人。他一生受过很多感情的伤，很多漂亮姑娘被那些不解风情的谏官们赶出了宫。但和丧子之痛比起来，这些都算不得什么，在他心里，有三道永远不能愈合的伤痕，那就是他三个早夭的儿子。

仁宗在后宫工作的时间很长，经常加班加点，其间总共生下三个儿子，可惜的是，都没有长大成人。

从三十四岁（这年最小的皇子去世）到五十二岁（这年立英宗为太子），仁宗都在满怀希望和无比失望间跌宕起伏，后宫每有怀孕者，他都欢欣鼓舞，期待着儿子的出生，可现实是残酷的，每次都不能求子成功。

终于在他四十七岁这年，经历了皇帝“不豫”的提心吊胆之后，臣子们耐不住了，开始直接上书要求仁宗放弃希望，迎接一个宗室小孩进宫，作为准皇储。

当年在“澶渊之盟”时，仁宗还没有出生，真宗在前线咬牙切齿地说：“十天我回不来，你们就册立太子！”那时所谓的“太子”，就是宗室小孩濮安懿王赵允让，后来仁宗出生后，这个孩子就被送了回去。

嘉祐二年（1057）五月三日，趁着仁宗气色不错，心情也不错，能够正常交流，范镇抓住机会，发动了第一轮攻击。他在奏折里说：“国家设置我们这些谏官的目的是什么呢？就是为国分忧，我要是拿不出几个有用的主意，实在有点尸位素餐。现在皇室后裔不少，希望您能选一个优秀的宗室子弟迎进宫来，给天下人一个交代。等哪一天要是您真生下来一个儿子，再把他送回去就是了。当初您的父亲真宗就是这么干的，周王[①]薨，真宗为天下考虑，迎接宗室之子，而太祖舍弃自己儿子立太宗，也是天下之大公……”

总之，范镇要表达的意思就是：皇上啊，您要是真为天下安稳着想，就找个宗室小孩进宫来，先养着再说。

范镇精心准备的弹药投掷出去后，却是泥牛入海，皇帝装作没看到，中书省也没有官方的态度，大家保持集体沉默。倒是宰相文彦博十分不悦，他派人去质问范镇：“这么大的事，你怎么不提前和领导商量一下，就私自行动了？”

范镇理由也很充分，他振振有词地说：“实话告诉你们，我这次就没打算活，如果提前跟你们说了，万一把你们牵连进去了呢？”

与此同时，另一个更加倔强的人在并州通判的位子上给范镇写了一封信，这个人就是司马光，他在信中说：“你干得很好，这件事不干则已，要干就一定干成，希望您能坚持到底，以死抗争！”

当然了，司马光不是躲在背后“扇阴风，点鬼火”的小人，而是在侧翼配合范镇的冲锋，他也站出来上书皇帝。

结果，还是没反应。

仁宗是个好人，是著名的守成之君。他也很明白事理，知道这些大臣都是为了赵家江山着想，所以也不生气。虽然他始终无法面对生不出儿子这个事实，但心里总是揣着一把火热的希望。

---

① 仁宗的哥哥，幼年早夭。

他想装作没这回事，拖一拖再看。

拖了没多久，有两个不速之客——流星——划过天际，给大家带来了恐慌，然后天降暴雨，京师顿时成了一片汪洋。对迷信的古人来说，这是上天有所不满的表现，帝国的皇帝必须拿出点措施来。

于是仁宗下“罪己诏”，要大家开诚布公地提意见，以便改进工作，平息上天的怒火。

这就相当于给了范镇一个机会，他很执着，借题发挥，威胁仁宗：“您看现在大水把太社、太稷坛都给淹了，为什么呢？因为您不重视‘宗庙’，现在大宋后继无人，老天爷都看不下去了，您在位三十五年，皇储的位子就空了三十五年……”

到此时，“建储”这件事已经公开化了，成了朝政的热门话题，在范镇的战斗精神鼓舞下，陆陆续续有翰林学士欧阳修、知制诰吴奎、殿中侍御史吕景初等人前赴后继，为帝国的接班人一事奋斗着。

特别要指出的是范镇。他始终冲锋在第一线，想尽一切办法，用尽一切手段，逼迫仁宗就范。嘉祐元年（1056）七月，天上又出现了一个不速之客——彗星。在古代，它被称为扫把星，寓意着不祥的事情将要发生。

这个白色的大扫把给古人带来了很多恐慌。范镇告诉仁宗，这个东西主“急兵”，希望朝廷做好防卫。随后，他又不失时机地提出那个老话题，当然还是没有得到结果。无可奈何的范镇只好给宰相上书：“按照谏官的职业操守，三次谏言不听，就该卷铺盖滚蛋了，现在我已经上书六次，请你们赶快去和皇帝商量吧，不然就把我给撤了。”

结果，仁宗真的把范镇撤了，任命他为户部员外郎兼侍御史知杂事。可见，仁宗实在是有点吃不消范镇，要剥夺他的谏言权。

但范镇也不是好说话的，他坚决不去新单位上班，就是要在这件事上死缠烂打。

范镇不是说说而已，他也不是看皇帝脸色不对就赶紧撤的那种人。直到七月份，范镇已经接连上了十九道奏章，仁宗无可奈何，只好把这一摞奏章交给中书省，拿执政大臣当挡箭牌。

执政大臣对仁宗的意图心知肚明，唯有厚着脸皮和范镇打太极：“皇上因为生病，所以大家才提起册立太子的事，现在病好了，就先不要着急，要皇帝现在就做决断，实在是有点难度。”

范镇勃然大怒，卷铺盖回家去了，在家里“待罪”百日，须发皆白。这个倔强的人有着超出常人的执着和勇气。在他眼里，皇帝、太子和大臣们，已经不具有个人属性了，完全是国家机器不可或缺的部分。

如果说皇帝是操作系统，那么太子就是备份，万一系统不稳定，崩溃了，那老百姓怎么办?

可仁宗也有他的苦衷，他首先是个感情丰富的人，然后是个仁慈的父亲，最后才是帝国机器的部件。他的理性和感性产生了矛盾，这才不得不求助于大臣，希望能在范镇这里通融通融。

十一月份，战斗的高潮部分终于开始了。

满头白发的范镇进宫面见仁宗，他泪流满面说：“圣上，你连着七次下旨要我到新单位上班，我虽然没什么水平，但也明白，您肯定知道我说的是对的，之所以一直没有决断，可能是有人说您现在身体已经恢复，所以没必要着急立太子，这种人不得不防。现在我写的十九道奏章都在这里，希望把执政大臣们叫来，如果他们觉得我不对，就和我当庭辩论，否则就给我定罪，或者解除我的职务，我的要求仅此而已！”

看着满头华发的臣子，仁宗一时间百感交集，也泣不成声，他带着哀求的语气说："我知道你是忠臣，你的话也都是对的，但是请再给我两三年时间好不好，到时候我一定给你一个交代！"

话说到这份上，就因为没有儿子，君臣二人相对而泣，场面委实有点惨然。

三年，这是仁宗对范镇、对天下的庄严承诺，这是一个形象工程，是一个政绩工程，更是一个关系国家大计的重点工程，必须加班加点，如期完工啊！送走范镇，仁宗靠在椅子上长出了一口气，总算暂时平静了，他心中还有一丝希望……

时光荏苒，转眼就是两年多。

嘉祐三年（1058）六月，威震京师的包拯被任命为右谏议大夫、权御史中丞。他上任头一件事，就是找仁宗研究一下建储的问题，耳根子已经清静了二十多个月的仁宗有点反感，而包拯则是有名的暴躁，于是君臣二人有了一段颇有意思的对话。

包拯说："东宫太子之位现在还空着，这个问题讨论很久了，我不知道您为什么老是拖着不解决？"

仁宗说："噢，那么你想立谁？"

这一句话虽然简单，却是生死考验的关键，如果包拯此时大放厥词，说某某皇子如何果敢干练，可以立为太子，那就坏了。

包拯抛出了思考已久的答案，他说："我为天下百姓和宗庙万世考虑（表明自己的立场），您现在问我这话的意思，就是在怀疑我（扣帽子）！我快七十岁了，也没个儿子（摆事实）[①]，所以也并不是为后代投机取巧（得出结论）！"

包拯此举，一下子就凸显出了自己一心为公的形象，消除了仁宗的

① 包拯之前是有一个儿子的，名叫包繶，可惜后来英年早逝了。

戒心。

听说包拯也没儿子，仁宗觉得有点安慰，同是天涯沦落人，他表情变得缓和，轻声安慰包拯说：“你不要着急，这个问题我会慢慢解决的。”

到现在为止，仁宗因为儿子的事，已经遭到了大大小小十几轮攻击，这些攻击者来自各个部门，职位高低不等。这些人中间，以范镇出手最重、最频繁、最正规。但是在最后一刻，仁宗使用了“悲情大法”，大打感情牌，终于战胜了这个执着的人。

可是问题终究没有解决，虽然现在暂时安宁下来，大家却都还是蓄势待发状态。很多人在家里已经把奏折写好了，就等着某一天上朝递上去。

等到九月份，张贵妃的亲戚张尧佐去世了。严格来讲，这不是一个坏人，但他承受了过多的“荣誉”——在某段时间，大家都以痛骂张尧佐为荣。

张尧佐一生谨慎小心，同时业务能力也还算比较强，但因为在后宫有个替他说话的女人，所以为士大夫所不齿。

某一天坐在大殿之上，仁宗回忆起张尧佐，眼前不禁浮现出之前大家围攻他这位亲戚的热闹场景，感慨道：“以前那些谏官们总是言过其实、危言耸听，讲话太过分了嘛！说什么我要是任用了张尧佐，就好像唐明皇任用杨国忠一样，落个流离逃窜的悲惨下场！”

在仁宗看来，自己离这一步还远着呢，他自言自语：“我就不信这个邪，就算用了张尧佐，又能怎么样？”

仁宗其实没有别的意思，就是发发牢骚而已。

但是这话被唐介听到了，他十分不开心，决定上去揪一揪皇帝的小辫子。

“介”这个字是个象形字，本意是一个人披着铠甲。既然披着铠甲，当然就要比常人勇猛，于是又有了另一个意思，就是孤傲不驯。唐介当然对得起这个名字，我们来看看他的“光辉事迹”。

当年，仁宗受到张贵妃枕边风的蛊惑，准备第二天给张尧佐安排四个头衔——除宣徽、节度、景灵、群牧四使。在包拯带领下，大家冲上去一阵“拳打脚踢”，甚至要求留下百官，当庭进行辩论会。

为了心爱的女人，仁宗面对这些“凶恶”的群臣，不得不放低姿态，特意使用了轻松的语气说：“节度使，这就是个粗官，粗人干的，给谁不给谁的，问题不大！”

“节度使不是粗官！”唐介厉声道，“为什么说节度使不是粗官呢？我有理由，而且是天大的理由，因为本朝的太祖、太宗都曾当过节度使！”

仁宗只好屈服了，改张尧佐为宣徽使，知河阳。

唐介还是不满足，大声疾呼：“圣上这是为了授宣徽使，但是打着‘知河阳’的旗号来的。”

仁宗实在争不过他，又使了一个阴招：“这些命令是中书省下的，和我没关系！”

唐介更来劲了，说：“中书省是吧？我早就看中书省不顺眼了。”他继续弹劾宰相文彦博，“他也是靠后宫关系爬上去的，给张贵妃送灯笼锦而当上宰相，您以为谁不知道吗？”

唐介越说越气愤，虽然是一个人在战斗，但他的底气足、胆子大，甚至捎上了他的同事谏官吴奎。唐介说：“吴奎是个投机派，本来约好一起打张尧佐，结果他看皇帝不高兴了，就赶紧停下来，观望不前，这种人简直有辱斯文。”

唐介的话把仁宗的怒火点燃了。为了证明自己不是软柿子，仁宗指着他威胁道：“信不信我贬了你！”要知道，当时京官非常有分量，特别是这种在皇帝身边工作的职位，说对一句话就有可能一飞冲天，成为社稷重臣。所以如果有可能，大家一般都是死活赖在京城不走的。

唐介胆子倒是大得很，嘿嘿冷笑道：“随便你，我忠心和愤怒交织在一起，这才如此生猛，不要说贬谪，就算你现在把我煮了，我也不怕！”

殿中侍御史唐介先生就此声名远扬。从此江湖上没有“唐介”这个人了，而代之为“唐子方”。

虽然唐介本来就字“子方”，但这里头是有差别的。古时候两个人之间如果不是地位特别悬殊，你直呼别人的名字，那是不尊重人的表现，跟骂人差不多。同事之间一般都是称其字，表示尊敬。这件事后，大小官员都不敢叫他“唐介”了，而尊称一声“子方兄”。

这个事件最后的处理结果是文彦博被拉下了马，而唐介则成为春州别驾。此地虽然不在海边，但是基本上属于极端凶险之地。好在仁宗不是个昏君，冷静下来后，将唐介改任英州，同时专门派人在路上保护。

和范仲淹一样，因为干正事遭到贬谪，总是会受到人们的格外尊敬。唐介因此就有了名声，也收到了很多礼物，其中就有一首诗，作者叫李师中，字诚之。其诗曰：

孤忠自许众不与，独立敢言人所难。
去国一身轻似叶，高名千古重于山。
并游英俊颜何厚，未死奸谀骨已寒。
天为吾君扶社稷，肯教夫子不生还。

大意是说：唐介是好样的，非常忠心，敢言人所不敢言，了不起！虽然现在唐介犹如一片落叶飘向了英州，但是大名却好比泰山巍峨，我们需仰视才能见。至于那些和唐介对立的家伙，虽然还没有死，但是已经吓得骨头都凉了。

在诗的最后，李师中宽慰唐介："放心去吧，为了我们大宋，老天爷会保佑你这个忠臣平安归来的！"

既然提到了李师中，请允许我浪费些许笔墨，因为他虽然没什么名气，却也是个很有个性的狠角色。

先说李师中和唐介的关系。

唐介后来又被召回京城当官，随着官场历练，唐介也没有以前那么冲动了。当了御史中丞后，更是收敛很多，李师中就很不满了："我当初看你是啄木鸟，这才写诗夸奖，现在怎么变成和平鸽了？"

于是李师中去找唐介，像小孩子玩游戏一样说："把我当年赠你的诗还给我！"

唐介："拿回去吧，又不是写得多好，我还不稀罕呢。你看你这个'一身'和'千古'，对仗不好！"

再看看李师中和韩琦的关系。

李师中的父亲叫李纬，当过泾原都监，在和西夏李元昊打仗的时候，因为支援部队久久不来，不敢轻易出战，被定了一个"畏战不前"的罪，降职处理。李师中当时还小，认为父亲是被冤枉的，心中不服气，就去找父亲的上级评理。

当时韩琦在朝中，以为李师中不停地给他父亲表功，就是想博一个官职，于是语重心长教育李师中："你还年轻，如果回去努力读书，考个功名出来，还用得着说这么多吗？"李师中脸色剧变，大怒道："先人功罪不辨，他为国家犬马劳累，百年之后，我怎么好意思和他地下相会？”

说到这里，李师中甩出了一句重话：“至于要当官，那就太简单了，稍微认识几个字，考个第二名易如反掌！”这是赤裸裸的讽刺，因为韩琦就是王尧臣那一榜的第二名。韩琦一辈子心胸宽广，但就是这句话让他难以释怀。

最后，是李师中和王安石的关系。

李师中当州官的时候，得到消息说包拯被任命为参政了。大家就在一起议论，说包拯这个人不好对付，属于软硬不吃的那一种，可以预见，朝廷今后大事小事就会多起来了。听了这话，李师中并不同意，他发表了一番高论：“包拯哪有那个能耐！我看那个鄞县的王安石，此人眼睛白多黑少，和汉代的王敦差不多，到时候祸乱天下的就是他了。”

那么王安石是如何评价李师中的呢？

他俩是同年进士，某次大家坐在一起喝酒。正意气风发时，大家都说李师中少年豪杰，前途不可限量云云，只有王安石不屑，大声说：“唐太宗十八岁起兵，这才算得上豪杰，他什么东西，也敢叫豪杰！”

现在，我们把视线拉回到仁宗发牢骚的现场。宋仁宗为张尧佐“鸣不平”的自言自语被唐介听到了，唐介心想：这不是否定我们当初的战斗成果吗？搞翻案有意思吗？

唐介说：“是啊，要是当时任命了张尧佐，未必会像唐明皇那么惨，可是，万一您到了那一天，还做得不如唐明皇呢！为什么？因为唐明皇还有个儿子唐肃宗可以光复江山，还能当太上皇，您靠谁呢？”

唐介说话也太损了，偏偏提起仁宗最扎心的事情。仁宗那著名的耳朵立即红了，脸色也变了。可他忍了，终究没有发飙，而是叹息道：“关于立嗣的事，我和韩琦已经商量很久了。”

看到这里，大家可能注意到了，韩琦呢？作为庆历年间的元老，在这个热闹的关头，他是不是害怕皇帝发飙，躲起来偷安了？这样想就是冤枉他了。韩琦在嘉祐三年（1058）被任命为宰相，也向仁宗建言立嗣的事情，希望在后宫建立学馆，选择宗室贤者进入其中学习，挑选“可嘱大事者”作为后备皇帝人选。

仁宗这次没有要滑头，并不是因为他完成了思想改造，而是因为他现在是一个有底气的男人了。后宫有两位美人都有孕在身，按照概率论，生一个男孩出来，应该不是什么难事吧？

所以仁宗满怀信心地告诉韩琦，再等等吧，说不定我的亲生儿子就要来了。

没多久，两位美人都生产了，但很遗憾，都是女孩，这是仁宗的九公主和十公主。如果说这是一次意外的话，那么在接下来的两年内，已经知天命的仁宗又拥有了三个女儿。也就是说，仁宗连着生了五个女儿。

或许正如后来臣子们所说的，天意如此。

仁宗屈服了，他看着后宫花枝招展的妃嫔们，就像看着一片贫瘠的沙漠，这片沙漠耗尽了他人生的主要时光和精力，却最终没能结出传宗接代的果子来。如今治理荒漠失败，这就令人不得不到上天那边去找答案了。

嘉祐六年（1061）闰八月，这是个令人悲伤的日子，仁宗皇帝失去了他刚出生两个月的皇十三女。刹那间，他意识到自己老了，成了一个疲惫而悲伤的老人，可是作为世上最有权势、最富贵也是最孤独的人，谁能体会这种心境呢？

可还是有人上门找碴儿。小公主刚去世次日，司马光就递上了早就写好的奏折。这是个没有什么创意的人，找不到新的立论点，反正就那一句话——赶紧确定接班人。

在这个沉闷萧瑟的秋天下午，仁宗拿着奏折，呆呆地坐着，一言不发。

自从上次病愈之后，他已经习惯了不讲话，对这个寂寞的老人而言，安静或许就是一种幸福。每天看着那些臣子们忙忙碌碌，他觉得那似乎是另一个世界，他唯一关心的问题就是自己的身体和儿子。可上天如此明确的昭示，令他失望透顶。

司马光就站在一边，看着面色木然的皇帝，惴惴不安地等待着自己的命运。

沉寂，死一样的沉寂……

许久之后，仁宗抬头看看大家，终于说话了：“难道真的要选宗室子弟做皇子？”他的语气很奇怪，有倔强，有不满，更有疑问。严格来说，仁宗是一位生性善良、性格软弱的皇帝，他罕有一意孤行的时候，唯一一次就是为了皇子的事，可还是以失败告终。

司马光还没来得及回答，仁宗又自顾自地说下去：“你这是忠臣之言啊，一般人是不敢提及的！”看到了吧，仁宗还没有糊涂，他还保持着一个政治家最基本的风度，就在他最失意、最难过的时候，理性依然占据了上风。

司马光激动得心脏怦怦直跳，赶紧表态：“我这次上书，是抱着必死的决心来的，没想到圣上您会采纳我的意见！”

“自古以来就有这样的事，没关系，你把奏疏交到中书省去吧！”仁宗算是明确表达了自己的态度。不料司马光并没有被胜利冲昏头脑，他知道，这种事情，必须要皇帝亲自表态才算数，于是他说：“这样不行，还是陛下您亲自对中书省说吧。”这一次，皇帝虽然闷闷不乐地同意了，但最后还是不了了之：司马光自己不去送，仁宗也没有送。

这一天，司马光到中书省办事，正好遇到了韩琦，韩琦知道他今天奏事了，就问是什么事，司马光神秘一笑道："关于宗庙社稷之事！"韩琦当然明白，也就不再追问，两人相视一笑，心有灵犀。

韩琦是个谨慎的人，应该是在司马光探明了仁宗态度之后，某一天上朝，兜里揣着一本书进去面见仁宗，这是一本历史书——《汉书》。

封建社会的法律制度并不健全，遇到难题，大家第一个动作就是翻开史书，看看古人是怎么做的，只要你找到一个古人的先例，那毋庸置疑，就应该这么干。万一不幸没找到类似案例，没关系，找类似的具有指导意义的词句。

韩琦带的这本书，就相当于一本教材，他指着里面的《孔光传》给仁宗看：您看汉成帝是个水平一般的皇帝，哪里能和您比，但他还是选择了自己的侄子来继承皇位，所以，希望您……

对这次会面，史书上是这么说的，"议乃定"。

九月份，倔强的司马光再次上书，这次他终于找到了一个令人眼前一亮的观点。他在奏疏中说："自从唐文宗之后，太子的确立都是臣子们决定的，这就导致出现了一批所谓'定策国老'和'门生天子'之类的投机人物，对国家可没什么好处。"言下之意：皇上您不要稀里糊涂被一些别有用心的人给利用了，他们把拥立太子作为一种投资，甚至会推荐一个傀儡上台。

这一招的效果还是比较明显的，仁宗当时就变了脸色，往前又走了一步——当即差人把司马光的奏疏送到中书省。其实在这次决定性的谈话之前，韩琦曾经找过手下的陈洙："听说你和司马光关系不错，他老是给皇帝奏事立太子，我本来想帮他一把，但是文件老不送到中书省来，我无从说起这件事，你给他说说，必要的时候直接把文件送过来。"

司马光这次真的去了。他十分严肃地握着韩琦的手说："我的任务完成了，接下来，就看你们的了。如果你们没有在短时间内把这件事搞定，说不定某一天深夜，皇帝从大内递出一张小纸条，告诉你立某人为嗣，那时候天下谁人敢违抗？”

司马光是一个严肃的史学工作者，基本上不开玩笑，也很少危言耸听，但他说的都是事实。仁宗现在身体极度衰弱，而身体衰弱的人，一般来说意志也很难坚定到哪儿去，万一听了枕边风或者奸人谗言，随便立一个纨绔的宗室弟子，臣下还能怎么反驳呢？

所以，韩琦表现了前所未有的积极，带领手下的官员异口同声表态：“敢不尽力！”

十月，垂拱殿，大臣云集。

仁宗环视左右，慢慢问道：“在宗室子弟里，选谁比较合适呢？”

按说，仁宗现在早就没心情去设什么圈套了，就是单纯想听听大家的意见，但韩琦还是按照官场守则，谨慎给出了标准答案：“还请圣上您自己决断！”

“宫中曾经养过两个小孩，小的那个很淳朴，但是淳朴到了比较愚蠢的地步，大的那个还行！”看来仁宗自己早就有了打算。

韩琦其实早就知道这个人选了，但他必须装作一副完全不知情的样子，于是他问道：“不知道是哪一位？”

“宗实！”

这一刻，大宋朝的新一任皇帝，终于浮出水面。

议事完毕，韩琦临走时，还向皇帝打招呼说：“您今天晚上再仔细想想，明天我们来拿圣旨！”第二天，仁宗并没有下旨，不是他改变主意了，而是直接让中书省去办理，理由如下：“此事岂可使妇人知晓！”

如果圣旨从后宫出来，那些嫔妃没准又来做工作，你想立这个，她想立那个，因为这个吵架影响夫妻感情不说，万一耳根子一软，就麻烦了。历史上这种敏感事件，是绝对不允许后宫插手的。

那么，宗实是哪一个呢？为什么他就有这么好的运气呢？

此事说起来有些渊源，宗实是濮安懿王赵允让的儿子。这父子俩在小的时候，都有过“后备皇帝”的经历。最初，真宗用绿车旄节把濮安懿王接进宫中，等仁宗出世后，又吹吹打打送了回去。

到了宗实这一代，在他四岁的时候，也被接进宫中，本来这种事轮不到他，因为濮安懿王比较能生养，一共有二十八个儿子，宗实排名十三，但杨皇后很喜欢他，就抱进宫中养着。等到仁宗第二个儿子出生，宗实八岁时也被送回了家。

现在，等到将近而立之年，宗实再一次得到了进宫的机会，这次是真的。

做皇帝这么大的事，没点征兆说不过去，濮安懿王早先做过的一个梦就成为确凿的预兆。他梦见天上有两条龙和太阳一起落下来，就急忙用衣服兜了起来，隐约间还听到一条龙跟他说：“我不是你所能拥有的。”

很明显，这两条龙就是父子俩，一条真龙，一条假龙。

现在也可以解释一下本章的标题了。所谓“油紫”，指的是仁宗晚年时，京师老百姓染布品位忽然变了，先染作青色，然后用紫草慢慢加染，所以称为“油紫”。“油紫”与“犹子”谐音，也就是说老百姓的染布工艺其实隐含了一个谶语，皇位将传给一个“犹如自己儿子”的人，即英宗。

仁宗的心结解决之后，大家都松了一口气，大局已定，没什么悬念了。可是请注意，这件事目前只是成功了一半，因为真正的当事人宗实还蒙在鼓里，不知道世上最大的乌纱帽已经落到了自己头上。

难不成他还不想当皇帝？

可世上居然真有这种人，连皇帝都不想当。宗实实在是个有个性的人，当他知道朝廷准备选他做皇太子后，第一个反应就是：不做！他的理由也很充分，因为不久之前，他的父亲，也就是濮安懿王刚刚去世。

按照古代的规矩，家中长辈去世，做官的都应该回家守孝三年，所以宗实十分悲伤地表示：“自己现在还不能欢天喜地去当皇子，亲生父亲刚刚去世，自己就迫不及待去当别人的儿子，实在有点说不过去。”

宗实这家人有一个良好的传统美德——极其孝顺。刚去世的濮安懿王对母亲百依百顺，这在京城都是很有名的。受到家学影响，宗实也是个大孝子。这个美德对大臣们而言，实在是个令人头疼的优点。

正是考虑到这一点，一开始下令，并没有直接确立宗实太子的身份，而是给了个“泰州防御使，知宗正寺”。

可是宗实连这个都不干，上表请辞。“剃头挑子一头热”的局面就这样形成了。

仁宗问韩琦怎么办，还说：“他要是实在不愿意，就算了！”意思是，反正想当皇帝的人多得很，这孩子不愿意做，自然有人愿意。韩琦瞪大眼睛说：“哪能说算就算。我们中书省搞不定，圣上您亲自给他下个手谕，看他还敢不敢违抗！”

事实证明，宗实确实是个硬骨头，皇帝手札也不好使。那一夜简直是传令内侍的噩梦，他们在王府和大内之间不知道跑了多少趟。去的时候带着手谕，回来带着宗实请辞的上表。

据统计，当晚宗实一共消费了一千多缗，宋代一缗就是七百七十文铜钱。当然他不是吃喝消费了，而是花在了文化事业上。他手下有个记室[1]叫周孟阳，为了彻底击退朝廷让自己当皇帝的企图，宗实请周孟阳写辞表，约定每写一份，就给周孟阳十金。目的只有一个：好好写，把我的决心和意志写进去，让他们死了这份心。

在金钱的刺激下，周孟阳干劲十足，挑灯夜战，前后共写了十八份，宗实还鼓励他："要是这件事能搞定，还有更多的赏赐。"就这样折腾到天亮，双方选手也都探到了对方的底线，看来不是着急的事，于是不约而同鸣金收兵，改日再战。

这一拖，又是九个月，终于有人忍不住了，对仁宗说："这件事拖不得。"仁宗就把韩琦等人叫进来商议。本来仁宗的意思，是给宗实另定一个官职。可韩琦比较着急，他早就和欧阳修商量好了，所以仁宗一开口，韩琦就抛出准备已久的话："外面人人都知道这就是皇子了，干脆就给他正名，下诏立为皇子算了！"

就这样决定了。这种大事，二府大臣必须到齐，于是请来了枢密使张昇。张昇问仁宗："陛下，您不再迟疑了吧？"考虑了这么久，仁宗也早就心意已决，他一摆手道："为了百姓心有所属，只要是姓赵的就行！"

次日，翰林学士王珪令草诏："人道亲亲……皇兄濮安懿王之子，犹朕之子也……其以为皇子。"请注意这一句"犹朕之子也"，这就是那个"犹子"的直接来源。

因为仁宗之前三个夭折的皇子名字里都有个"日"字旁，所以宗实也被改了名字，是为赵曙。

接下来的工作，就是把这个新任皇子接进宫来，为登基做准备，可大家还是低估了赵曙的顽固程度。他躺在床上，就是不配合朝廷的行

---

① 文秘官名。

动。被派去劝诫的虢国公赵宗谔实在没办法，恐吓他说：“你不要以为这样赖着就没事了，把我惹急了，信不信硬把你塞进轿子拉回去？我之所以不这样做，是不想陷你于不仁不义罢了。”

赵曙所有的回答，就是懒洋洋一句：“非敢邀福，以避祸也！”

最后，在政府强大的舆论攻势下，那个依靠写辞表狠狠赚了一笔的记室周孟阳也受不了了，开始转换立场劝赵曙：“你把皇帝皇后看作亲生父母，老百姓都知道，现在让你当皇子你不干，难道日后作为亲王就藩，就一定能避祸吗？”

周孟阳的这句话点中了要害。立太子和造反差不多，一上贼船，就不要奢望全身而退了，要么早登大宝统领天下，要么稀里糊涂地死掉，总之是没有退路的——就算这次不让你当太子，另立一名宗室子弟，日后那人上台，你这个前“太子”还能有好下场吗？

赵曙听了周孟阳的分析，悚然站立，抚着床榻一阵后怕：“这一点我倒是没有考虑到！”

远的不说，就说那个前来劝诫自己的宗谔，一脸坏笑，绝不是什么好货色。此人对赵曙一直心存不满。之前，宗谔手下有个厨子，特别善于做羊脍。赵曙慕名而去，让厨子做了两份品尝，宗谔看到后，问厨子给谁做的，厨子回答：“十三让我做的！”赵曙在兄弟中排行十三。宗谔勃然大怒，顿时把锅砸了个稀巴烂，把肉抛在地上使劲踩，而且还不忘把厨子狠狠揍一顿。

就这样，为了一个单纯的愿望——继续平安活着，赵曙终于带着手下共计三十人，还有几件旧衣服、几橱书籍，不情不愿地走进了皇宫。

到这里，持续七年的“建储”之战，终于画上了句号。

第三章 纷争，又见纷争

于是他到了现场。因为实在是感情有限，真性情的英宗努力半天，始终没能挤出一滴眼泪来，于是“群臣大哗”，这太不符合礼法了，历史上似乎没有这样的先例。为了收拾这个尴尬局面，聪明的礼官们发挥才智，创造性地提出“卒哭”的概念。无论如何，总得给天下人、给后世一个交代吧。

北宋嘉祐八年，公元 1063 年 3 月 29 日，这一天是晦月，整个天地之间漆黑如墨。

大宋朝的第四位皇帝，宋仁宗赵祯，在福宁殿与世长辞。回顾他的一生，是为国操劳的一生，是被台谏言官肆意蹂躏的一生，是感情很受伤的一生，是宽厚仁慈和普通百姓心连心的一生……

京师的百姓们想起来，当年，也就是皇祐六年（1054），京城发生了很严重的瘟疫，死了不少人，太医进献了一个处方，用犀牛角磨碎了和药，可以治愈疾病。于是仁宗令内侍从后宫拿出两根犀牛角来。

犀角拿来，剖开，发现其中一支是“通天犀”。

这里需要稍微解释一下：古人闲来无事，喜欢赏玩各类稀罕玩意，最著名的就是玉石、犀角、砚台等，玩来玩去，就有了很多名堂。从中医的角度来说，犀牛角的产地不同，药性也不同，产于越南一带的犀角“纹如麻实，理燥，少温润”，而来自大食的犀角花纹则很漂亮，最珍贵者就属“通天犀”。所谓“通天”，指的是犀角里有一条白亮的花纹从头贯穿至尾。这个东西据说很神异，用它盛米，鸡都不敢来吃，所以又叫“鸡犀”。

内侍们看到这支稀罕的通天犀，就去请示仁宗：“圣上，通天犀很珍贵，要不要留下您自己享用？”仁宗有点愤怒，摆手道：“难道在你们眼里，我把这个异物看得比老百姓还重要吗？”于是，珍贵的通天犀被磨得粉碎分发了出去。

仁宗身边的内侍也会记起，当年有人进献了一盒蛤蜊，并且扬扬得意地说这东西多么稀罕，每一只都价值一千钱。这一次，脾气温和的仁宗摔了筷子，他怒气冲冲说：“给你们说过多少次了，不要铺张浪费，现在这一盒子东西价值二十八千钱，我不吃！”

而那些从千里万里之外来京城赶考的举子们，就更加感念这位皇帝的好处了。昔年有个叫胡英宗的人，按照常例应该升官。觐见仁宗时，仁宗发现这个小伙子年纪很轻，就已经越级提拔了三次，于是问起此人的家事，原来，他父亲是一位翰林学士。

所谓“朝中有人好做官”。仁宗因此感慨，那些没背景没关系的读书人，难怪一直沉滞下僚，原来好位子都被你们官二代给占了。随即，他下令胡英宗暂停提拔。

读书人总是善于激动的，大家不会忘记国家为士子们所做的最重要的一次改革。

古装剧里，总是会出现这样一个场景，读了十几年书，准备上京赶考前，父老乡亲都会上门，大家凑一点钱作为盘缠。

事实上，古人走长路是很辛苦的，那时候科技不发达，运气好搭个便车——当然是牛车马车；运气不好的话，就只能步行。这一走，很可能就是两三个月，每天吃喝拉撒都是不小的开支。

那些为了功名来京城考试的士子们，跋山涉水，走坏了不知多少双鞋，参加了礼部的考试，即使幸运考中，还得通过殿试，殿试之后能考上，才算真正的高中。

于是在殿试里被刷下来的考生，就成了最凄惨的一群人，不仅要承受强烈的心理落差，还要承担回家的一笔巨额盘缠；还有的寒门学子，只准备了去往京城的盘缠。这其中，有些家庭条件好的留在京城继续进修学习，但更多的人还是要回家，三年后再来。还有一些人，没考上，没盘缠，在京城生活成本高，耗不起，于是就流离失所，甚至投水自杀。

知道这个情况后，仁宗特意下令，今后殿试就不能再废黜举子了，只要通过礼部考试，就算殿试乱写一通，也能考中。

这救了很多人的命，也让读书人真切感受到了仁宗的温暖。

仁宗去世的消息传到民间，史载："京师罢市巷哭，数日不绝。虽乞丐与小儿，皆焚纸钱哭于大内之前。"

消息传到辽国，辽主握着报信使者的手恸哭道："四十二年不识兵革矣。"这个辽主在当太子之时，曾经混在出使团里混进大宋，仁宗接到密报，特意把他请进大内见了皇后，临别之际，握着他的手说："和你就像一家人一样，今后我们要遵守盟约[①]，以爱护生灵为念！"

那些"穷凶极恶"的谏官们，早已习惯了对这位皇帝的敲敲打打，失去了他，一时之间也颇觉难以适应。因为仁宗一朝言论自由，所以在谏官这个领域，要想做出一点令人瞩目的成绩，实在是太难了。

比如范讽，他当开封府尹时，接到一个案子，有个财主指控说他的儿子刚娶了一个漂亮媳妇，就被宫内的指挥给叫走了，半个月都没有消息，所以前来告状，希望给查一查。

范讽见仁宗，基本上还是前谏官王素的那一套，要仁宗把小姑娘交出来。

范讽："大家都知道，陛下洁身自好不迩声色，这样搞不太好吧？而且人家已经是有夫之妇，这种行为何以示天下？"

---

① 指澶渊之盟。

仁宗："皇后说有人进献了一个美女，我还没见到，大概就是你说的那位。"

范讽："那太好了，把她交给我吧，我把她还给告状的人……"

就这样，范讽七七八八说了一番，又挽救了一位姑娘于"水深火热"之中。

本来，臣子公然夺取皇帝的爱好，传出去是美事一桩，显得这个臣子很忠诚、很正直，而这个皇帝很开明、很高尚，当时的人对这件事是恰恰相反的评价："范讽这个人，没听说过他有多正直啊。他现在之所以这样干，是因为遇到了好时候，大家争相做好事，给皇帝提意见，他这样做，根本没什么难度！"

当时言路开放的程度，由此可见一斑。

当时还有一首无名氏的诗作，来缅怀这位开明君王：

农桑不扰岁常登，边将无功吏不能。
四十二年如梦觉，春风吹泪过昭陵。

这就是仁宗皇帝，虽然在历史上没有那些靠"文治武功"扬名立万的皇帝红火，但确实不失为一个称职的好皇帝。

当仁宗吐出他在人世的最后一口气，身边的那些内侍陷入了巨大的恐慌。皇帝没了，大宋的天塌了，他们叫嚷着要出去报丧。但被仁宗的曹皇后断然否决了，她为了防止出现意外，要求众人保持镇定，等天亮后再悄悄告诉宰辅大臣。

以韩琦为首的高级领导，包括宰相、枢密使、参知政事，他们是第一批得知消息的。紧接着就是当了半年太子的赵曙，这个非比寻常的消息传来，把赵曙吓了一大跳，他还没做好心理准备。对于他来说，这实在有点仓促。

面对韩琦“请皇子即刻就皇帝位”的请求，赵曙大概是真的吓坏了，大声嚷道：“我不敢为，我不敢为！”

都什么时候了，还准备撂挑子！韩琦他们不管三七二十一，一拥而上，大家分工明确，分别控制住赵曙的四肢和脑袋，强行为其披上龙袍，戴上皇冠，是为宋英宗。

本朝第五任皇帝是真的不想干，却没得选择。

大概是因为英宗心理压力太大了，所以没过几天，他就病了，而且病得还不轻。四月八日，是为仁宗举行大殓的日子，就在当场，英宗忽然奔走呼号、状若癫狂，把众大臣搞得一头雾水，惊慌不知所措。好在韩琦经验比较丰富，令人强行上去“护侍”新皇帝，这才稳住了局面。

得病之后的英宗，将他倔强的性格发挥到了极致，成了一个性情古怪的皇帝。对于身边的内侍，他随意打骂侮辱，还坚持不吃药，当韩琦端着汤药给他送去的时候，英宗稍稍意思一下就大力推开，汤药溅了韩琦一身。

看到这一幕，曹太后感慨道：“相公也太不容易了。”

可是，就在对韩琦表示同情的同时，曹太后也遭遇了“政治暴力”。从名分上来说，英宗算是太后的儿子，可他对太后缺乏最起码的尊重，经常大发脾气，出言不逊。

曹太后无奈之下，只好向韩琦诉苦。然而，作为典型的封建臣子和英宗的拥立者，韩琦坚定地站在了皇帝一边，还绵里藏针地说：“我们平时只在外面才能见到官家，内宫的照顾就全凭太后您了，如果皇帝有个什么闪失，太后恐怕也未得安稳！”这话令曹太后极为反感，但是也无可奈何，维护皇帝、保持朝廷核心的稳定是第一要务，这个道理谁都明白。

可是英宗从来就没有安分过。

十一月，为仁宗送殡，身为一国之君的英宗竟然称病不出，只留下曹太后孤零零地在琼林苑迎奠，场面很凄惨。

四天之后，大概是英宗思想上转过了弯，觉得不出席一下实在有点说不过去，毕竟死者为大，又是名义上的父亲。

于是他到了现场。因为实在是感情有限，真性情的英宗努力了半天，始终没能挤出一滴眼泪来，于是“群臣大哗”——这太不符合礼法了，历史上似乎没有这样的先例。为了收拾这个尴尬局面，聪明的礼官们发挥才智，创造性地提出“卒哭”[①]的概念。无论如何，总得给天下人、给后世一个交代吧。

令人失望的英宗看来暂时难以荷载帝国基业了。于是，仿照前朝先例，群臣们极不情愿地将目光投向了曹太后。又一个垂帘听政的时代要开始了。

这是一件无可奈何的事情，大臣们的内心很矛盾：一方面，必须要有人站出来替代英宗的位子，国家无论如何得有一个主宰，哪怕是名义上的；另一方面，女人来主持朝政，按照封建王朝的观点，并不是什么“圣朝美事”，万一这个女人贪恋权势，比如武则天那样的，搞出一段千古政治丑闻来，臣子们难辞其咎。

于是，就在太后刚刚垂帘伊始，耿介的司马光硬着头皮上了一道奏疏，目的就是劝告太后：“您的前任刘娥当时做得不好，所以‘负谤天下’，您可要引以为戒……”实际上，曹太后是个素质很高的女人，她并没有做过什么出格的事，处处小心谨慎，很注重礼仪，以免引起群臣的攻击。但是，有点异常的是，曹太后垂帘听政几个月后，似乎也不急

① 卒哭：亲祭虞主而不哭也。

着还政了。

问题出在哪里呢？问题还在英宗那边。这段时间内，他还是保持了一如既往的嚣张，没有把曹太后放在眼里。大概是因为英宗太过孝顺了。一个孝顺的孩子，却非得管别人叫爹和娘，他能开心吗？就这样，这一对母子开始了暗中较劲……

韩琦和司马光这一班大臣，立刻着急起来。此时，必须紧锣密鼓及时开始游说相互敌对的母子了。否则，闹到最后，谁都不好看。

在某个风雨如晦的夜晚，韩琦独自在家学习，忽然有一名中使掀门帘进来，递给他一封来自太后的信。这里说法不一。

其中一个版本：

韩琦拿着信，皱眉沉吟片刻，顺手放在蜡烛上开始焚烧。来人大惊失色："宫里的信，你竟然连看也不看就烧掉，你想干什么？"

韩琦面无表情："这是老夫的事，和你无关，回去照实说罢了。"

这就是韩琦政治水平的高超体现。片刻之后，另有一名中使急匆匆赶来，索要先前的那封信，韩琦告诉他："回去奏报，刚才我看都没看就直接烧了！"

这时候，得到消息的曹太后已经对自己打小报告的行为有些悔悟，不由叹服："还是韩相公看问题有远见，做事情有决断。"

另一个版本：

韩琦很冷静，把信拆开看了，里面是太后转述英宗的一些疯疯癫癫的事迹，还有对其"暴行"的"血泪控诉"。韩琦默默看完，还是拿到蜡烛上烧了，跟来人说："请回去转告太后，官家心神未宁，一些举动不合常理，未足怪也！"

还有一个版本：

韩琦看了曹太后的信。他白天忙完了仁宗山陵之事，晚上连夜进宫斡旋，给英宗讲了一堆道理，请英宗以大局为重，搞好内部团结，维护和谐安定的政治局面。对此，英宗表示了认同和理解，并且对韩琦烧信的行为给予了充分谅解。最后，君臣二人握手言欢，挥手道别。

不管哪个版本是真实的，总之，我们看到了韩琦的苦心和努力。

当曹太后涕泪交零呼喊着“老身殆无所容，须相公做主”时，韩琦近乎绝情地告诉她：“没事没事，这是英宗得病的缘故，等病好了，他就不会虐待您了。儿子有病，做母亲的难道就不能宽容吗？”

当英宗面露冷峻说“老太太对我不好”时，韩琦又耐心告诉他，母亲对您好，您孝顺她，这是人之常情。只有母亲不慈爱时，您依然对她孝顺，这才体现出您的高风亮节。

日子就这样磕磕绊绊走到了治平元年（1064），英宗的身体有所恢复，韩琦又把另一件事摆上了日程。

这就是让曹太后“撤帘”，就是说，要撤销这个“垂帘听政”的职位，让帝国结束“牝鸡司晨”的尴尬局面。为了达成这个目的，韩琦颇费了一番心思。

首先，韩琦搜集了十份英宗御批的奏章作为物证。这表明英宗已经具备了独立掌国的能力，这是曹太后离职的先决条件。

曹太后看到这十份奏章，十分满意地点点头。

韩琦：“太后您看，这是皇帝批复的奏折，我看他身体基本恢复了。”

曹太后：“那好啊，这我就放心了。”

韩琦：“既然皇帝身体好了，我年纪也大了，希望能够辞官回家，颐养天年。”

曹太后：“相公你哪可以退休，倒是我应该在深宫里，现在坐在这里，实在是无可奈何啊，要退也应该是我先退。”

这就是韩琦想要的答案，他露出了狡猾的笑容，于是顺水推舟，换了一副公事公办的表情，大力赞赏曹太后的觉悟，并紧追不舍："不知道您老人家，具体打算哪一天退休，最近台谏官员们都在说这个事……"

曹太后很生气，大概是气得说不出话，起身就走了。

听到声响的韩琦当即厉声喊道："太后命撤帘还政！"帘子被拉开时，还是能够看到曹太后匆匆离开的身影。据说此事后，曹太后曾经很幽怨地表示了自己的愤怒："做也是相公，不做也是相公！"

是啊，想当初英宗龙体有恙，大臣们巴巴地请太后出来，现在又这么简单粗暴地把曹太后赶回去，曹太后满腹牢骚，确实有她的理由。可是如果你去问韩琦，他一定会摊开双手，一耸肩膀笑道："没办法，形势所迫！"这就是古代的大臣，他们只忠于内心的那一套准则。

截至现在，我们已经看到了大宋朝各式各样的硬骨头官员，也见识了种种利欲熏心的腐败货色。其实深究一下，好官和坏官，最主要的一个区别，就是观察他是不是个无原则的老好人。孔夫子曾说："乡愿，德之贼也！"多年后夫子的一个再传弟子孟子，说得更明白："……阉然媚于世者，乡愿也。"

综观前面所遇到的奸臣们，多是以"好人"面目出现，比如王钦若、丁谓、林特等。他们并不是天生奸邪，立志以祸国殃民为己任。事实上，他们只是放大了自身的劣根性，追随皇帝好恶，其实质是乡愿的——只要皇帝开心，大家你好我好。

反观之，忠臣们却多是刺头，喜欢说难听的话，喜欢和领导作对。他们不是吃错了药，只是从直觉上把握了事物发展的规律，尽管没有理论化，但他们都意识到了，一团和气是衰败的前奏。

韩琦不是个"乡愿"的人，他忠于自己的内心，像个刺头一样坚持了自己所认为的正确。他做得很对，但是就在完成了这件事以后，他隐约觉得有点不对劲，似乎在某个地方，有一双看不见的眼睛在冷冷地盯着自己，他心里略微有点发毛。

那两道能杀死人的寒光，来自富弼。富弼现在是枢密使，和韩琦是同级。一直以来，都是“二府”并称。但是在这段历史当中，韩琦忙前忙后，他身边站着的是司马光和欧阳修，富弼被晾在了一边。

富弼心里很不舒服，而且他这不舒服由来已久。

早先在范仲淹领导下改革时，韩琦和富弼二人矛盾并不明显。随着“庆历新政”失败，以及范仲淹的去世，二人关系发生了微妙的变化，没多久，这微妙的变化就慢慢公开，成为裂痕。

严谨求实的史学家司马光在他的笔记里记载，韩琦性格果决，遇事直言不讳，颇有寇准的神采；而富弼谨慎沉默，胸有城府。二人在一起办公时，韩琦经常说一些和他身份不符的市井俗语。在古人看来，这是很失身份的事。

某次议事，富弼反复斟酌，拿不定主意，韩琦不耐烦了，揶揄他说：“又絮邪！”意思是：“你怎么絮絮叨叨像个老太太一样！”

倔强老实的富弼怒道：“絮是何言与！”——有你这么说话的吗?

不过，这种生活琐事过去了也就算了，身为“国士”的富弼，心胸倒没有这么狭窄。他耿耿于怀的是另一件事。在嘉祐六年（1061）三月，富弼的母亲去世，按照惯例，他应该回去守孝三年，学名“丁母忧”。

封建社会的整个架构，是按照至圣先师孔子的理论来设计的。他提出“孝”是礼教的核心，一个人只有从身边的小事做起，孝敬父母，才有可能去实践“忠君”这个高层次理想。

在这个理论指导下，家里如果有长辈去世了，做儿子的就应该守孝三年，不管你是引车卖浆之流，还是朝廷官员，无一例外。当然，皇帝可以除外，毕竟国不可一日无君。

在具体实施上，也不一定需要整整三年，一般十几二十个月就可以回来继续工作了。甚至对一些特殊的人，皇帝可以下令不让他回去守孝，毕竟国事大于家事，为了国家百姓，不得不牺牲一下亲情。这个行为叫“夺情”。

富弼母亲去世之后，他没敢耽搁，赶紧回家守孝去了。

按照当时帝国的“潜规则”，像宰相这种高级领导，可以享受“夺情”的待遇，回家待几天就可以了。可富弼是个很倔强的人，仁宗皇帝连着五次下令，叫他回来上班，但他就是按兵不动，还振振有词：“此金革变礼，不可施于平世。”

仁宗很纳闷，暗自揣测：“难道富弼对我有什么意见吗？”

一直到最后，富弼才说出了谜底：“以前我和韩琦聊天时，说起‘夺情’这种事，韩琦认为这种事不好，属于贪恋富贵的行为，绝对不是太平美事，所以我是绝对不会赶来工作的，您就不要再反复要求我了。”言下之意是为了避免韩琦看不起我，才这样坚持的。

这是富弼第二次生气了，因为韩琦的一句话，他在家蹲了三年。这三年，是一个政治家远离权力中心的三年，我们可以想象一下富弼不得不在家枯坐的心情。所以英宗即位，富弼守孝期满回来时，我们看到的是一个气鼓鼓的枢密使。

可是这个世界并没有为他做出让步，懊恼的枢密使很快就变得更加懊恼。朝中现在是宰相韩琦一手遮天。原因很简单，他有拥立之功。大家都认为，没有韩琦，或许就没有英宗的今天。他表现跋扈一点，似乎可以理解。

一说起“拥立”这件事，富弼更加怒气冲冲。

英宗登基之后，赏赐那些拥立有功的人，韩琦拟了一个名单递上去，就在此时，身边一直不说话的富弼忽然冷冷道："是先帝和太后把神器[①]给了陛下，这些人有什么功劳呢？"

一贯不脸红的韩琦，这次变成了关公。

治平元年（1064），英宗要给韩琦和富弼升官加衔，却被富弼拒绝了，非但如此，富弼还写了一篇奏疏上去，解释自己不接受的原因。

富弼这个文章写得很奇怪：一方面，他说英宗即位时，他还在老家待着，并没什么功劳，哪里比得上韩琦，韩琦很了不起，功劳很大；另一方面，他又反复强调，是先帝和皇太后把位子传给您的，您最应该报答的，是他们的天地之恩……

那么，富弼是心胸狭窄的人吗？难道他是嫉妒韩琦吗？

其实，事情的真相是这样的。

在很久之前，文彦博和富弼还在中书省的时候，仁宗皇帝就昏死过好几回，当时文彦博和富弼二人就考虑过建储的事，并且已经内定了英宗，两人甚至都写好了传位的遗诏，每天上班就揣在怀里，一旦仁宗归天，就拿出来宣布。

可是还没有等到仁宗归天，文彦博的长辈归天了，他回去丁忧。后来，富弼的母亲也归天了，他也回去丁忧。

接下来，就有了韩琦立英宗的那一幕。听到这个消息，富弼很不高兴，他认为这件事本来就已经定了，到时候直接拿出来宣布就可以了，这么着急立太子，万一有什么怀疑阻碍，英宗就别想当皇帝了。

所以在富弼看来，韩琦着急动手，相当于是抢夺了革命胜利果实，他能高兴吗？

---

① 江山社稷。

在邵雍的儿子邵伯温所著《邵氏闻见录》里，话说得更加直白。这本书里说，富弼晚年心情郁闷，乃至胸闷气郁，邵雍知道病根所在，就嘲笑他："好事到了你手里，你却犹豫不敢做，被别人做了，你这样郁郁寡欢，有什么用呢？"

晚上睡不着，富弼在被窝里掰着手指头愤怒地想："韩琦，有再一再二，没有再三再四，你再惹我试试！"他看看窗口照进来的月光，叹了口气，忧伤地想："要不是拉不下面子，我早就和你翻脸了！"

一夜辗转反侧。第二天一早，富弼就听说韩琦把曹太后赶下台了！

富弼气得简直要跳起来。他愤怒的原因有两个：第一，从情感上讲，他很同情曹太后，一辈子操劳不容易，后来还不被仁宗待见，让张贵妃抢了风头。现在又遇到了这么一个性格古怪的儿子，曹太后这一生确实很艰辛。

富弼曾经由衷地对韩琦说："皇太后的话说得多可怜，我都不忍心去听……"可韩琦是站在英宗一边的，冷着脸不说话。

第二，大家同殿为臣，而且都是大宋顶级的官员，韩琦做出这种事，竟然不和我通个气，真的是不把我富某人放在眼里！

富弼这次故意在同僚中大放厥词："我也算是宰辅大臣，其他事不问也就罢了，但这种大事，韩琦他就不能让我知道吗？"韩琦一开始不应对，后来实在绕不过去，就打马虎眼说："还政之事是太后自己的主意，哪里能够公开？我并不是把富公当外人，只是害怕万一不能成功，恐怕今后就没有机会了……"

这个答案很有智慧，表达了两层意思：其一，不是我把太后赶走的；其二，不和你商量也是事出突然。

富弼懒得听这个精巧的解释，既然干得憋屈，不如挂冠归去。他倔强的脾气发作，在枢密使位子上干了两年，便以腿有毛病为由，坚决要求辞官回家养老。

在辞职信里，富弼不点名骂了很多人："……先帝虽知臣一心为国，不避人怨怒，然而同列非常不喜矣！其不喜者，乃使门下鹰犬之人撰造是非，于先帝前倾臣，今陛下侍从臣僚中亦有谤臣者不少……"

看完这封信，英宗、韩琦、富弼乃至司马光等，心里都不是滋味。

据说晚年的富弼，每次过生日，韩琦总会写来一封信问候，富弼却始终没有回过一个字。

其实，富弼待人不是这样的。从前朝唐代开始，宰相的地位就很高了，无论长幼见了宰相都必须拜，而宰相只需稍稍垂手扶起即可。宰相送客，从来不下台阶。但富弼做宰相时，不管小官还是布衣来见，他都和对方持一样的礼数，来时迎进门，走时送上马，很是客气。

唯独对韩琦，死活都不宽恕，可见二人嫌隙之深。

后来，韩琦先于富弼去世，身为多年同僚的富弼，依然没有任何表示，即便对于死者，他还是不原谅。

两位名臣的交情，就这样走到了尽头。

站在彼此的立场，这件事没有什么对错。那么富弼与韩琦交恶，问题到底出在哪里呢？

这两人最后闹翻，可以说是一个必然。因为从富、韩二人的政治进步史中，我们隐约可以发现背后有个模糊的影子。

那就是范仲淹。

但凡一个小圈子，必然有一个核心领袖。在"庆历新政"实施的最初阶段，范仲淹依靠他无人可敌的"三光"声誉，以及在西北边陲的军功，成为改革集团的领袖人物，所以当时富弼和韩琦的矛盾不会爆发，反而会在范仲淹的协调下良好合作。

等韩琦上位，富弼身在外地，两人之间没有完成"领袖"产生的磨合期，所以富弼一回来就感觉十分不适应。归根结底，正是富弼、韩琦二人的势均力敌，导致了他们的决裂。

如果非要说谁错了，那就只能怪范仲淹去世太早，没能培养出一个合适的接班人。

第四章 找父亲

在某个黄道吉日，英宗赵曙一早起来，拿出民间武术家的架势，粗鲁地拧了拧脖子，把指关节折得噼啪作响，拉开门大声宣布：“我……要……找……父……亲！”

英宗就这样在仓促间登上皇位。他进宫半年后，仁宗就驾崩了。这就意味着，他并没有像正常即位的太子那样，从小接受各种正规的“岗前培训”，再加上身体和性格原因，这就造成了他执政能力上的不足。总之，在即位之初，他算不上一位好皇帝。

打个比方，英宗像是一位没有受过正规训练的民间竞技选手，各种犯规动作层出不穷，群臣们则疲于应付，累得气喘吁吁，成天忧心忡忡。

但是，我们站在英宗的立场上思考。他忽然进入皇宫，贵为一国之君，却惊奇地发现身边竟然没有一个可以倾心交谈的人。母亲不是亲的，大臣们要么唯唯诺诺，要么就是一副公事公办的样子，没一点人情味。

英宗是寂寞的。

这个寂寞带来了他和臣子们的第一次交锋。

有一天，精神不错、无所事事的英宗招来翰林学士王畴草诏。王畴文笔很好，还可以一心二用，一边写，一边和英宗闲聊，不知不觉时间就过去了。

孤独的英宗忽然发现，原来大臣们并不是都很枯燥，王畴这人就不错。当然，为了表示皇帝的深沉，他还是很矜持地说：“你清直好学，我知道了！当然，我早就知道了，并不是今天和你聊天才明白的。”

几天后，英宗下诏，提拔王畴为枢密副使。

皇帝下令，金口玉言，臣子应该不得不从。可是，此时正是“后仁宗时代”，官员们的自由度仍然很大，只要自己觉得正当，可以随意用适当的方式表达意见。

知制诰钱公辅看到诏令，就行使了自己的特权——“封还词头”，把皇帝的命令驳了回去。钱公辅的理由很充分：王畴资历太浅了，按照惯例，提拔的两府重臣，必须有在地方和基层工作的经验。一来，积累政治经验；二来，免得形成一种不好的风气，使官员们都赖在京城等着升官。

英宗第一次任命二府官员就遭到拒绝，顿时勃然大怒，于是先把提拔王畴的事情放在一边，下令先把钱公辅贬为滁州团练副使再说。

由于钱公辅不能自己给自己写贬黜的文件，这个任务只好落到了另一位知制诰祖无择身上。岂料祖无择双手一摊，对英宗说：“对不起，我觉得对我的同事责罚太重了，我拒绝撰写这种不合理文件。”

英宗又是大怒，计划把这两个不听话的家伙都赶出去。

眼看祖宗苦心制定的制度就要遭到戕害，大臣们都坐不住了。知谏院事吕诲、天章阁待制兼侍讲吕公著，乃至宰相韩琦都出来说情。所谓说情，其实就是和稀泥。

和稀泥的结果是，为了避免引起众怒，英宗答应把这两人留在身边，但是要罚铜三十斤。

其实，英宗内心的余怒还是没有消掉。几天后，龙图阁直学士卢士宗因为别的事进殿，看皇帝心情不错，就又说起这件事，认为对钱公辅、祖无择二人当初的处罚有点太重……

英宗没说话。

不说话不代表他认同了。第二年，卢士宗出于未知原因被贬，知广德军。

第一仗打赢后，英宗把枪口对准了他的第二个敌人——书法家蔡襄。

书法家蔡襄在仁宗朝的时候，也是文艺界一位知名人士：字写得好，擅长制造舆论。可是到了英宗这里，他就站在了不受待见的序列。究其原因，是因为小道消息称，当初大家一窝蜂要仁宗立英宗为皇储时，蔡襄好像发表过不同意见。

事情的真相是这样的，以前蔡襄在地方任职时，查处过一个贪官。为了报复，此人就自费印刷了一本非法出版物，里面闪烁其词，说蔡襄试图对英宗不利。

因为一些莫名其妙的谣言，蔡襄就这样背了一口大黑锅。

英宗疑心的理由还有一点，就是曹太后曾经不经意说过，就在下令立他为太子的那一天，仁宗想起早逝的鄂王①，心里十分悲伤，涕泪交零，近侍和官员看了也悲伤，说了一些“荧惑”的话，这些人里头，似乎有几个“名人”。

英宗用阴郁的眼神把群臣扫射一遍，再结合民间传闻，最终锁定了“名人”蔡襄。

那段时间蔡襄很忙，他是三司使，苦苦思索的是，如何尽快筹集经费，把仁宗的山陵修好，由于工程费用捉襟见肘，他被英宗骂了。偶然请假一天，他又被英宗骂了，英宗还到处扬言要给三司换人。

对外制造舆论的同时，对内，英宗曾试探过韩琦和欧阳修：“你们认为，蔡襄这个人怎么样？”

① 仁宗最后夭折的那个皇子。

庆历年间，韩琦、欧阳修和蔡襄都是“范党”成员，曾经紧紧地抱成一团，所以英宗没听到自己想要的答案，心情有些悻悻的。韩琦觉得这样下去，蔡襄迟早要倒霉，还不如把事情挑明。他干脆直接问英宗：“您觉得这件事是真的吗？”

英宗：“倒是没有文字证据，不过，我当皇子的时候就知道了！”

韩琦：“事出暧昧，现在虚实未明，还要进一步审查。如果因为流言处置蔡襄，恐怕今后小人随意构陷，善人难立啊！”

欧阳修上来帮腔：“陛下，您觉得呢？”

英宗继续嘴硬：“虽然没有文字，但是谁能保证没有呢？”

欧阳修知道，对于蔡襄这件事，英宗还没有确实的把握，就开始列举夏竦陷害富弼和石介的事。同时又现身说法，提起自己的光辉岁月：“想当年，有人以我的名义写了封奏疏，要仁宗皇帝裁减内官。那些太监们见了我，个个眼冒绿光，恨不得吃掉我。可我就是不怕……”

可惜的是，欧阳修的好口才也挡不住英宗的一意孤行，他拍着椅子站起来：“那造谣的人怎么不诽谤别人，单单针对他蔡襄？”

韩琦和欧阳修顿时无语。

等仁宗山陵修好，蔡襄很自觉地上表要求外放，英宗当即表示应允。韩琦说：“历来这个级别的官员请辞，按照礼节，一般都会拒绝，直到他上书两三次后方可应允，现在突然答应，礼数是不是太简慢了？”

不知道英宗是不懂得这个礼数，还是迫不及待。他反问韩琦：“万一他不再上书怎么办？”

之后，蔡襄被安排到人间天堂杭州，陪他母亲安度晚年去了。

两战告捷，英宗觉得自己已经站稳了阵脚，在群臣面前树立起了新皇帝的权威。然而，前面这两件事只不过是演习和热身而已，毕竟，他要给臣子们一个适应过程。接下来，他要布置的是一个大阵仗。

在某个黄道吉日，英宗赵曙一早起来，拿出民间武术家的架势，粗鲁地拧了拧脖子，把指关节折得噼啪作响，拉开门大声宣布："我……要……找……父……亲！"

这一嗓子吓坏了不少人，整个京城为之一震，臣子们则遍体发寒，更有一群惊鸟，扑棱棱飞过天际……

此事听起来有点怪异，实际上，却是英宗的一个大心病。

英宗继承了仁宗的皇位，毫无疑问，从名分上来说，他应该把仁宗叫父亲。但是对任何人来说，骨肉亲情总是难以割舍的。现在赵曙，以前的宗实，觉得自己既然当了皇帝，安顿好非亲父仁宗的后事之后，就应该考虑自己亲生父母的名分了。

此时，安安静静躺在地下的濮安懿王和他的夫人们，即将获得破格提拔。按英宗的想法，他们应该享受和仁宗一样的待遇，成为皇帝和皇后。

当然，英宗并没有直接提出这个要求。他面对群臣，启发式地提出这个问题，要大家研究一下四个人的级别问题。这四个人分别是濮王赵允让和他的两位正妻谯国太夫人王氏、襄国太夫人韩氏，以及英宗的亲生母亲仙游县君任氏。

当初推荐宗实当皇子时，他们这家人的孝道被大力吹捧。谁想到孝顺竟然惹出祸端，群臣们搬起石头砸了自己的脚。

翰林学士王珪先发言，他认为：尊无二上，秦汉以来虽然也有以旁支入大统，推崇自己亲生父母为皇帝、皇后的，但都遭到了当时的非议，并不是惯例，所以他建议，给濮王追赠高官，三位夫人并封太夫人[①]。

听完王珪的陈词，英宗下令："再议！"

会场又是嗡嗡一片，许久之后，中书省奏报，暂时没结果，如何称亲，如何给名分，不好决断。

英宗下令："再议！"

大臣们心里跟明镜一样，都知道英宗是什么意思。但这不是开玩笑，如果真的答应追尊濮王为皇帝，这一班臣子可能就会遭到后人的耻笑。

聪明的王珪不知道咬烂了几支毛笔，终于灵机一动，计上心头。仁宗是英宗父亲，这一点不容动摇，而濮王是仁宗的哥哥，那么顺理成章的，英宗应该称他的亲生父亲为"皇伯"，这真是个天才的主意。

遗憾的是，王珪这个意见还没递到英宗面前，就被打了回来。

是欧阳修干的。

韩琦、曾公亮、欧阳修三位，现在站在英宗的阵营里，不断驳回翰林学士们的建议，目的就是要大家解放思想，抛开礼教那一套，关键是维护稳定，只要英宗身体好好的，能够正常维持帝国的运转，就万幸了。

可是谏官们抱着完全相反的想法，中书省和两制的对立局面就此形成。战斗双方各有优势，中书省虽然人少，但是职权大，最重要的是有皇帝的支持，而谏官们人多，掌握着舆论，也不容小觑。

为了回击台谏官员，博学多闻的欧阳修引用《仪礼》和《五服年月敕》，说明亲生父母和过继的父母一样重要，而且列举汉宣帝、光武帝称亲生父母为"皇考"的例子。事实上，欧阳修旗帜鲜明地表达了英宗

①《续资治通鉴长编》载，这个主意是司马光出的。

的意图，要让他的父母和皇帝、皇后享受一样的待遇。

据说这个消息也传到了曹太后那边，曹太后当然很生气，如果英宗有两个父亲，自己岂不是有两个丈夫？所以，一封手书从后宫出来，严厉斥责韩琦和欧阳修，不应该把濮王也称作皇考。

韩琦扣下曹太后的意见，反倒奏报说："太后对于那个没有来头的新事物'皇伯'十分恼怒，要求取消。"

此时，英宗只好叫了暂停，让有关部门去搜集一些文献，看看古人到底是怎么干的。

当时判署太常寺、主管礼仪的官员是范镇。这是一个极度忠于礼教的人，不容任何违法行为的发生。接到命令后，范镇带人加班加点，逐条批驳了欧阳修的"歪理邪说"：

第一，汉宣帝对汉昭帝而言是孙，而光武帝对汉平帝而言是祖，所以他们追认自己的父亲享受皇帝待遇，还尚可理解，最起码没闹出两个父亲的笑话。即便这样，还是遭到了很多人的非议。

第二，我带来了《汉书》等参考文献，能充分说明中书省的无知和错误。

欧阳修不敢应战，韩琦却气坏了。他气急败坏地对范镇说："皇帝只让你们好好查询考核，为什么这么快就整理成文上报了？"

范镇也不是好惹的，他盯着韩琦的眼睛说："工作效率高也是错误吗？你敢说自己不是逻辑混乱？"

战火再次被引燃！

跟在范镇后面的，是御史中丞、状元公贾黯和他的手下。他们首先指出：英宗诏令反复无常，实际上是为了保护中书省这一方，不是公平之战。其次，他们含沙射影，认为皇帝如此睿智公正，不会犯错，一定是背后有"两三个奸佞之臣"在蛊惑。

然后，司马光举着一道纯学术性的奏疏，上来“炸碉堡”。

他说：“我查过汉代文献了，汉宣帝是以孙辈继承汉昭帝之位的，所以追认他父亲是可以的，人家很讲道理，就没有追认他亲祖父为皇祖考嘛！其次，光武帝是老百姓出身，亲自披坚执锐打天下，名义上说光复汉室，实际上相当于重新改朝换代。就算光武帝刘秀要自己当太祖，建立七庙，也没什么不可以，他追认自己的父亲为皇考，已经是十分谦虚的行为了！”

也就在这段时间，上天顺应民意，忽然有所表示——东京开封连降大雨，淹死了很多老百姓，京城交通一时受阻。上朝的时候，英宗在大殿左等右等，只等来十几个人，其他大臣都被洪水挡住了。

对古人来说，天灾就等于人祸，所以英宗照例下了个《罪己诏》，同时广开言路，要大家踊跃上书言事。

下面，就是各位大臣们对此次暴雨的解释。

司马光：“陛下登基以来，犯了三个错误：其一不孝顺母亲；其二没能觉察奸臣弄权；其三不听人话，和台谏官员对着干。”

吕诲：“《五行志》记载，简慢宗庙，废止祭祀，水就不会滋润下土。”

吕大防：“雨水成灾，是因为阴气侵袭阳气的结果，君权太弱，臣权太盛。”

接着没几天，权御史中丞贾黯申请辞官。贾黯也是无奈之举，他曾经就“皇考”问题和中书省交涉过很多次，都败兴而归，为了表示不满，也为了自责“失职”，他提出请辞。

没人和他客气，当即应允。

此时贾黯的身体已经不好了，他预感到自己可能不会再返回朝廷了，就恶狠狠地参了韩琦他们一本：“每个人只有一个父亲，近来有些执政大臣提出十分荒谬的两个父亲的歪理邪说。因为这种荒谬观点，导致了大宋七庙神灵愤怒，这才降下大雨，流杀人民！”贾黯抛下这一句，踉踉跄跄出了朝廷，一个月后，黯然辞世……

紧接着，司马光辞去了知谏院一职。

眼看作为正义力量的台谏官员都走了，吕诲着急了。他给英宗上书：“当年仁宗时代，一共有二十多个御史，即便裁员，也保持在十几个。现在呢？群龙无首，半个月没有御史中丞。而且我们总共只有五个人，其中还有两个出差，只剩下我和吕大防、范纯仁。更有甚者，谏院那边一共就两个人，一个外出考察，一个升官了。台谏岂不是成了空架子？”

看出来了吧，为什么在言官的凌厉攻势下，韩琦、欧阳修他们保持了罕见的冷静，就是因为他们正在皇帝的支持下，默默地把反对派一个个清除出局。这一点，言官们也意识到了。在之前的奏章里，言官们反复讲，是奸臣左右了皇帝，一是为尊者讳，不说皇帝坏话；二是想离间中书省和皇帝的关系，以便他们下手。

吕诲甚至把韩琦和霍光、李德裕、丁谓、曹利用这些权臣等同起来，其用语之激愤，实属罕见。

岂料英宗真是个孝子。他认准一条，谁支持追认自己的亲生父亲，谁就是自己人，所以韩琦和欧阳修很坦然，压根不屑于向言官们辩白。

三个愤怒的、倒霉的、无处哭诉又无可奈何的御史，在治平三年（1066）正月，发动了集体总攻。这次的攻击目标比较多，包括“首开邪仪，以枉道悦人主”的欧阳修，“初不深虑，固欲饰非，傅会其辞”的韩琦，还有“受国厚恩，苟且依违，未尝辨正”的曾公亮和赵概。

从御史们的措辞看得出来，这是“最后的上书”。他们打算，如果这次不成功，就集体辞官！

中书省办公室里，欧阳修走向书桌，开始奋笔疾书……

韩琦、欧阳修知道，单凭他们的力量打败御史也不是不可能，但是名声不好，而英宗碍于当事人的身份，不能明确表态。于是，另一个人就成了关键，只要这个人表态，基本上就尘埃落定了。

这个人是谁呢？

曹太后。虽然曹太后还政之后，便失去了权力，但是碍于礼教的面子，曹太后的话还是很有分量的。

欧阳修亲笔写了两封诏书草稿，送给英宗看，又送给太后。然后，从后宫传来了太后的一封信，欧阳修打开，和韩琦相视一笑。

第二天，英宗下诏：准皇太后手书，濮安懿王、谯国太夫人王氏、襄国太夫人韩氏、仙游县君任氏，可令皇帝称亲，仍尊濮安懿王为濮安懿皇，谯国、襄国、仙游并称后。

消息一出，鸡飞狗跳，群臣们一片大哗，三位御史更是恼怒无边，集体递上辞呈，回家去了。英宗还装模作样，不允许他们辞职，但是他们放出话来："我们和欧阳修势不两立，要是欧阳修在位，我们坚决不回来！"

三位御史中，范纯仁是范仲淹的儿子，风骨如其父一般彪悍。

至于太后是如何面对现实，表态支持变相"皇考"说的[①]，史书中闪烁其词，对此范纯仁和吕诲都表示了深刻的怀疑，但这有什么用，大局已定！

有人说："是皇帝趁太后喝多了酒，加上老眼昏花，稀里糊涂画了圈。"

总之在这件事中，欧阳修扮演了一个不甚光彩的角色。反对派们甚

① 所谓"濮安懿皇"只不过是个文字游戏而已，和"皇考"一样。

至说：“欧阳修为什么要如此积极支持濮议，还亲笔写了两份诏书？答案很简单，当时是太平盛世，两府大臣也没什么过错，靠什么来建功立业？好不容易逮着濮议这件事，要好好利用一下。”

至于欧阳修是不是这样想的，我们不清楚。

一切，都只是猜测而已。

心病是解决了，可英宗还是处在一个尴尬的境地：御史们逼着他把欧阳修赶跑，朝廷议论纷纷。为了挽救自己在朝野的名声，不至于被后人谩骂，英宗把中书省的官员们都请过来，愁眉苦脸地要大家出主意，如何平息御史的参劾。

韩琦站在那里，只说了一句话：“我们是忠臣，陛下知道的！”

欧阳修则有恃无恐地说：“如果陛下认为我们有罪，就留下御史；如果陛下认为我们无罪，就取圣旨！”①

英宗考虑良久，最后认为，无论如何也不能把功臣贬黜，只好委屈御史们了，下令解除他们的职务。欧阳修开心得嘿嘿直乐，下面有一件事，可以反映出“醉翁”当时是多么迫不及待。

按照惯例，御史解职必须有诰词——知制诰写个文件，简短总结，说明离职原因。考虑到知制诰有封还诏书的权力，欧阳修干脆做绝，将知制诰绕开，直接把诏书送到了吕诲等人的家里，看你走不走！

当天值班的知制诰是韩维，知道这件事后十分恼怒：罢免御史，事关国体，竟然都不按照正常司法程序来，国家法纪败坏，还有比这更甚的吗？

当年欧阳修在范仲淹的领导下，激扬文字、臧否人物时，估计打破脑袋都想不到，在将来的某一天，他会变成一个比吕夷简更加可怕的人

---

① 所谓“取圣旨”，就是下诏把御史们赶出去。

物，为了自己的利益，可以置国家法纪于不顾。

三月份，出差考察的同知谏院傅尧俞和侍御史赵瞻、赵鼎回来了，听说同事们惨遭解职，于是也递了辞呈，拒绝接受新的任命，在家“待罪”。

十七日，英宗下诏处置了包括吕诲三人在内的六名台谏官员，统统打发补外。看到原同事集体落马，司马光坐不住了，尽管此时他已不在台谏职位，出于士大夫的面子，四次上章要求辞职，都被英宗拒绝。

接下来，台谏集体大换血，全都换上和中书省保持步调一致的官员。

这里重点要说的是新任监察御史蒋之奇。此人本来混得不济，参加制举，策论被评为九流货色，他就跑到欧阳修家里，大谈“皇考”说是多么正确，把欧阳修哄得胡子都翘了起来。于是，欧阳修就在英宗面前大力保举，并且重点强调了蒋之奇对“濮议”的态度，英宗自然也是龙颜大悦。

为了表示自己强烈的好感，英宗甚至把蒋之奇“监察御史里行”职务中的“里行”二字勾掉，使其直接成为正式的御史①。

至于蒋之奇本人，考虑到自己是依附欧阳修，走关系起家的，为了杜绝别人的闲言碎语，他必须有所动作：和欧阳修划清界限，让天下人都知道，自己不是欧阳修的人。

由此可见，在当时，欧阳修的风评并不是太好。

过了一段时间，机会来了。

欧阳修的亲戚薛良孺犯了罪，本来可以赦免，但欧阳修为了表明自己的大公无私，请求不要从轻发落。听到这个消息，薛良孺被气了个半死，就沿袭老套路，捏造欧阳修和儿媳暧昧之事。

① “里行”有实习的意思，官职卑微而任监察御史者为“里行”。

等待已久的蒋之奇迅速跟进，弹劾欧阳修的生活作风问题，结果查无实据。皇帝追问时，蒋先生只是默默不语，于是被贬了出去。

这件绯闻没有动摇欧阳修的根基，他早已身经百战，练就了强大的神经。在他写给皇帝的谢表中，有这样两句十分委屈的话，“未乾荐祢之墨，已弯射羿之弓”，一代文宗出手果然不凡，处处引经据典。

这里的“祢”，应该指的是三国时期的祢衡，此人自视极高、狂放不羁。他看不上天下所有人，唯独喜欢两个人，遂放出话来：“大儿孔文举，小儿杨德祖。余子碌碌，莫足数也。”这个“儿”字，大概是个代词，表示“大的那个，小的那个”之意。

此时祢衡才二十来岁，而孔融孔文举已经四十多岁了。他在中国妇孺皆知，很小的时候就因为“让梨”名满天下。

奇怪的是，孔融也很欣赏祢衡这个年轻的怪物，与他成了忘年交，并且大力推荐给曹操。欧阳修和蒋之奇的年龄关系大概也是这样的。

下一句所谓“已弯射羿之弓”，讲的是射日专家后羿，教了一个徒弟叫逄蒙，这个人学成之后，就拿自己的师父后羿当靶子射箭，和蒋之奇的行为也很像。

所以，欧公这两句的真实意思是：“我推荐他的奏疏墨迹都还没有干，此人就狠狠地射来一箭，想置我于死地！”

家里的事料理完毕，上任两年多的英宗这才决定履行皇帝的职责，希望在政治上有所作为。他一共干了三件事，第一件事是让手下人制定官员勘察考核之法，目的是解决冗官、冗费的顽症。

此时的大宋帝国，恰如一个身体虚弱不堪的病人，表面看来气色似乎尚可，但其内在的元气已经消耗殆尽。大宋朝现在正在用一种很不健康的方式生活着，却希望凭空锻炼出满丹田的内气来，进而变得神采奕奕。

这显然是不可能的。

对这样一个病恹恹的帝国，不是哪一个医生拍脑袋就能拿出治疗方案的，必须要很多经验丰富的主任医师集中起来，找到致病根源，然后拟定详细的方案。否则的话，只有两条路可走，一是找不到病因，盲目乱治，最后顺理成章死掉；第二是请个江湖郎中，认为重症须得猛药，一通猛补狂灌，又或者急泻狠排。然而，虚弱之躯哪里经得起这么大动作呢？

第二件事，英宗在韩琦的建议下，和西夏进行了一次小小的摩擦，可是没擦出什么火花来，就按下暂且不表了。

第三件事，英宗在计划官员裁员的同时，又对另一个老掉牙的话题产生了浓厚兴趣。他把欧阳修找来聊天，十分忧愁地说："水灾严重，大家都说是因为没有进贤才，这是为什么呢？"

欧阳修点头称是："韩琦确实选了很多能干的人，但是馆阁这块，作为培养宰相的基地，确实途径太窄了。以前馆职人员选取主要依靠三条途径，第一进士高科，第二大臣推荐，第三差遣例除，现在就只剩下最后一条途径了。"

于是英宗让中书省的四名宰执大力推荐官员，作为重点后备干部培养。

这件事看来似乎平淡无奇，历史上任何一个皇帝，都知道人才是兴国之本，问题在于，这个建议是欧阳修提出来的。然而，在欧阳修千古赫赫文名背后，有一个隐藏很深的，见不得人的"朋党"情结。

可是欧阳修终究没有实现这个愿望，因为忙完这三件事，英宗又病了，而且是一病不起。

治平三年（1066）十一月，英宗的身体毫无起色，大臣们都做好了最坏的打算。在这个敏感时期，又是韩琦站了出来，担负起顾命大臣的责任。

有一天，韩琦问候皇帝起居出来时，遇到了英宗满面愁容的大儿子颖王赵顼。韩琦迎上去对颖王说："你要朝夕不离皇帝左右！"赵顼点头应允说："这是当儿子的职责，应该的。"

不料韩琦却盯着他，意味深长道："不单是这个原因！"

赵顼当即明白，英宗随时可能驾崩，自己作为皇位第一继承人，确实应该时时保持警惕。

十二月二十一日，韩琦恳请躺在床上的英宗早立太子，以安定天下人心。做皇帝都比较忌讳建储，因为这意味着自己不行了，可是英宗心里纵然有一百个不愿意，也必须做出理智的决断。

英宗拿起笔，歪歪扭扭写下：立大王为皇太子。韩琦看后觉得不妥，出于谨慎，他请英宗写明到底是哪一个皇子。要知道，英宗的这一笔，相当于是托付了帝国的未来，遣词造句必须谨慎，不能留下一丝漏洞。

于是英宗再次动用全身力气，补写了"颖王顼"三个字。

韩琦当即拿着"御札"令翰林学士承旨张方平过来，草诏立太子。按照程序，这时候还必须英宗表态，可怜英宗已经说不出话来了，嘟囔半天，又用手比画了一会，方才表明态度，张方平再次把笔递给英宗，要求御笔写下。

英宗写道："来日降制，立某为皇太子。"

遗憾的是，十个字里，单单这个最关键的"某"字不清楚，张方平再次请英宗确认，英宗重新写下"颖王"，又写"大王"。做完这一切，英宗似乎是意识到了什么，潸然泪下……

顶替富弼任枢密使的文彦博问韩琦："相公，你看到圣上的脸色了吧？人生走到这一步，虽父子也不能无动于衷啊！"

韩琦面无表情："国事如此，又有什么办法呢？"

十余天后的治平四年（1067）正月初八，三十六岁的英宗赵曙在福宁殿驾崩，时年十九岁的太子赵顼即位，是为宋神宗。

英宗刚去世那一刻，近臣立刻派人去通知太子即位。岂料英宗的手忽然又动了一下，曾公亮吓了一跳，赶紧和韩琦商量，要不要阻止太子进来。

韩琦再次显示了他的魄力，说："即便英宗复活，也只能是太上皇！"

不到二十岁的赵顼，就这样比他父亲还要仓促地登上了皇位，他所面对的，是一个贫穷、慵懒、软弱的大宋局面。这个少年能不能力挽狂澜，现在还是个未知数……

第五章 初见獾郎

王安石出生之时，有人看到一只獾窜进屋子，然后又不见了。按古人的思维方式，王安石无疑是这只獾的转世，所以他小名就叫“獾郎”。

又一个新的时代开始了……

这是一段壮怀激烈的岁月，是光荣与梦想破土而出的冲动，是指点江山、笑看风云的从容和豪迈，是注定要永载史册的。

不过，在伟大事业拉开帷幕之前，大宋王朝还需要一些准备工作。

最大的靠山英宗去世之后，韩琦、欧阳修二人心里应该还是掠过了一道阴影的，尽管此时他们还是顾命大臣，还有拥立之功，但政治的铁律是“一朝天子一朝臣”。最关键的是，在“濮王之仪”这件事上，他们得罪了天下的读书人。

如果全天下识字的人集合起来，充满愤怒、挑衅、怜悯、调侃地围观你，你还有什么勇气活下去？

所以，目前我们几乎不用费什么周折，就可以得出结论，韩琦和欧阳修在朝廷待不了多久了，他们外放是迟早的事。

果然，很快，欧阳修就遭到两轮攻击。

首先，监察御史里行刘庠弹劾说：“欧阳修进入福宁殿时，为英宗所穿的孝服里面，居然还有一件紫红色的衣服。”在古代，服装的颜色总是被赋予了特定的内涵。这件事，如果严重说来，就是皇帝英年早逝，欧阳修却在内心暗暗高兴，里面穿着红衣服表示庆祝。

神宗没有追究。

其次就是前文所述，蒋之奇为了洗脱自己，上书揭发恩人欧阳修的生活作风问题。神宗刚听到这个问题时，就训斥蒋之奇："先皇病重时，邵亢提出让太皇太后[①]垂帘听政，这么大的事你不弹劾，却专门来揭发人家闺房的隐私。你是朝廷大臣，不是专门听别人墙根的人！"

蒋之奇虽然这次投机失败了，但是这提示了神宗，欧阳修现在人望不行了，大家都看他不顺眼，如果继续留下，就会造成不必要的麻烦。

随后不断有人弹劾，于是欧阳修在第三次递上辞呈后，神宗批准他成为亳州知州。

所以说，千万不要和天下的读书人作对，以欧阳修在文坛江湖的地位，尚且落得如此下场，其他人就更不是对手了。

但必须要指出的是，欧阳修身上有一个传统知识分子很稀缺的优点，那就是他的"乡愿"气息相对淡薄。他和同事议论时事，绝对不会和稀泥。他看问题一是一、二是二，绝不含糊。

《宋史》记载："修平生与人尽言无所隐。及执政，士大夫有所干请，辄面谕可否，虽台谏官论事，亦必以是非诘之，以是怨诽益众。"所谓"必以是非"，就是黑白分明。

《续资治通鉴长编》也感慨："……至修必一二数之曰：'某事可行，某事不可行。'用是怨诽者益多。英宗尝称修曰：'性直，不避众怨。'"

世上没有完人，所以我们不能苛求欧阳修，他算得上是一个优秀的士大夫。只不过，现在的政治局势暂时不需要他而已，就让他安心休养一段时间吧。

欧阳修出局，韩琦还能稳如泰山吗?

---

① 即曹太后，儿子英宗去世后，她又自动升了一级。

作为三朝宰相，韩琦在朝中的政治资本是任何人都比不上的，究竟谁有能耐扳倒这位“跋扈”而稳固的大佬呢？

“大风起于青蘋之末”，一个默默无闻的人先迈出了这一步。

治平四年（1067）闰三月二十二日，御史中丞王陶响应神宗皇帝让大家“直言不讳”的号召，上书请求有三届知县经历的人担任监察御史里行，得到神宗首肯。而在此之前，王陶曾经建议重新任用吕大防等人。

吕大防，就是在“濮王之议”中和韩琦、欧阳修打得不可开交的台官。

很明显，王陶针对的是韩琦。

自古以来就不乏聪明人，王陶就是其中一个。他对政治气候的把握基本是正确的：韩琦迟早要走，那就不如让我来打响这第一枪吧。

如果说提拔吕大防是一次试探的话，那么接下来，王陶公然弹劾宰相韩琦、曾公亮平日朝会不领班，就是赤裸裸的挑战了。他甚至进一步指出：“韩琦嚣张跋扈，简直比得上古代霍光、梁冀这些权臣！”

看了王陶的奏疏，神宗思想活动很剧烈：如今，宰相受到攻击，自己必须表态，摆在眼前的是两条路，要么处理宰相，要么处理王陶。可是，韩琦是有功之臣，而王陶说话似乎又有点道理。

史书上说，王陶是觉察到了神宗对宰相专权不满，这才出手的。

矛盾的神宗后来就想出一个和稀泥的妙招，把司马光和王陶的职位对调，王陶成了翰林学士。中书省当然不满：王陶弹劾我们部门的两位领导，还能在朝廷当官，以后中书省的脸面何在？于是中书省扣下了王陶的任命书。

吴奎、赵概紧追不舍，要求把王陶免职，逐出朝廷。

神宗没有答应。

年轻的皇帝这样一表态，其意图已经是再明显不过了，王陶的做法没有错，识相的话，中书省就应该收敛一点。当时韩琦在休假，吴奎等人继续上奏，然后王陶反咬一口，一下列出对方六条罪状，双方闹得不可开交。最后的结果还是和稀泥，双方各打五十大板。

从此事不难看出，这个新皇帝有着自己一肚子的想法，和他老是生病的父亲不一样，他强烈渴望着有所作为，目前他所做的，就是在等待和发掘命中注定的那个人，那个能够和他并肩战斗，实现雄心壮志的战友。

至于王陶弹劾韩琦，目前很难从文字间找出什么高尚的动机来。

韩琦遭到王陶弹劾后，觉得十分懊恼，文彦博揶揄他："还记得当年的太子詹事吗？"韩琦气得只想扇自己两个嘴巴子，他咬牙道："现在知道也太晚了，我真该打！"原来当年提拔王陶担任太子詹事的正是韩琦本人。

世界上没有无缘无故的爱。韩琦看重王陶，也是因为王陶曾经力挺他的观点，催促仁宗早点建储。所以说，他们当年也是因为同样的政治观点走到一起的，谈不上有什么私交。

宋人对王陶的看法，可以简单归结为一个字——薄。

有一件事可以作证。当年王陶读书的时候，家里很穷，父亲早逝，母子二人就靠着王陶当乡村教师的一点钱来糊口。

有一天下大雪，母子二人无米下锅，在屋里受冻挨饿。就在此时，一位名叫蒋愚的朋友登门拜访。原来，蒋愚估计今天天冷，这母子二人的日子不好过，冒着风雪，一直走了二十里地给他们送柴送米。而且，他后来还出钱，给王陶娶了个老婆。

等到王陶当了官时，蒋愚年老贫困，而且双目失明，出于无奈就去拜访当年的朋友，岂料王陶只是敷衍招待，丝毫不提当年的恩情。蒋愚失望之极，回去后不久就病死了。

此事传开，讲究义气的读书人就开始鄙视王陶，所以他的很多动机就变得很龌龊。比如，他当年建议仁宗建储，可以看作是讨好韩琦；现在弹劾韩琦，则可以看作是恩将仇报，还有投机的嫌疑。

再说朝廷里，神宗看吴奎越来越不顺眼，决定拿掉他，可是考虑到吴奎和韩琦在一条战线，如果吴奎因为替韩琦辩护而免职，韩琦肯定也要辞职，这就有点闹大了。

于是神宗又让吴奎回来上班，并且告诉大家："我这样做，不过是想让那个休假的人继续上班而已。"

五月份，"休假的人"韩琦回来了，带着曾公亮去为自己辩护，可他不知道，曾公亮心里却另有一套想法。

到了八月，京师发生地震，神宗问曾公亮："地震是什么征兆？"

作为一个宋朝人，神宗的内心还是很迷信的，任何自然异常，都被他看作是上天的警示。曾公亮的回答很有艺术性："天裂，是因为阳气不足；地震，是因为阴气有余！"

神宗追问："什么是阴气？"

曾公亮："臣者君之阴，子者父之阴，妇者夫之阴，夷狄者中国之阴，皆宜戒之。"吴奎曲解了曾公亮的意思，补了一句："小人结党太严重了！"听了后面这句话，神宗变了脸色。其实就后来的局势看，曾公亮真正的意思是在提示神宗，大臣中有某些人手里的权力太重了，所以引起地动。

曾公亮说的是韩琦，而吴奎错以为是王陶一伙结党，神宗自然大怒。

一个月后，韩琦、吴奎、陈升之在同一天离职。

一切都在意料之中。

韩琦入内向神宗道别，君臣二人心里想法虽然不同，却都动了感情，相对涕泪交流。神宗并不是对韩琦有多仇恨，相反，在他内心对韩琦还保持着相当的感激和敬意。毕竟韩琦在拥立他们父子二人，以及维护国家稳定上，起到了决定性的作用。但是，作为守旧派代表的韩琦，不走不行。

至于韩琦，他的泪水里包含了更多东西。

为世态炎凉：王陶是他一手提拔的，却回头反咬一口，良心何在？

为国事忧心：老臣子们渐次离开，新皇帝能否担负国事？

为自己的委屈：我赞成“濮议”，也是为了国家安定，却被天下人误解，群起攻击……

此时的韩相公，也许想起了范仲淹，想起了富弼，想起这风风雨雨几十年来，那些曾经站在他身边，却又渐次离开的朋友和“敌人”们，就在这一刻，他变成了一个羸弱和憔悴的老人，百感交集，却又一言难尽。

临别时，神宗问韩琦：“你走之后，还有谁可以担负国事，王安石如何？”韩琦这才意识到了什么，眼神里掠过一丝警惕，恢复了政治家的谨慎和深刻，一字一句道：“王安石担任翰林学士，其能力绰绰有余，如果作为辅弼大臣，可能不太合适！”

神宗没有说话，低头默默不语。

直到此时，韩琦把最近发生的事联系起来，才大概明白发生了什么。他是九月二十六日离职的，就在此前三天，朝廷召回了江宁知府王安石，任命他为翰林学士。

原来如此！

看来，神宗已经把这个人看作自己的接班人了。韩琦不但知道这个人，而且很了解，他之所以敢给王安石下断语，是因为他们曾经一起工作过一段时间，他甚至还读过王安石的一些文章，比如《答杨忱书》。

在这篇文章中，韩琦发现此人“窥其心术，只为一身，不为天下”[①]，所以才断言他不适合当宰相。

王安石注定是一个充满争议的孤独英雄。正如所有伟大人物必有传说一样，王安石也不例外。小时候随父亲入蜀，途经一座非常灵异的梓潼神祠，该庙的灵异之处在于，士大夫路过时，如果有风雨相送，其人日后必当宰相。因为这个传说，此处就成了读书人的“圣地”，有事没事都喜欢过来走走。

王安石的父亲带着他路过时，忽然风雨大作，当时有个王提刑还以为这风雨是为自己而起，不禁自鸣得意，谁知道等了一辈子，连二府的门都没摸着，成了一个失望的鬼魂。现在我们都知道，当时那场雨，其实是为八九岁的王安石而起的。

又有人说，王安石出生之时，有人看到一只獾窜进屋子，然后又不见了。按古人的思维方式，王安石无疑是这只獾的转世，所以他小名就叫“獾郎”。

古人比较迷信，说张咏是猴子精，张齐贤是羊精，蔡襄是蛇精，现在又冒出一个獾，到后面你就会看到，岳飞和张咏是兄弟——和张咏一

① 就是说王安石过分注重个人价值的实现，而忽略了大众利益。

样，岳飞也是猿猴，然后有一天，岳飞又变成了猪精，具体原理是猪要是养肥了，就会被主人杀掉，这和岳飞的人生际遇类似。

这些东西隔了近千年来看，似乎很有喜剧效果，事实上，它是民间传言的投影而已，老百姓把众人对某个人的品评转化为自己的印象，来诠释主角的行为，实际上，这是一种很深刻的文化现象。

至于长相，更是和性格密切相关，看看他们是怎么说的吧！

“王荆公目睛如龙！”

“牛形人，任重而道远。”又有人说，“安石牛耳虎头，视物如射，意行直前，敢当天下大事。”

“荆公观书，目光射纸上。”

在宋人关于王安石外貌的描述中，反复被强调的一点，就是他双目炯炯如射，似乎要把世人和世事都看穿了，见他一面，就会留下深刻印象，知道这是个意志极为坚定的人，轻易不言退缩。

这样看来，王安石是一个近乎诡异的人物——至少在他那个时代，几乎无人可以真正理解他。他的思想离经叛道，行为古怪不群。总之，他似乎是从别的时空穿越而来，忽然迷失在了大宋这个朝代，所面对的，是一双双陌生而恐慌的眼睛。

如王安石者，是怎样炼成的？

我们必须来回顾一下他之前的人生经历。

事情要从庆历二年（1042）说起，这一年王安石二十一岁，参加了科举考试，取得了第四名的优异成绩。

在如此激烈的竞争中，能考全国第四，殊为不易。实际上，王安石原本是第一名。

考完之后，大家在京城等待放榜，家庭条件好的就去饮酒作乐，觉得发挥失常的赶紧找地方烧香。王安石没有那些爱好，也没有那么迷信，就躲在屋子里继续看书。

就在喝酒的这群狂徒里，有一个叫杨寘的人，小有来头。他哥哥杨察是晏殊的女婿，而晏殊时任枢密使。在之前的国子监、礼部考试中，杨寘都是第一名，杨察就动用裙带关系找到晏殊："岳父大人，您帮我看一下，我弟弟是不是第一名？"

当然，这种违反组织纪律原则的事情，肯定不能直接说。杨察用一首小赋很隐晦地表达了这个意思，身为文学泰斗的晏殊，当即领悟了女婿的真实意图。

这是古人常用的手段。在唐朝，文人们为了出头，不得不揣着自己比较得意的作品到处找大佬们鉴赏，一旦有人看你顺眼，在官场上做个广告，从此就平步青云。

那时，有一个叫朱庆馀的人，为了缓解考试前的内心忐忑，去找了时任水部员外郎的张籍，探听近期的舆论导向是不是对自己有利，就写了一首《近试上张籍水部》：

洞房昨夜停红烛，待晓堂前拜舅姑。
妆罢低声问夫婿，画眉深浅入时无。

这边，晏殊得到女婿的小赋后，进宫去翻了翻卷子，回来告诉杨察："很遗憾，你弟弟目前排在第四名，估计很难翻身了。"

杨察一听这个消息脑袋就大了，因为兄弟俩有一个非常严格的母亲。当年杨察在礼部省试考了第二名，消息传回家时，他母亲勃然大怒："以后我二儿子考试，绝对不能再被人压一头！"

现在弟弟也没考上第一名，怎么办？忧伤的杨察出来后，就把消息传给了已经喝得半醉的弟弟，杨寘当时拍着桌子就开始骂娘：“不知那个卫子夺吾状元矣！”翻译成白话就是：“不知道是哪头驴抢了俺的今科状元！”

而就在杨寘骂娘的同时，宫里头正在抉择今科状元。当时的第一名是王安石，仁宗翻开他的卷子研究一会，脸色变了：第一，他不喜欢此人冷峻凛冽的文风；第二，开头第一句“孺子其朋”令他心里极不舒服。

所谓“孺子其朋”，来自《尚书·周书·洛诰》，当年周公姬旦辅佐成王，为了防止臣子们结党，就摸着侄子成王毛茸茸的小脑袋说：“娃呀（孺子），你要提防那伙人哦（其朋），不要栽进他们的圈套（其往）！”

仁宗读到这一句，立刻就感觉似乎有一只大手在自己脑袋上摩挲，一边还扬扬得意教训他：“娃呀，你要提防那伙人哦……”

于是仁宗一挥手：“犯忌讳，拿下！”

第二名，王珪，有官职在身，不能当状元。第三名殿中丞韩绛，还是有官职在身，那就只好取第四名了。一看是杨寘，仁宗眉开眼笑：“这个好，就是他了！”也有消息说，是仁宗后宫的曹皇后看上了杨寘，想让他做侄女婿，所以仁宗才借故放水。

杨寘也是个苦命的人，考上状元，还没来得及上任，他母亲就去世了，只好回家丁忧。丁忧期间，又生重病，随后有朋友梦见杨寘做了所谓“龙首山人”。

杨寘分析道：“龙首者，意味着我每次考试都是第一名；山人者，不能享受禄位。莫非我这一病不起，和官职无缘了？”这话说完没多久，他就辞世了。

王安石得到的第一个任命是签书淮南判官（从八品），他到任后过了两年，就迎来了扬州新太守——刚刚经历了“庆历新政”失败的韩琦。从时间上推断，二人在一起共事时间最长不超过一年，却因为性格原因，产生了难以弥补的隔阂。

就内心生活而言，王安石是个很自在、高傲的人，他没有一般年轻官员那些恶俗的爱好，平生最喜欢的就是两件事：一是思考，二是读书学习。他终其一生都沉浸在自己的精神世界里。

因为晚上读书太晚，所以每天到了上班时间，王安石方才急匆匆走进办公室，蓬头垢面，衣冠不整，加上他长得黑，经常不洗漱，形象十分邋遢。而韩琦是个很讲究生活的人，见不得人脏乱，同时，他以为这小子在通宵达旦寻欢作乐，就提醒说：“你可不要荒废了读书啊！”

表情十分不羁的王安石用他炯炯有神的眼睛看了一眼韩琦，没有作声。

回去之后，王安石对人说：“韩公根本不了解我。”自此与韩琦不睦。他甚至在日记本中写道：“韩公，但形象好尔！”另有一种说法更直接：“韩琦貌美，余一无可！”

王安石这种爱读书的习惯保持了一生，平时很少和人闲谈，也没有什么笑容。有一次大家一起看戏，看着看着，王安石忽然破颜一笑，大家甚至觉得这是破天荒头一遭，便重重赏赐了唱戏的人。

也有人表示怀疑，王安石是个怪人，经常神游八荒，不一定是为此而笑吧。于是去问他，王安石说：“哦，那天看戏的时候，我忽然想到《周易》上的问题，豁然领悟了其精妙之处，这才发笑。”

韩琦是领导，资格老，为人强势；王安石则个性独特、倔强。某次因为公事引起纷争，王安石指手画脚：“你这样做，和一个昏庸俗吏有什么分别？”韩琦嘿嘿一乐，于是耍起无赖：“你不知道啊，我就是个俗吏！”

其实，韩琦对这个部下也没什么特殊的恶感，只是觉得其人个性独特。

在这一阶段，王安石已经开始了他的一项重大科研活动，这个项目源于他的个人爱好，而且也保持了一生，那就是“字说”。顾名思义，就是要从道理上把每个字都解释通。王安石像一个认真钻研专业的测字先生，干得津津有味，乐此不疲。

在研究文字这件事上，王安石表现出了罕见的迂腐，他的很多解释都有些牵强可笑。苏轼就很看不惯这一套，曾经质问他：“你说‘笃’字是用竹鞭打马，那么‘笑’字就是用竹鞭打犬，这个好笑吗？”

王安石不说话，反而十分谦逊地请教：“不知道这个‘鸠’字，为什么有个‘九’字旁？”苏轼说：“这你都不知道吗，《诗经》有云：‘鸤鸠在桑，其子七兮。’连娘带爷，共是九个。”王安石恍然大悟，一直过了很久，在别人的提醒下才反应过来，苏轼是在消遣他。

再比如，他苦苦思索繁体“飛”字由来，一直没有头绪，儿媳妇随口道：“这不就是鸟儿反着爪子向上升吗？”王安石深以为然，赶紧回去记下。

如此等等，不一而足。

在自然科学匮乏的年代，脑力过人、富于探索精神的王安石必须找一些东西来消耗旺盛的创造力，于是他就瞄上了汉字。当然，他的有些解释还是合理的，可以作为《说文解字》的补充。

在韩琦与王安石于扬州共事期间，韩琦虽欣赏王安石的文采，但不派正事给他。这引起王安石的不满，在他期满调任他地时，有一次韩琦收到某人文章，里面有很多古字。韩琦便同下属开玩笑说：“可惜王安石不在这里了，他这方面很厉害，认识很多古字。”当王安石得知韩琦的话后，觉得他轻视了自己，于是便对韩琦产生了怨恨。

第六章

当理想主义者遇上文坛新秀

虽然位列“唐宋八大家”，但事实上王安石的文学成就一直被他的政治活动所掩盖，加上他的文章风格冷峻，没有韩愈那么雄浑壮阔，缺乏苏轼的灵动华丽，也比不上柳宗元的画面感，所以受众不是太多。但毋庸置疑的是，他是个伟大的文学家。

此时王安石去哪儿了呢？在庆历六年（1046），他任职到期，回到京城述职，等待新的任命。按照当时的规定，进士在地方任职期满后，就可以申请到馆阁任职，这样不但成了京官，而且是皇帝近臣，升迁的机会一抓一大把，所以历来都是官迷们的必争之地。

王安石显示了他的卓尔不群。他不申请到馆阁，而是继续到地方任职。

他调知鄞县、通判舒州，在地方上干得有声有色，引起了一位朝廷大员文彦博的注意。文彦博就让他来参加学士院的考试，考上后就可以进京了。

王安石不干。

没多久，文彦博又进一步引诱他："来参加馆职的考试吧，考上了就是'清要'之职，前途一片锦绣。"

王安石还是不干。他的理由老实而朴素："家里人口多，京城房价太贵，生活成本高。宰相说我是'恬退守道'者，其实我不是，只是因为经济原因而已，所以我不去。"

文彦博之所以看上王安石，完全出于对王安石个人的认同。当时官员太多，但是具体职位又少，造成了"狼多肉少"的局面，于是送礼请客、拉关系、走后门之风大行其道。在这样一片污浊的空气中居然生出一朵莲花，竟然还有王安石这样不爱当官的，于是文彦博决定提拔他，树立典型。

舒州任满后，典型人物王安石被任命为群牧判官，这个职务隶属于群牧司，群牧司又隶属于枢密院，主要负责全国的马政事务，可以被认为是当时的机械化、摩托化部队管理机构。

其实对于这个职位，王安石又是推辞了很久，不愿意干。还是欧阳修出面劝他："差不多就行了，你以前说工资低，现在给你安排个肥差，你还要怎么样呢？留下吧！"

这个"群牧判官"的职位，其实也是朝廷精心为王安石挑选的。

当时有一种说法："三班吃香，群牧吃粪。"请不要误解，不是说当群牧判官就穷得只能吃马粪了。这句话的意思是，三班使臣这些低级武官，每年到了皇帝生日，可以贪污一点剩余的香钱，作为餐补。而群牧司每年靠马粪也可以挣不少钱，这些都是外快，所以是肥缺。

在担任这个"吃粪肥差"之时，王安石结交了一些朋友，比如韩维、欧阳修、吴仲卿等人，朋友们对他的才学人品钦佩不已。但是有一个巨大的问题横在他们前面，那就是王安石太不注意形象了，大家都是有头有脸的人物，他这样成天脏兮兮，不洗澡不换洗衣服，确实不太体面。

于是大家想了个办法，每隔一两个月，就相约一起去澡堂子开会。当然，搓澡不是主要目的，目的是给王安石洗澡、换新衣服，衣服的费用由大家轮流出，号为"拆洗王介甫"①。

王安石洗完澡，脏衣服不见了，换成了新的，从不问哪里来的，穿上就走，也不怕有人追着说他偷窃。

① 王安石字介甫。

他的性格大概就是这样的，所以别人把他看成外星人也不奇怪。

此后数年，王安石又在地方上任职，直到嘉祐四年（1059），入京为度支判官。就在前一年，他上书朝廷，写下了赫赫有名的《上仁宗皇帝言事书》，这是一篇不可多得的雄文，倾注了他的大量心血，也是多年基层工作经验的总结与思考，更有改革思想的具体构思，遗憾的是，没有引起什么反响，或许皇帝压根就没有看。

也就在这前后，王安石写下了著名的《明妃曲》。

我们知道，虽然位列“唐宋八大家”，但事实上王安石的文学成就一直被他的政治活动所掩盖，加上他的文章风格冷峻，没有韩愈那么雄浑壮阔，缺乏苏轼的灵动华丽，也比不上柳宗元的画面感，所以受众不是太多。

但毋庸置疑的是，他是个伟大的文学家。

他这首《明妃曲》创下了当时的文学纪录。一写出来，迅速蹿红京城，大有“洛阳纸贵”的趋势，成为读书人的必读资料，在街上遇见了，都争先恐后从袖子里掏出自己的作品：“你看，这是我模仿王介甫《明妃曲》的作品，给提点意见。”对方嘿嘿一乐：“你先来看看我的吧，我也写了两首……”

据不完全统计，当时为这首诗写下唱和之作的名人，就包括了欧阳修、梅尧臣、刘敞、司马光、曾巩等人。当然，他们这样做，一方面是欣赏，另一方面还有比试的意思。其中，欧阳修写了两首，曾巩也写了两首，梅尧臣写了三首，企图以数量取胜。

我们先来看看原诗。

明妃曲　其一

明妃初出汉宫时，泪湿春风鬓脚垂。

低徊顾影无颜色，尚得君王不自持。
归来却怪丹青手，入眼平生几曾有；
意态由来画不成，当时枉杀毛延寿。
一去心知更不归，可怜着尽汉宫衣；
寄声欲问塞南事，只有年年鸿雁飞。
家人万里传消息，好在毡城莫相忆；
君不见咫尺长门闭阿娇，人生失意无南北。

明妃曲　其二

明妃初嫁与胡儿，毡车百辆皆胡姬。
含情欲语独无处，传与琵琶心自知。
黄金杆拨春风手，弹看飞鸿劝胡酒。
汉宫侍女暗垂泪，沙上行人却回首。
汉恩自浅胡恩深，人生乐在相知心。
可怜青冢已芜没，尚有哀弦留至今。

诗里面的“明妃”，就是家喻户晓的王昭君，为了国家的安定，被送给了匈奴。可是等到要送出去时，汉元帝忽然发现这个女子“丰容靓饰，光明汉宫，顾景裴回，竦动左右”，大有相见恨晚之感——负责海选的官员，怎么就把这么一块美玉给遗失了呢？

最后调查的结果，是那个负责画像的毛延寿做了手脚。他虽然被杀掉了，但可怜美貌的昭君，还是不得不孤身前往匈奴。

历代的诗人们都是怜香惜玉的，所以写了一首又一首的诗。诗人们的论调无非这么几种：一是怨恨毛延寿，他没有职业道德，丑化美人，造成美女资源流失，对不起国家；二是表示对昭君的哀怜，这么美的小姑娘，放在那里风吹日晒，实在是太可惜了。

那么王安石到底有什么高论呢，引得大家诗兴澎湃？

在第一首诗里，王安石指出：毛延寿是被“枉杀”的。当然他不是给姓毛的翻案，而是直指选美比赛的策划人汉元帝，给你选妃子，你竟然都不当评委，而是委托几个画师，你不知道“意态由来画不成”吗？

他抨击的是这种不合理制度。

这是话里有话，其实为国家选拔人才又何尝不是如此，不要轻信他人的流言，必须执政者自己拿主意。联想到不久前，王安石给仁宗所写的《上仁宗皇帝言事书》，我们就更能理解他的心境了，有一种“明珠暗投”的萧瑟。

在诗的后半部分，王安石又安慰昭君，即使你回来，也未必就能得到皇帝的重视，难道你不知道阿娇和汉武帝近在咫尺，却还是得不到宠爱吗？言下之意，汉元帝是个荒淫无耻的家伙，你别指望他了。

这个语气是紧接着第二首开头的。在第二首诗里，王安石高举起人性主义的大旗，告诉王昭君：“汉朝待你不怎么样，都把你送给别人搞外交了，但是人家那些没文化的胡人，对你很厚道，你也不要哭哭啼啼了，谁对你好，你就对他好，人生一世，贵在找到相知心的人。”

这个观点简直是惊世骇俗！

虽然这个时候理学还没有蓬勃发展，但是已经有了一些端倪，特别是对妇女极为不公平。综观前朝诗人们的作品，统统包含着一种哀怨的情节，其实大家谁也没见过王昭君，哪里知道人家的心理状态。

但是当时的知识分子们顽固且一厢情愿地认为，王昭君就是个悲剧角色，她的人生就应该是悲伤的，要是每天不哭个十回八回，那就是大大的不爱国。

也许，昭君在匈奴确实生活得不开心，气候、风俗、语言都不习惯，也可能很想家。但王安石竟说出这些话来，劝她想开点，置国家大义于不顾，追求真挚的爱情，热爱生命，过好每一天，这简直太胆大了！

由于我国古文言简意赅的特征，所以历来对“汉恩自浅胡恩深”这句话，存在着不同的见解，比如学术泰斗郭沫若，就把这个“自”解释成“自己”的意思，就是说汉人对我恩情浅，胡人对我恩情深，那都是他们自己的事，我不管，我就是喜欢和我知心的汉元帝哥哥。

宋史泰斗邓广铭先生把这个“自”解释成“尽管”，尽管你对我好，我就是不喜欢你，不和你讲感情！一个怒目而视的烈女。

然而，王安石是个自由奔放的人，脑子里没有礼教那一套迂腐的东西，好就是好、坏就是坏，不给任何人贴标签，不搞划分派系那一套，决不会因为你阶级立场正确，就特意拔高你的人品。

所以，他就是在“怂恿”昭君不要歧视热情奔放的少数民族，好好生活，这一点毋庸置疑。

之所以讲这首诗，并不是要品评王安石的文采，而是要揭示他内心的思想本质，他讲求实际，却又是个不折不扣的理想主义者。

在宋代，王安石这样一个理想主义者简直是罕见的。比如思想非常开放的苏轼，一听说王安石要理财、富国强兵，就十分哀怨地上书皇帝：“你晓得国家存亡靠的是什么吗？靠的是道德深浅，而不在于你是否强盛……”没错，这个观点就出自号称“三百年来最聪明”的苏轼手笔。

后来，朝廷还是多次想把王安石招进中央机关担任文职工作。一开始，让他“同修起居注”，这个职位不高，但怎么说也是皇帝身边的人。但是王安石拒绝了，他压根就不屑于干这种没技术含量的活。良禽择木而栖，他要选择自己的职位。

来送任命书的人碰了壁。王安石拒绝接受，对方非要给，他还是坚持不要，双方你来我往撕扯半天，王安石见势不妙，起身就往外跑。来人也不是一般角色，紧随其后，就要把任命书往手里塞，王安石苦笑了，只好十分委屈地钻进了臭气熏天的厕所。

史书里没有记载来人是谁，不过此人还算是个文明人，没有硬冲进厕所去。在外面守株待兔半天后，没见王大人出来，此人转念一想，你跑了和尚跑不了庙，就把文件放到了王安石办公桌上。他还是没有得逞，王大人从厕所出来后，追上去硬是把敕书还了回去……

纠缠许久后，王安石得到了知制诰的职位，这属于“两制”之一，相当有地位，具体职责是纠察在京刑狱。

此时朝廷的局势是这样的，富弼和韩琦闹矛盾，坚持回家守孝，韩琦就顺理成章成为首相，开始他一手遮天的政治生活。

某一天上班，知制诰王安石忽然听到了一道命令：从今以后，舍人院不得申请修改文件。王安石以为自己听错了，又去专门打听了一下，竟然是真的。在他看来，这是一条极为荒谬的命令，于是上书朝廷：“最近听说，舍人们不能再执行以前的权利了，不能申请修改诏书文件，这就意味着，要听任大臣们所为。如果不是某些大臣想要结党营私、排除异己的话，就不该这样下令。现在大臣们分为两种，弱者不敢为陛下守法坚持正义，强者则‘挟上旨以造令’，谏官和御史都不敢违背他的意思，这实在太可怕了。”

这里的“他”，就是中书省的一把手——韩琦！

此时的韩琦正是得志之时，在朝廷呼风唤雨，听了王安石尖锐的反对之辞，自然觉得很刺耳，这个老部下还是这样不懂事，本来老领导当宰相，正是你的大好机会，你却不识相。

在韩琦进一步采取行动“迫害”他之前，王安石母亲去世。照例，他回去丁母忧。这一走就是数年，终英宗一朝，王安石一直默默无闻。

江宁。荆南太守给丁忧中的王安石送来了一封信，信使进门，看到地上坐着一个老汉，蓬头垢面、瘦骨嶙峋，面孔还是黑黢黢的，他以为是个老兵①。

来人挥手：“你来，把这封信交给王舍人！”

老兵起身接过信，随后撕开来看，信使大惊失色：“舍人的私人书信，你一个院子②竟然敢拆开，还明目张胆看！还有没有王法了？”

边上有人凑过来小声道：“这就是大名鼎鼎的王舍人。”

信使很尴尬，急忙退出来，搓着手喃喃道：“好舍人，好舍人！”

就是因为王安石的不修边幅，还引来了一桩千古公案，至今尚未有定论。这件案子牵扯到三个当事人：王安石本人、苏轼的父亲苏洵，以及邵雍的儿子邵伯温。

据说在嘉祐年间，江湖上出现了一篇文章，名为《辨奸论》。

此文尖刻恶毒，其主要目的是教授大家一门绝技，使人人练就火眼金睛，能够辨认出人群里的奸贼来。文章说，脸脏了不忘记洗，衣服脏了不忘记换，这是人之常情。但是现在就有这样的人，穿着俘虏囚犯一样的衣服，吃着猪狗的食物，囚首丧面来谈论经书，这难道正常吗？凡是不近人情者，基本上都是大奸大恶，竖刁、易牙、卫开方就是这一类人。

竖刁、易牙、卫开方都是齐桓公的好朋友，竖刁为了表示忠心，

① 当时很多人家里的用人都是退伍老兵。

② 仆人。

把自己阉割了；易牙不甘落后，把自己儿子蒸了给齐桓公吃；至于卫开方，表现稍差一点，而是投敌叛国、进献美女、父母死了也不回去奔丧。

很明显，此文是针对不讲卫生的王安石，就因为他影响市容，就判断他包藏了一颗奸臣之心，并且上升到政治高度，断言“天下将被其祸”！

关于这篇恶毒文章的来源，一直有两种说法：有人认为是苏轼的父亲苏洵的作品，也有人认为是邵伯温自己捏造的。有很多专业的，乃至大师级的人物都参与了争论，大家都列出了很多证据，从各个角度来反复论证。

我们试着来分析一下：

首先，能写出这样一篇文章来，必然是对王安石怀有极大的恶意，这两个“嫌疑作者”，究竟是在什么地方和王安石结下仇怨呢？

先说邵雍的儿子邵伯温。邵雍在理学界和占卜界都是鼎鼎大名，很早就练就了未卜先知的特异功能。比如说，他和朋友一起去嵩山游玩，友人指着一棵树说：“你不是会算吗，看看这树什么时候枯萎？”

邵雍默默无语，盯着树。

友人催促，邵雍挥手示意他住嘴，继续沉默。

风，微风，大风……

有一片落叶随风飘然而下，邵雍这才打破沉默：“我刚才就在等这个呢，等我们一会回来，这树就会枯萎。”

毫无疑问，他算对了。从占卜学的原理上分析，世间万物都是普遍联系的，天人之间是互相感应的，从一件很细微的小事，就可以推断出宏观现象，但前提条件是，必须有现象发生。那片落叶，就给邵先生提供了这个信息。

靠着这一手绝活，邵雍在达官贵人的圈子里混得如鱼得水。司马光、张载、程颢、程颐都和他有交情。

王安石和司马光不和，所以邵雍的儿子邵伯温在他的著作《邵氏闻见录》里肆意诋毁王安石。现在我们看到的对王安石不利的文章，很多都是出自此人手笔，简单列举两则：

当知制诰的时候，仁宗请大家钓鱼，王安石不知道在思考什么，眉头紧皱，竟然把一盘鱼饵吃光了。

又据邵伯温记载，治平年间，他父亲邵雍和朋友在天津桥上散步，听到杜鹃声声，邵老先生忽然就愁容满面，仰天长叹。友人奇怪道："何也？"邵老先生说："不用两年，皇帝将会用南人为宰相，这个南方人会启用更多的南方人，尽情折腾天下……"

"那这和杜鹃有什么关系呢？"友人问。

"天下太平，地气自北而南，将乱时，地气自南而北。现在南方地气到了，以前这里没有杜鹃，现在忽然冒出来一只，禽鸟这一类飞行之物，最先感受到地气……"邵雍使用他的易学和占卜学知识解释了一番。

这里他所影射的，就是南方人王安石。

因为邵氏一家对王安石极端不友好，《辨奸论》最早又是由邵伯温在绍兴初年披露出来的。同时，他们一家都有扮演预言家的传统，所以黑帽子扣到他头上，一点都不奇怪。

下面是另一个"嫌疑人"——苏洵。

苏洵是"唐宋八大家"之一，也是"三苏"之一，还是苏轼和苏辙的父亲。苏洵虽然很有文名，但是他的运气不太好，二十七岁开始刻苦学习，随后就开始了他漫长的科考生涯，考了一次又一次，就是不中。在《宋史》里，他的传记是和梅尧臣列在一起的，他们的共同特征就是专业落榜，直到精神崩溃，在家里烧文章泄愤。

王安石在群牧司工作时，正是嘉祐元年（1056）前后，他沉醉于自己的思考和学问，两耳不闻窗外事，但对一些特别具有轰动性的新闻，还是略知一二的。

有一天，本该平静的江湖，忽然掀起了风浪，有三个操着四川口音的人，出现在东京的街头……油灯下苦读的士子、酒肆里纵饮的狂士、观看歌舞的朝廷大员，所有的读书人，在这一刻，忽然集体屏住呼吸、竖起耳朵，异口同声道："有高手……"

是苏洵带着两个儿子赴京赶考了。

苏氏一家是有备而来的，他们在家乡眉山的时候，就获得了极大的声誉，当时有一首儿歌唱道："眉山生三苏，草木尽皆枯。"与此相似的还有一首："蜀有彭老山，东坡生则童[①]，死则青。"

古人都是天人感应论的热爱者，某个地方如果出现了大人物，毫无疑问，是风水好。反之，如果出的这个人太厉害了，比如苏氏一家，那么这些过分厉害的人，就要夺走此地的"地气"。苏家这一家人，占了"唐宋八大家"里的三个名额，所以眉山这个地方实在受不了了，土地神的地气被吸走，无法照顾庄稼，于是草木全都枯死了。

在正式进京之前，苏洵带着两个骄傲的儿子先到成都，拜访了张方平。这也是遵循前代唐朝的惯例，虽然宋代时候，科举制度已经比较完善，但这并不妨碍年轻人揣着诗文拜访前辈，以便博个好名声，制造一些舆论，给考官施加压力。

见面后，张方平问苏洵："你的儿子们最近做什么项目呢？"

苏洵回答："又在家研究《汉书》。"他自我感觉，这样的回答很有水平。张方平眉头一皱，吟哦道："哦，为什么有个'又'字？书还需

---

①"童"者，光秃贫瘠。

要看两遍吗？”老苏默默不语，郁闷地回去，跟儿子说：“老张难道不知道，世上有些蠢人，看书需要三遍呢！”

张方平看完三苏的作品后，觉得确实不错，值得推荐。但是问题在于，张方平现在是个地方官，科举考试这块插不上手，而且在文坛也没什么名气。实际上，张方平落过好几次榜，是后来参加特殊考试才进入仕途的。

考虑再三，张方平决定给另一个人写信。这个人在文坛威名赫赫、叱咤风云，他就是欧阳修。

早在庆历年间，张方平虽然也坚持改革，但他不赞成范仲淹那一套，按照“非黑即白”的逻辑，所以就被盖上了“吕党”的帽子。

但出于爱才之心，也出于对欧公人品的信心，张方平豁出去了。

据一些小道消息讲，张方平当时特意把两个“小苏”关在屋子里，出了六道题，让他俩写文章。拿到题目，不知道是苏轼还是苏辙，搞不清题目出处，没出处就没法破题，不停地挠头，于是其中一个就拿着毛笔在桌子上敲，又吹了一口气，另一个一看就豁然开朗：“语出《管子注》！”①

毛笔，竹管做成，管子也；吹气，注也。

一路跋山涉水，父子三人终于来到了东京。

五月份参加礼部考试，没有悬念，兄弟俩都被选中，等待来年的殿试。这段时间，他们可没有闲着，带着张方平的信去找欧阳修。欧阳修笑嘻嘻坐在那里，眯着眼睛，嘴唇微微噘起，双耳洁白硕大。

欧阳修看完张方平的信，再看三苏的文章。

看到苏轼的作品，欧阳修忽然感到一股强大的气场扑面袭来，他

---

①《铁围山谈丛》记载此是省试之事，略有差异。

的心灵受到了剧烈的刺激，不觉遍体出汗，喃喃自语：“后来文章当在此！”他又给身边人说：“你们记住老夫的话，三十年后，天下就没人记得我了，我应该让此人出人头地。”

大宋文坛领袖如此盛赞一个青年后生，确实也有点罕见，于是苏家人一夜成名，顿时红得发紫——按照苏轼的说法，欧阳修原话如此：“读轼书，不觉出汗，快哉！老夫当避路，放他出一头地也。”

次年春天，苏轼两兄弟参加殿试，很巧，此科的主考官就是欧阳修。欧阳修受仁宗皇帝的委托，带领他的朋友们来主持考试，刚开始是五个人，后来又加入了梅尧臣。

考试期间为了保密，要封院五十天，这些考官们闲来无事，就互相写诗娱乐，一篇又一篇，大有文人的乐趣在里头。其中，欧阳修写道：“无哗战士衔枚勇，下笔春蚕食叶声。”梅尧臣写的则是：“万蚁战时春日暖，五星明处夜堂深。”获得了大家的一致认可。

写得确实不错，考场如战场，考生即战士，写字不就是如蚕食桑吗？梅尧臣的“五星”，指的则是除他之外的五位考官。

此次考试具有历史性的意义，欧阳修此行肩负着巨大的任务。

当时文坛有一股妖风，号为“太学体”。此类文章的主要特征就是行文奇谲诡异，用典生僻古怪，云里雾里写了一大堆，可能就是一个很简单的道理，一句大实话就可以说明白。

除了苏轼兄弟之外，当时还有一个叫刘几的人也非常有名。他走的就是这个套路，擅长“太学体”，写出来的文章看起来非常费劲，简直不成句子。此人却以此为荣，甚至想靠着这种险怪文章夺得状元。

考卷收上来，欧阳修打开一份：“天地轧，万物茁，圣人发……”用词很是生僻。欧阳修微微一笑：刘几，我可逮着你了。于是用红笔续道：“秀才剌，试官刷。”然后又用红笔从头涂抹到尾，谓之“红勒帛”，最后觉得还不解恨，再大大地写上一个“谬”字张榜示众。

结果公布之后，外面乱成一团。

欧阳修下班回家，骑马走在街上，忽然从边上冲出一群人，张牙舞爪，破口大骂：“你无耻，你流氓，你没文化！把刘几这么有才华的人都刷掉了……”

欧阳修此时才明白，是来寻仇的。

考生们不得不愤怒：“前几年都是这么考的，我们门派那么多人都靠着‘太学体’中举，你忽然变了文风，也不提前通知，岂有此理！听说你们在后面还幸灾乐祸写诗，嘲笑我们是‘蚂蚁’‘小蚕’，并且标榜你们是所谓的‘五星’，太狂妄了，我们需要一个合理的解释。”

第二天起床，欧阳修发现院子里有很多文稿，一篇又一篇。他以为是读者来信，或者是苏轼之类的青年人来拜谒。岂料捡起来一看，顿时火苗子窜起三丈，文章都是同一类型的，名为《祭欧阳修先生文》。

此次考试是欧阳修对中国文化的一个重要贡献，一来，遏制住了古怪文风，中兴古文，使文学走上了健康发展的道路；二来，他发掘了苏氏兄弟这样的人才。

很多年后，欧阳修又主持考试，提拔了一名状元，名为刘煇，文章简明扼要、朗朗上口。事后有人告诉欧阳修：“此人就是刘几，改了名字而已！”欧阳修一听，张着嘴，很久后才“哦”了一声，尴尬不已。

在这次考试的阅卷的过程中，欧阳修还发现了另一篇文章，文笔博雅老练，集思想性和艺术性于一体。

欧阳修拍案赞叹，好文章，这应该是第一名！但回头一想，这文章风格和自己有点相似，而自己的弟子曾巩也参加了今科考试，如果这是曾巩的文章，老师主考，弟子是第一名，这样就不太好了。

虽说当时也有防作弊手段，比如誊抄，考生把答卷交上后，由写字标准的专人誊写一遍，再去评卷，以免主考官认出笔迹。但是思考再三，欧阳修觉得还是不要落人口舌。

于是这份“曾巩”的文章，就成了第二名，其实它是苏轼的作品。

当初在这份卷子里，梅尧臣发现了一句话：“当尧之时，皋陶为士，将杀人。皋陶曰杀之，三。尧曰宥之，三。”这句话的意思，是在尧皇时代，皋陶将要杀一个罪犯，列举出三条该杀的理由，而尧皇却举出三条宽宥此人的理由，这个观点符合苏轼的理论，文章题目叫《刑赏忠厚之至论》。

苏轼是个妙人，他人生中没有阴险恶毒，只有诗酒欢乐，是个善良乐观的人，在法治上当然坚持宽厚处理的观点。

文人写作，但凡引用，必须得有出处。所以梅尧臣看了这句话，拿给欧阳修看。欧阳修问他：“你说，这句话是什么来头？”以梅尧臣的博学，只要是出版物，他应该都读过，但此时梅尧臣也犹豫了，沉吟片刻，索性来了一句：“这不需要什么出处吧。”

考试完毕后，欧阳修、梅尧臣二人身为文坛大咖，一个知识点没搞懂，觉得心里不踏实。

揭榜后，二人看到此文是大名鼎鼎的苏大公子，等苏轼来拜访老师，欧阳修就问他：“小苏，你皋陶那段高论，出自何典？”

苏轼十分严肃而煞有介事地回答：“老师，此句典出《三国志·孔融传》。”

等苏轼走了，欧阳修急忙翻出《三国志》，眯着眼睛细细搜索，研究了半天，哪里有尧皇和皋陶的记载。

过几天遇到苏轼，欧阳修又问他：“我遍寻《三国志》，怎么没有找到这一段呢？”

苏轼还是那么严肃：“上面写着呢，攻破邺城，曹操的儿子曹丕抢了人家袁熙的老婆甄氏，孔融就给曹操写信：‘当初武王伐纣，战胜之后，就把妲己赐给了弟弟周公！’曹操一头雾水，哪有这回事啊，又回信请教出自哪里。孔融回答：‘从曹丕的表现看，不就是这个意思吗？你打了胜仗，给儿子抢了个媳妇！’”

苏轼最后才坏笑着说：“我举出尧皇的例子，也就是这样，推理，想当然耳！”

欧阳修听说后，不怒反喜，回去告诉他的学生们：“此人可谓善读书，善用书，他日文章必独步天下。”

就在苏轼两兄弟站在仕途门槛上，正要抬脚进入时，发生了一件不好的事情，他们的母亲去世了，他们必须回家丁忧。

按照规定，苏氏兄弟须老老实实待在家里，但是苏洵并不受这个限制，只要有机会，他随时可以上京赴任。其实上次在京城和儿子拜访名人的时候，苏洵并没有忘记推销自己，四处自荐诗文。和那些落榜的考生一样，苏洵的这些文章写得剑拔弩张，颇有一些戾气在里头，堪称愤青。欧阳修看了，韩琦看了，富弼也看了，看完后却没了回音。据说富弼是这样评价的：“这老头只是叫人以杀戮立威，哪有这样直接要官做的？”

因为戾气太重，不得人心，所以苏洵在家等了一年多，到嘉祐三年（1058）才得到一个机会，让他进京参加舍人院的考试，考中了就可以做官。对于这个额外的礼物，苏洵并没有表现出意料中的惊喜，反倒给皇帝写了一封信，拒绝参加。

多年落榜的经历，使苏洵对考试产生了巨大的恐慌。他的心理阴影太重了，不能再参加任何形式的考试。

为了不让别人误会，他还专门给朋友们写信解释：“我不是非得要当官，当然，也不是坚决不当官……何必以现在衰病之身，再去委曲求全，接受有关机构的衡量……”在给梅尧臣的信里，说得更加委屈：“自思少年尝举茂才，中夜起坐，裹饭携饼，待晓东华门外，逐队而入，屈膝就席，俯首据案。其后每思至此，即为寒心。”

意思是：“我活到现在多不容易，年轻时候受那么多苦，三更灯火五更鸡，到老了竟然还得去考试，你们还不如杀了我呢！”

第二年，朝廷又来了一道圣旨，因为没有免试待遇，苏洵再次拒绝。这样熬到两个小苏守孝期满回到京城，苏洵终于得到解脱。朝廷慑于这一家子的赫赫威名，儿子那么厉害，父亲也不能一辈子是个布衣，于是下诏免试。苏洵终于得到了秘书省校书郎的职位，走上了梦想中的仕途。

再说他两个儿子。丁忧期满，苏轼被任命为河南府福昌县主簿，苏辙是河南府渑池县主簿。主簿是个帮县长写文书的小吏，九品官。按说这也是正常任命，宋时官员一般都是从基层做起，干满一任后，可以申请调到京城或者省会城市。

但二苏不是一般人，他们一看是个芝麻大小的官，十分不满，就赖在京城不走。就这一点，他们和王安石的境界是有差距的。

这时候，欧阳修上书一道，推荐二苏参加秘阁制科考试，这也是一种特殊的临时性考试，为国家选拔特殊人才。

二苏摩拳擦掌，精心准备着……

写文章是苏家人最擅长的事。在正式考试前，苏轼连连加班，写出了二十五篇《策论》，国家大事事无巨细逐一点评，迅速散发出去。

与此同时，韩琦也在到处传播消息：“二苏要参加考试了，我就不明白，他俩都来了，为什么还有那么多人胆敢和他们同场竞技！”鉴于说话人的分量，有些考生就打了退堂鼓，弃考了之。

按照惯例，制科考试一般都在八月份进行。但是临近考试时，苏辙病了，眼看不能如愿，又是热心的韩琦出来，给皇帝上书："今年招考制科的人，只有苏轼、苏辙最有声望。现在小苏病了，如果兄弟俩有一个不能参考，恐怕群众不答应[1]，恳请延期等待！"

当时在位的是仁宗，当真就延期到了九月份。

靠着事先积攒的惊人声望，苏轼兄弟一考就中，特别是苏轼，得了一个三等。三等是实质上的最高等级，前两等都是荣誉头衔，自大宋开国至今，得三等也就只有吴育和苏轼两人而已。

问题出在苏辙那边。

苏辙是个沉默的青年，据说心机很重。很久之后，朱熹评价说："子由[2]不作声，却险。"

苏辙爆发了！

二十二岁的苏辙以笔为枪，逮住仁宗皇帝大打出手，要以言之：第一，他批评仁宗皇帝这二十年来无所作为，过得浑浑噩噩，忘记了"生于忧患"的道理，所以差不多就快"死于安乐"了；第二，谈恋爱的问题太严重，影响工作了，你不知道现在"海内穷困，生民愁苦"吗？

因为锋芒太盛，苏辙的答卷让主考官们很为难。其中，司马光觉得不错，他认为苏辙的胆子大，说的也是实话，应该给个三等；但范镇不同意，王安石也不同意。此时王安石是知制诰，也算是实权人物了。

甚至有人建议，把这个沽名钓誉的小伙子赶回去算了。

而被苏辙批评的仁宗，虽然被人指着鼻子痛骂，却还保持了相当的风度："我们本来就是让人家直言进谏来应聘，现在人家直言了，我们又把人家赶出去，你让天下人怎么看我？"

①"甚非众望。"

②苏辙字子由。

于是苏辙被置下等，比他哥哥差一点。

更令人感动的是，仁宗回去后，还十分得意地告诉后宫：“我今天为子孙后代选了两个宰相。”

按照中国人的说法，木秀于林，风必摧之。苏氏兄弟如此当红，难免让别的读书人不舒服。苏轼悲惨的人生，就是这样造就的。

考试完成后，就要分配工作了。苏轼得到大理评事、签书凤翔府判官事，苏辙是商州军事推官。

这时，王安石跳出来了，他拒绝为苏辙起草任命书，原因很简单，他当初就不同意选这个人。

正因为此，苏洵和王安石结下了深深的仇怨。而从苏洵的性格来看，他自命不凡、愤世嫉俗，骨子里极度渴望功名。他和倔强的王安石怎么可能走到一块呢？

所以他写下《辨奸论》也毫不奇怪。

那么，我们回到最初的问题，到底谁是《辨奸论》的作者呢？

据笔者推断，应该是邵伯温，因为这篇文章最早就出现在他的作品集里。此外，文中提到王安石结交“好名之士，不得志之人”，并不符合实情，因为彼时王安石尚未开始改革，而且从全篇的语气来看，倒像是总结文章，语气并不相符。

最后，在王安石变法激怒保守派之时，这种预言类的文章有很多，一时之间大家俨然都变成了神算子，邵伯温估计也是跟风，当一把事后诸葛亮，大放马后炮。但是考虑到造假的真实性和为司马光避嫌，他选择了政治身份稍显低微，却又具备文名的苏洵。

这是一个精心设计的局，苏家和王安石有仇，苏洵本身又是一个尖刻恶毒的人[①]，完全可以写出这样的文章来。

当然，有一些学者提出相反的证据，比如“竖刁、易牙、卫开方”三人的排序，是苏洵独特的用法。但我们反过来分析，这似乎更能说明造假者的良苦用心，他显然也读过苏洵的《管仲论》，然后抄袭了这个说法。

无论如何，王安石的特立独行，给他带来了麻烦，同时也引起了皇帝的注意。

他从常州赶来，一路风雨，踌躇满志……

① 用一个例子来证明苏洵的尖刻，之前在家乡眉州，他曾说自己亲家是“三十里之大盗”。

第七章 彼时江湖

王安石经常被称作法家，而司马光则是一位公认的“醇儒”。

司马光遵循封建社会“君君、臣臣，父父、子子”的伦理纲常。在这些“醇儒”看来，夫为妇纲，女人嫁鸡随鸡、嫁狗随狗，哪有什么挑剔的资格。

现在一个小小的阿云，居然胆敢谋杀自己的未婚夫？

王安石在江宁期间，写了一首耐人寻味的诗，名叫《古松》，这是他人格精神和政治抱负的投影。当时韩琦当政，王安石虽然因为辞官和执拗获得了名声，但距离心中的理想似乎还是遥不可及的。诗曰：

森森直干百余寻，高入青冥不附林。
万壑风生成夜响，千山月照挂秋阴。
岂因粪壤栽培力，自得乾坤造化心。
廊庙乏材应见取，世无良匠勿相侵。

这首诗描写了一棵古松，高达千百尺，不依附任何外在的东西，自由生长于清风明月之下，参透造化之心，体悟了生命的真谛。请注意最后一句："如果'廊庙'里需要的话，你可以来砍伐，但如果不是良匠，请不要来打扰。"

我们眼前出现了这样的画面：

熙熙攘攘的招聘会上，大小官员争着往前投简历，唯恐丧失了升迁的机会，耽搁了高薪职位。只有一个穿着随意的江西人，胡子拉碴，表情不羁，举着一块牌子："天纵奇才，庸人勿扰。"

这就是王安石：要做就做大事，否则就别来打扰我的清净生活。我骑着小驴上山，找僧人谈玄说妙，岂不快哉。

这时候大宋的皇帝是神宗，而神宗迫切地想要有所作为。他听腻了那些腐儒的旧观点，也目睹了国家的日渐衰败和羸弱。能不能找到一条别样的路呢？

在王安石回来之前，神宗皇帝也考察了一些人，看看他们能否成为自己的战友，担负起乾坤剧变的历史重任，其中就包括司马光。那么司马光究竟如何呢？

正史对司马光的评价都比较高。一般来说，至少有三个头衔：史学家、政治家和文学家，请注意这个排名是分先后的。因为在他那个时代，文学大家太多了，他们光芒太盛。司马光的几首诗赋拿出来，就好像大白天的五瓦灯泡，有没有都一样。

论才华，司马光比不过苏轼；论勇猛，司马光比不过欧阳修；论政治才能，司马光比不过王安石。那么司马光靠什么赢得了千载美名呢？客观来说，《资治通鉴》起到了一定的作用，让我们都记住了他，但这不是重点。

司马光的秘密武器是人品。

而这个高端人品的养成，来自幼年的教育。在司马光五六岁的时候，有一次他把弄一个未熟的青核桃，他的姐姐想帮他剥掉核桃皮，但两个小孩折腾得双手乌黑，也没能剥掉。姐姐有事出去，刚巧此时来了个女仆，用热水把核桃皮剥掉了。

他姐姐回来就很吃惊："是谁剥掉了核桃皮？"小小年纪的司马光故作深沉地说："这个，是我自己剥掉的。"他父亲刚好看到这些事，便责备他说："小子，你怎么可以说大话呢？"

"从此之后，我就不再说大话了。"多年后的某一个下午，回忆起往事，司马光这样告诉他的学生刘安世。

刘安世在司马光身边待了十年，司马光也是教之以诚。“说真话，不说假话。”对这一点，司马光是颇为自信的，他原话如此：“吾无过人者，但平生所为，未尝有不可对人言者耳。”

司马光的一生，恪守诚心，达到了儒家的最高境界。因为修炼有成，司马光也像一位德高望重的榜样，感化一方。当时，每当大家遇到偷鸡摸狗、赌博成性的不良少年，就会十分悲哀地鄙视他：“难道你不知道司马先生吗？”

对于自己的修炼，司马光也是十分有信心地博览群书，却独独不喜欢佛、道之学，而且放出话来：“我为什么不喜欢和尚、道士呢？因为他们说的小道理，我书中都有，而他们说的那些神鬼虚妄之事，我觉得都是胡扯，没有可信度！”

司马光在每一件日常小事上，实践着自己的诚心。

他在京城担任台阁之职时，按照当时风气，元旦、冬至这些节日，官员们都要互相串门，交流一下感情。但是京城官员太多了，不可能一一拜访。于是就有人偷奸耍滑，想要蒙骗大家。

《清波杂志》记载，有一名官员，每当逢年过节，就派家里的仆人提着一个马嚼子，带着一沓子名片满街跑，到了同僚家门口，拿着马嚼子在门上敲几下，喊一声：“某某大人来拜访您了！”再扔下一张名片就算完事。

有人知道这个仆人的伎俩，就派人蹲在门后面，等他一敲门，就出来察看。

仆人很尴尬，手里拎个马嚼子，不好意思地脸红了。对方问他：“你家的某大人呢，没来吗？怎么连马都不见了？”仆人讪笑道：“跑了，你一开门，马就驮着大人跑了！”

为了和这种弄虚作假的风气作斗争，司马光坚持诚信，坚决不送名片，而且还说：“不诚之事，不可为也。”

如果司马光自己一个人闷头搞修炼，我们可以预见到，效果不会有多好。所以在他的人生道路上，上天安排了很多良师益友。其中不得不提到的一个人物，就是大名鼎鼎的邵雍。

邵雍出版了很多著作，其中有许多神神鬼鬼算命的内容，得以流传至今。

据说邵雍人品也很好，在和司马光互相切磋的过程中，他们互相提高，几乎达到了圣人的境界。司马光似乎也很享受这种高手对决般的感觉，有一次问邵雍：“某何如人？”

邵雍回答：“君实脚踏实地人也！”

司马光深以为然。

邵雍沉默一会，又给他朋友上了一剂猛药：“君实九分人也！”可见，在十分制的条件下，司马先生的人品得到九分，属于优秀一类。

因为和邵雍这一类人“意气相投”，所以司马光也有理学家的癖好，他也是“去人欲”的忠实实践者。

三十多岁时，司马光任并州通判，他的小儿子在那里夭折，导致膝下无子。司马夫人看他伤心，为了弥补家里的缺憾，就给他买了个小妾回来。岂料司马光丝毫不理，完全当这个姑娘是透明的。

大家猜测，也许是司马先生面子薄，家里人来人往，他不好意思。

于是某天，大家假借出去赏花，给他们制造机会。大家都走了，小妾盛装打扮后提着茶壶来了。司马光正在学习，一抬头看见这个姑娘，吓了一大跳，然后又很愠怒地说：“你这下人，今天女主人不在，你过来干啥？”

此事传开，人们便分成了两派。一派说：“司马光好样的，学习他的祖先司马相如，不搞婚外情。”另一派说：“可惜这个司马先生不会弹琴，不懂风雅，只会‘鳖厮踢’！”

所谓“鳖厮踢”，语出苏轼，指的是当鳖被人按在地上时，会挥舞四肢乱踢乱扭，但一切都是徒劳，它终究会变成一盘美餐。所以这个词多用于形容徒劳无功的挣扎，简言之就是“瞎折腾”！

宋朝早期的社会风气是很开放的，官员们有个三妻四妾极为平常。是故，大家才对司马光这种“守身如玉”的品格抱有一种善意的嘲讽。

可是司马光不这样认为，他坚守自己的人生观，立志做一个高尚诚实的人。司马光晚年闲居洛阳时，派家里的老兵去卖一匹马，他亲自叮嘱老兵：“人家来买马的时候，你一定要交代清楚，这匹马夏天会犯肺病，别让买家吃亏！”

翻阅史书，可以总结出司马光的四个特点。

第一个特点是节俭。在司马光的家里，你几乎看不到大吃大喝的行为，这很罕见。古代人娱乐活动少，聚众饮酒在所难免。但是司马光除外，他坚持只用公家配发的酒招待客人，决不另请。除此之外，即便是在寒冷的冬天，家里有人拜访，也只是单独请到一个小房间，没有炉火，没有酒，真正的“清谈”。

交谈完毕，几乎冻僵的客人挣扎着站起来，拱手作别，司马光这才令人端来小米汤一碗，作为招待。

当然了，某些吝啬的人也是这样，舍不得给别人吃，可司马光不是，他对自己的要求也十分严格。晚岁居洛阳，高官出身的大知识分子司马光，居然和老百姓混聚一起，在一条污水横溢的穷街陋巷居住，为了达到“冬暖夏凉”的效果，他甚至在院子里掘地丈余，过起了穴居生活。

与他形成鲜明对比的，是当年和范仲淹叫板的王拱辰。王拱辰在洛阳盖起了高楼大厦，中堂最高一层，号称“朝元阁”。

后来，邵雍去见前朝元老富弼，富弼问他洛阳最近有什么新鲜事，邵雍冷笑道：“最近有一个人学鸟，住得很高；另一个人却住在地下！”老百姓称之为：“王家钻天，司马入地。”

第二个特点是豁达。这种品格的具体体现，就是淡然、木讷、凡事决不形于色，显得很是深沉，历史上的很多名臣都是这样，比如王旦、王曾等。

司马光家里有个琉璃盏甚是名贵，某天忽然被官奴给打碎了，当地官员于是下令逮捕官奴，交给司马光处分。司马光给他回了两句话：“玉爵弗挥，典礼虽闻于往记；彩云易散，过差宜恕于斯人。”很淡然地处理了这件事。

还有一次行香之时，有人跑来奏事，慌乱间把烛台撞翻到司马光身上，热蜡滚滚，火苗乱窜，司马光却好似没感觉，站着不动，也不问，只关心来人所谈之事。这种气度和定力，令身边的人敬佩万分。

第三个特点，目前很难看出是优点还是缺点，这个品格说好听点是“平易近人”，说难听了就是“乡愿”——孔夫子说“乡愿，德之贼也”，即老好人，没有原则。

在撰写《资治通鉴》时，司马光本着高度的责任感，用一根圆木当作枕头，半夜一翻身，枕头就滚开了，他被惊醒后就赶紧起来工作。因为太追求完美，编了很多年没弄出来，就有人风言风语：“司马光，哼，他是故意拖延呢！国家每年都要给他发专家津贴，他编完不就没补助了吗？”

司马光一听，脸红了，这一点他比不上王安石硬气，王安石不在意任何人的闲言碎语。司马光不好意思的直接结果，就是草草完事，导致《资治通鉴》里的五代史繁杂芜乱。这暴露了司马光最致命的特点，太在意自己的形象，太在意别人的看法，容易被人言所煽动。

最后一个特点，说起来似乎和他有点不相干，司马光这样一个古板孤僻的人，居然颇具幽默感。

司马光在洛阳闲居时，元宵节那天，司马夫人早早收拾停当，想出去看灯。当时元宵节是个大节，外面极为热闹，是故有“去年元夜时，花市灯如昼”这样的诗句。司马光呆呆地看着夫人说：“灯有什么好看的，咱们家不是有灯吗？”

夫人辩解道：“此灯非彼灯。也不光是看灯，看看游人也好。”

司马光就更迷惑了，瞪着眼睛反问道：“难道我是鬼吗？”

夫人回道：“此人非彼人。”

还有一件事情，足以说明司马光的风格。司马光家里有个仆人，多年来跟着他，一直叫他“君实秀才”。有一天苏轼去拜访司马光，仆人说：“苏秀才，君实秀才不在家，您改天再来吧。”

苏轼皱眉教育他：“我们都是知识分子、国家高级干部，哪能直呼秀才，你应该叫‘司马相公’！”仆人记下，等司马光一回家便改了称呼。司马光叹口气摆手道：“好好一个老实人，脑子里哪有等级观念，却被苏子瞻给教坏了！”

综上所述，仅从私德角度分析，司马光堪称完人。

有了童年的扎实底子，再加上砸缸所引起的《击瓮图》的流传，司马光必然成为政界奇才。

很快，司马光遇到了一位贵人。

这个人叫庞籍，是司马光的父亲司马池的朋友，在司马光早年的仕宦经历里，我们处处能看到此人的影子。庞籍当过枢密使、当过宰相，司马光的仕途是和他紧密相连的。

宋仁宗至和二年（1055），庞籍知并州①，兼任河东路经略安抚使。

① 今山西省太原市。

他带上司马光前行，其职务是并州通判。并州当时是个是非之地，因为在不远的地方，西夏的青年元昊，在当了几年“顺民”后，带上他的少数民族兄弟，走上了造反之路。

因为西夏地处苦寒之疆，物产十分有限，所以元昊注定不能安居乐业，时不时需要出来抢劫、骚扰大宋边境，令仁宗皇帝十分恼怒。

在这种背景下，并州显然不是一个理想之所。但是恩公之命难违，司马光只好跟着庞籍去了。并州地处北方，天寒地冻，条件恶劣，我们一向敦厚寡言的司马先生，很难得地写下了一些“龇牙咧嘴”的诗句：“头发被冻成一团，毛笔无法写字，胡子要断了，水壶也裂开了肚子……”最后，司马光忧郁地说：“古人为知己而死，难道我这么年轻就要埋在这苦寒之地了吗？”

抱怨归抱怨，工作还是得做。嘉祐二年（1057），庞籍派司马光去麟州视察。麟州守军告诉司马光：“我们这边屈野河流域和西夏边界不明，经常被他们乱占耕地，请领导批准在那边修两个碉堡，以增强防御力量。”

司马光一想，这是个不错的主意，耕地面积增加，征集军粮就方便了。于是原则上表示同意，答应回去给庞籍汇报。庞籍得到汇报，也是原则上同意，奏报朝廷。

庞籍当了这么多年官，应该说很谨慎小心，但不知道这次什么原因（也许是觉得这个主意有百利无一害），竟然没等到朝廷批复就下令开始修建。对面的西夏人看到这边修筑工事，似乎是要动手的样子，十分恼怒，直接集结军队，准备开打。

在战场上，宋军继承了前辈的“光荣”传统，轻敌恃勇，焦躁抢功，千余人就敢擅自出击，结果可想而知。

庞籍负主要责任，被贬到青州去上班了。还好，在朝廷专案组到来之前，庞籍把此事件中关于司马光的文件全部销毁，于是司马光得以保全，没有受到责罚。

对一般人来说，这是个好事，但司马光不是蝇营狗苟之徒。他很难受：老领导受了责罚，自己却侥幸逃脱，这实在不是他的风格。奉命调回京城后，他就变成了祥林嫂，见人就主动解释这件事："这事吧，和修碉堡没关系，是因为边将轻率草莽……"

司马光自己则"言之切，至口几流血"，直说到声泪俱下、口角流血为止。没人理解自己，司马光就给朝廷写信，《论屈野河西修堡状》《论屈野河西修堡第二状》，可惜都石沉大海。

实在没办法，司马光又去中书省和枢密院，强烈要求上级部门给自己严厉处分，否则自己终日寝食难安，总感觉背后有人对他指指点点，可是二府领导也只是耸耸肩、摆摆手："不行，定一个罪哪有那么容易，拿文件来。"

此事成为司马光一生的污点和遗憾。作为一个君子，庞籍的保护大概是一种耻辱。

也就是在并州期间，司马光参与了仁宗时代的建储之事，这场战争大概持续了七年，充分体现了封建臣子们"为国分忧"的道德和勇气，无数人为此呕心沥血、费尽心机，仁宗皇帝也为此几乎难受到肝胆俱裂。

神宗即位后，先把司马光召为翰林学士，司马光却不干。神宗不高兴了："头一次给你安排工作，你就推三阻四的。"于是神宗就绕过组织部直接找他谈话，摸一摸他的思想状况。

神宗说："我看古代的人，有的有才学，但是没文采；有的文采不错，却欠缺知识，只有董仲舒和扬雄二者皆备。我看你既有文采又有学问，为什么不干？"

司马光说："实事求是地讲，我实在写不了那些四六对偶的官样文章。"

不料年轻的神宗皇帝很犀利，一下手就捏到了他的七寸："像两汉时候制诏就可以了。再说了，你都能考上进士，可见也是个应试人才，怎么就不能写了呢？"

司马光无语，还想负隅顽抗，又推脱几次，最后委屈地接受了任命。

接下来，因为弹劾韩琦事件，司马光和王陶调换了位置，成为御史中丞，这是个实权部门。因为仁宗皇帝的娇纵，当时大家都有了一个共识，就是言官这个领域很容易出人才，喊得越凶升官就越快，所以司马光没有推辞，反而很积极地上了一道奏章，请小皇帝修心。

司马氏的修心理论很简单，一共就三个字："仁、明、武。"他的治国理论也是如此："官人、信赏、必罚。"神宗看到这个空洞的、充满陈腐气息的官样高论，只好沉重地叹了口气。

有意思的是，司马光还隐隐得意地宣称："我历经三朝，靠的就是这六条扬名立万，平生所学全部，都在这里了。"

司马光接下来的表现，就更让神宗看不惯了。

当时西夏的首领叫李谅祚，他有一个部下想要归顺大宋，这件事由薛向奏报。司马光认为不可，理由是：如果收留了西夏的叛臣，就会遭到西夏人的报复。

神宗说："这些都只是谣传而已。"

司马光问道："陛下知道薛向的为人吗？"

神宗说："薛向固然不是什么君子，只不过长期搞经济工作，而且熟悉边境之事，所以才用他。"司马光摇头："理财他还可以，边防的事他不行！"他顿了顿，又说："新任参知政事张方平，也不是什么好人，奸邪贪婪。"

神宗忍不住问："你有什么证据呢？"

司马光说："您要不要听听我的所见所闻？"神宗打断他："每次有

新的任命，都有人跳出来喋喋不休，这不是什么好事……”

司马光之所以站出来诋毁张方平，是因为惯性。他早年间曾经弹劾过张方平，现在张方平被重新起用，对自己而言，当然不是什么好事。

这个倔强而保守的人，让神宗有些头疼了。

神宗说：“司马光有些太‘忿躁’，我想教训他一番。”于是司马光又成了翰林学士，也就是说，被剥夺了话语权。

皇帝心里想什么，别人并不清楚。当时任翰林学士的吕公著封还词头，为司马光的罢免鸣不平时，神宗早有准备：“调离司马光，主要是考虑到他的学问，和具体事情没什么关系！”

对于这件事，神宗还有一个欲盖弥彰的解释。他对吕公著说：“我看司马光道德学问不错，就想把他留在身边，你们不要误会。这一切并不是因为他乱说乱讲。”吕公著点头表示理解。没几天神宗又问：“司马光人品确实方正，但是不是有点迂阔？”

吕公著是吕夷简的儿子，在气质上却和吕夷简有着巨大的差别。他的个性类似司马光，沉默、固执、自闭……

所以他告诉皇帝：“这个世界上哪有完美的人。孔圣人那么伟大，他的学生子路还说他迂；至于贤人孟子，对他持保留意见的人就更多了，何况一个司马光呢？看问题深刻而有远虑的人，都会被俗人认为是迂阔。希望陛下再考察考察司马光！”吕公著这样结尾。

神宗年轻气盛，如果不是祖宗法规和皇帝风度约束，估计早就当庭发飙了。比如，当神宗向富弼询问军事的时候，富弼竟然慢悠悠回答：“陛下您刚参加工作，应该先实施仁政，二十年不要说打仗的事，也不要重赏边境的战功，以免干戈四起，祸福难测。”

这话说得垂头丧气，令神宗“默然良久”。

纵观整个朝廷，似乎都是司马光、吕公著和富弼这样的人，跟神宗完全不搭调。正因如此，当另类犀利的王安石出现时，神宗就好像看到了乌云之外那道亮丽的闪电。

至于王安石和神宗的“神交”，颇有一些渊源。

神宗还没当皇帝之前，他的身边有个文字工作者叫韩维。此人系出名门，他的外公是大名鼎鼎的王旦，父亲韩亿当过副宰相，兄弟韩绛也即将当宰相。因为靠恩荫入仕，受八股文毒害较少，韩维在文学上颇有造诣，尤其喜欢柳永的词。

韩维是个生活有点奢侈的人，毕竟他出身巨室，韩维“喜声乐，遇极暑则卧一榻，使婢执板缓歌不绝声，辗转徐听……”除此之外，“许昌私第凉堂深七丈，每盛夏犹以为不可居……”生活很是讲究。

每次他喝多了，便喜欢反复吟诵柳永的小词：“多情到了多病……”他家有个一字不识的老仆人，越听越迷惑，拿着扫帚站在一边挠脑袋，对他说：“你们当官的，和我们身体都不一样，我这风湿病，每到下雨就疼，没想到官人您是‘多晴’的天气反而难受！”

韩维在神宗身边时，每当说起国家之事，往往有惊人警策之语，神宗很震惊。韩维便说：“这不是我的思想，我有个朋友叫王安石，这些想法都是他的。”

现在，身处这种缓慢、窒息、保守的政治云雾中，神宗想起了那个令他激动的王安石，所以将他从江宁调回来。在各种因缘交织下，王安石进入了中央决策层。

王安石“复出”没多久，就和司马光遭遇了首次交战。

这是一个拿西瓜刀的女人的故事。

熙宁元年（1068），登州[①]某处郊外瓜田，月明如水，夏虫低吟，瓜

---

① 今山东省蓬莱市。

棚里呼噜连天，有一壮汉正在酣睡。

就在此时，有一个身材纤细的黑影，手提腰刀，悄悄摸了过来。

黑影进入瓜棚之后，里面就传来厮打、吵闹声。紧接着，一个血人冲了出来，伴随着一声凄厉的惨叫："杀人了！"

受害人叫韦阿大；杀人者阿云，女，受害者的"未婚妻"。

这是一桩封建包办婚姻带来的惨剧。不久前，阿云被家里长辈许配给韦阿大，但是阿云看不上这小子，身材肥胖、相貌丑陋、举止粗鲁。

对一个爱情充满幻想的女孩来说，这简直是一场灾难。于是阿云头脑一热，决定铤而走险，认为只要砍死了韦阿大，就可以免于和这个丑陋恶心的男人生活一辈子了。可是女孩子毕竟身体单薄，又没有杀人经验，心情过于紧张，虽然砍了三十余刀，却只是断了韦阿大一根手指头。

事情发生后，阿云迅速被拘捕了。案情太简单了，阿云一问就招，根本不费事。

问题出在量刑上，知登州许遵将案子报上去，说明了两条：第一，阿云是在为母亲守孝期间被强行许配给韦某，所以这个"婚约"实际上不存在，也就无所谓谋杀亲夫；第二，阿云一问即招，可以看作是有自首行为，对这种现象应该从轻发落。

但是审刑院、大理寺，包括后来的刑部，都认为阿云情节严重，应该处死。为此许遵进行了争辩，申请下"两制"①议。

王安石和司马光都参与了这次讨论。

不出所料，这二人一开口就针锋相对起来。王安石认为阿云属于自首行为，应该宽大处理。而司马光振振有词，要追求法律精神的核心，搞清楚为什么制定法律，最后他的结论是："于人损伤，不在自首

① 这里的两制就是翰林学士和知制诰。

之例。”

持不同意见的双方你来我往，争辩了很久，谁也不愿意承担审错案子的风险，因为牵涉的人太多，为了不影响团结，神宗灵机一动，下了一条命令：“以后凡是这一类疑难案件，一律交给我来处理，我说什么就是什么，看谁还敢狡辩。”

不料那群被惯坏了的文臣还是不依不饶，坚决反对这个和稀泥的方案，要求皇帝明确态度。没办法，神宗只好做出了抉择，支持王安石。

为什么呢？

因为神宗当时正踌躇满志准备搞变法，他看中了王安石咄咄逼人的个性和惊人的勇气，所以情感的天平自然向着这边。

我们分析一下这件事，司马光虽然看起来有法律精神，实则是选择性忽视，死抠条文，但是他做出决断的最根本原因，恰恰来自他的学术背景——王安石经常被称作法家，而司马光则是一位公认的“醇儒”。

司马光遵循封建社会“君君、臣臣，父父、子子”的伦理纲常。在这些“醇儒”看来，夫为妇纲，女人嫁鸡随鸡、嫁狗随狗，哪有什么挑剔的资格。

现在一个小小的阿云，居然胆敢谋杀自己的未婚夫？

这就是司马光内心最隐秘的原因。

这一仗看似王安石打赢了，可是在十六年后，王安石和神宗皇帝都驾鹤西游，司马光执掌朝政，又迫不及待翻出这件事，废除了“自首可以赦免”的法令。据野史说，阿云又被抓了回来，执行了死刑。

当然这是后话，且看当下。

神宗皇帝在有限的范围内，不断地试探着王安石的真本事。

二人最初见面，王安石“越次入对”。神宗问：“天下如何治理？”王安石答：“选择合适的方法。”

为了这个回答，王安石从士子、县官、太守直到现在的翰林学士，等了十几年。他的答案和其他人迥然不同，如果这个问题由司马光来回答，那么将会是："挑选有道德、有文化的人去管理，这个人才干如何不要紧，关键看人品。"

王安石的回答让神宗很满意，他点点头，继续追问："像唐太宗那样？"

"唐太宗？算了吧，陛下要学就学尧、舜这些顶尖人物，唐太宗何足道哉！尧、舜之道，简单不烦琐，切中要害，并且方便易行，但是后世这些腐儒们不能融会贯通，以为高不可攀！"

在接下来的谈话中，王安石抓住机会，像一个大公司高管的应聘者一样，将心中的构想一一和盘托出，涉及了国家建设的方方面面。

首先，王安石一针见血地指出，"以诗赋记诵求天下之士，而无学校养成之法；以科名资格叙朝廷之位，而无官司课试之方"这种传统人才培养和提拔方式的弊端。

传统文化最讲究"尊老"，它是一种隐含的"驯化"文化，让所有的人在一个圈子里安分守己，说话先引用古人，品评最强调道德，于是就有了这样一个共识：个人品质高尚、诗词歌赋优秀的人，就一定是全能选手，什么都能干。这就是为什么在仁宗时期，远在越州老老实实当官的范仲淹，摇身一变，由笔杆子变成了枪杆子。

王安石十分反对这种人才培养方式，他认为单单靠"诗赋记诵"来选拔人才，是很不全面的，应该有学校来培养"专才"。

王安石这是一下点中了科举制度的软肋。

除此之外，他对人才培养的"论资排辈"也表示了不同意见。还涉及"守将非选择之吏""农民坏于差役""其于理财，大抵无法"等内容，将这一段谈话和日后王安石变法的内容对比起来，我们就会发现，在这个中年人的心里，改革方案早已胸有成竹。只待爆发！

暴风雨来临之前，空气是那样的轻盈……

王安石还没爆发，老天爷不知道受什么刺激了，接二连三出来闹事。黄河决堤、京师地震、河朔地震，总之坏事接二连三。看到国家破烂如此，司马光恻隐之心发作，给皇帝上了一道奏章，建议以后郊祀大礼完毕，就不要给二府官员发赏赐了，留着赈灾比较实际。司马光说，自古以来，只有小人才喜欢银钱，君子们都喜欢道德，所以国家应该用道义来褒奖君子，而把钱发给"形而下"的平头百姓。

司马光的这个举动，和王安石形成了鲜明的对比。后者看不惯这种虚头巴脑的行为，站出来表示反对。王安石说："国家富有四海，区区赏赐点钱算什么，省下来也富不了，还坏了规矩。以前那些大臣们每每推辞皇帝的赐宴，舆论就认为，这些人要是不称职，就辞职算了，单单辞宴算什么？"

司马光之所以这样坚持拒绝赏赐，源于他笨拙的经济观。他认为天下的财物一共就那么多，不在老百姓那边，就在官府这边，所以有道德滋养的官员们少花一些，老百姓就好过一点。所以司马光理解的善于理财，就是搜刮老百姓，只有老百姓拿得少了，官府才能多拿一些。

他这种朴素的经济思想遭到了王安石的鄙视，王安石说："善理财者，民不加赋而国用饶！"司马光自信一笑，他博览群书，善于从史书里面寻找答案，脱口而出："那是桑弘羊骗汉武帝呢，司马迁记载下来，就是为了嘲笑汉武帝。"

王安石："太祖时代，给赵普他们赏赐最多过万，现在才三千，不多。"

司马光："赵普运筹帷幄、平定四方，赏多少都可以，现在的官员，哼……"他肩膀一抖，露出鄙夷的笑容。在司马光的人生观里，古代一切都是好的，一切都要以古代的东西为标准。

根据司马光的文章，我们可以得知，当时国家实在太穷了，神宗也有意厉行节约，可能想为此成立一个专门的经济机构，但是被司马光拒绝了，理由是自己干不了。其实他心里想的是：“只有‘小人’才会掌管钱财，我不屑于搞这个。”

够了！神宗皇帝受够了陈腐之辞，一拍桌子，下定决心，从此之后，全心全意联合王安石搞改革。

第八章 条例司来了年轻人

事实证明，吕惠卿没有辜负王安石的信任。他有文采，精于吏道，办事果敢干练。不过，最让王安石欢喜的，还是他“注重实际”这个品质。当初吕惠卿任真定推官秩满回京述职，遇到了王安石，交谈之下，一见如故。这两个人思想境界很接近，特立独行，而且都爱说实话，当然就成了好朋友。

最近，富弼总是隐隐感到不安。他甚至做了一个噩梦。在梦里，上任不久的翰林学士王安石举着酒杯，志得意满的模样，背后是一尊大佛。

这个梦让富弼蓦然惊醒，满脸都是冷汗……

莫非朝廷要变天了?

王安石最近确实很是得势，先是神宗单独找他谈了好几次话。每次谈完，小皇帝都是两眼放光，一副热血沸腾的样子。后来，王安石的弟弟、布衣王安国，得到了朝廷赏识，赐进士及第——有个好哥哥，胜过十年寒窗。

王安国的提拔是韩绛推荐的，但毫无疑问，这是王安石的面子。

当中书省里有什么事情委决不下时，皇帝居然让大家去问问王安石该怎么办，难道宰相、参政的水平还比不上王安石这个翰林学士?

这种怪异的情况引起参知政事唐介的极度不满。唐介讲话比较直："陛下，您要是觉得王安石本事大，那您就大胆用他！不要总是传出口谕来，说某事去问王安石，他说行就行，不行就算了。请问这是什么规矩，要我们这些执政大臣当花瓶吗?我自觉没什么本事，比不上王安石，先辞职算了。"

神宗皇帝没有回答他。小皇帝虽然年轻，却知道"异论相搅"的管理守则，而且有唐介这种人在身边，有以下几大好处：

第一，显得自己胸怀宽广，说话这么难听的家伙都能容忍，正如唐太宗容忍魏征。

第二，如果看谁不顺眼，可以让唐介出面，自己坐收渔利。

第三，死气沉沉的官僚集体里，需要这样一尾活鱼，才能给朝廷带来一丝生气。

自古以来的统治者都深谙这个道理，据说当年的仁宗皇帝就很欣赏唐介这种精神，特地在宫中让人给他画了一幅像，亲自在上面御笔题写："右正言唐介。"

可惜的是，唐介如今"廉颇老矣"，他无法挽回神宗和王安石合作的决心。熙宁二年（1069）二月，王安石还是驾着历史的马车，轰隆隆开进了中书省，这个以不爱当官闻名的人，却像坐上了火箭那样青云直上。

王安石的职务是参知政事。在提拔他之前，神宗问了左右人员的看法，曾公亮不用说，当初他想要借王安石挤走韩琦，当然不能改口，所以点头说："可以，王安石是个人才。"

但是唐介表示反对，他认为王安石可以用，但不能大用。

神宗说："我不清楚，王安石哪一部分不能用？文学不行，经术不行，还是不能处理政事？"

唐介说："这个人虽然好学，但是过分泥古，属于冥顽不灵的那一类。如果让他掌权，恐怕有很多变数。"

接下来，神宗去寻求孙固的声援。

不料孙固不能领会领导意图，他说："王安石不能干宰相，因为宰相要用鼻子喝醋，肚子里要能跑船，而他心胸狭窄。"

神宗以为他没理解自己的意思，追问道："是吗？"

孙固点头说："是的。"

神宗问了四次，孙固都是同一个答案。果然人如其名，还真是"固"。

从群臣那里得不到预想的支持，神宗干脆豁出去了："既然你们不同意我的意见，那么就不问你们了，我偏偏就要提拔王安石。"

就这样，王安石成了副宰相。

在紧接着的谈话中，神宗问王安石："有人说你虽然精通经术，但是对具体的工作却不精通。"

所谓"经术"，通俗来说指的是经学，即解释和应用儒家经典学问的技巧。现在面对皇帝对自己才华的质疑，王安石的回答一如既往的犀利："所谓经术，发明出来就是做事情的，但是后世这些所谓的儒者，都是一些庸人，都以为经术只能做学问，而不能指导具体工作。"

"那你说要怎么办呢？"神宗问。

"变风俗，立法度，今之所急也。"王安石斩钉截铁地回答。

这个答案令神宗充满了干劲。说干就干！王安石担任副宰相不到一个月，就领神宗皇帝之命，和陈升之一起谋划改革。为了方便做事，神宗特许成立一个新的政府机构，叫作"制置三司条例司"，单从名字分析，该机构是脱胎于"三司"（度支、盐铁、户部），可见"理财"是此次改革的一个重点。

也就在此时，王安石想起了之前的朋友吕惠卿，便向神宗热情推荐。王安石性格耿直，轻易不夸人，但他为吕惠卿打的广告可谓是不遗余力："即便是前代的很多名儒，也比不上吕惠卿的才干，'学'并且'用'先王之道，我看只有他可以！"

于是，神宗就下令由吕惠卿协助王安石工作，所有的文字工作，事无巨细均由他来操刀。

事实证明，吕惠卿没有辜负王安石的信任。他有文采，精于吏道，办事果敢干练。不过，最让王安石欢喜的，还是“注重实际”这个品质。当初吕惠卿任真定推官秩满回京述职，遇到了王安石，交谈之下，一见如故。这两个人思想境界很接近，特立独行，性格相近，很快就成了好朋友。

新机构一建立，天下人就都知道了，王安石将有大动作。

富弼的噩梦眼见就要变成现实了，他着急上火地去找神宗申诉，说什么“小人进邪说”，而且还搬出一套理论来，说世上的小人最喜欢“生事”，如果朝廷守静无为，小人就不容易出政绩，也就不能升官，所以他们喜欢上蹿下跳。

这段是不是很熟悉?

对了，富弼当年出使辽国，巧舌如簧地挑拨辽主和大臣的关系时，用的就是这一招，现在又拿来搞自己人。

神宗竖起大拇指：“好，真乃金石之言啊！”

富弼受到鼓舞，继续含蓄地诋毁王安石：“今所进用，或是刻薄小才，小才虽似可喜，然害事坏风俗为甚，须进用醇厚笃实之人。”

神宗继续竖起大拇指：“好，正邪分则天下自治！”

可神宗目标明确，很有当皇帝的天赋，他安慰完富弼后，就去问王安石：“新机构筹备得怎么样了？”王安石的回答很见水平，他告诉年轻的天子：“现在确实是需要理财，但是也不要为了钱财，就让天下人认为朝廷忽视了文化建设，这样一来，恐怕风俗就会变坏。陛下应该考虑到，国体有先后缓急……”

这段话告诉我们这样一条线索：这场改革，其背后最大的推动力实际上是神宗皇帝，他年轻气盛、一腔热血，远比王安石更迫切地希望国富兵强。而另一方面，政治经验丰富的王安石，早已看出小皇帝急躁的苗头，稍微给他泼了泼冷水。

那些攻击王安石只知道求利的反对派，其盲目性在此可见一斑，而其动机，似乎也不是那么磊落。

现在，即便新法还没有出笼，反对派们却早已列队等候了……

王安石压力很大。站在他对立面的，大致可以分为以下几派。

利益派：以富弼、文彦博为代表，认为王安石得势会损害自己的江湖地位和实际利益，便不顾年老体弱，站出来“发挥余热”，反对王安石。

面子派：以韩琦为代表，还有少数少壮派掺杂其中，其主要特点是自尊心和荣誉感特别强，觉得新进的这些官员水平低、资历浅，羞于与之共事，所以一定要反对王安石。

糊涂派：以司马光、范镇为代表，因为学术水平不高，加上实践经验有限，只是凭借着自己的理想信条和政治幻想，就扑上来作殊死搏斗。这一派实力最强，因为他们靠着积极发言和罕见的愚勇，获得了一些特殊的政治资本和虚名，在朝廷有“一呼百应”的气势，所以能量大，不好对付。

无耻派：这一派大多是投机分子，看谁得势就投靠谁。于是就拍王安石马屁，但王安石不领情，便露出疯狗面目，胡乱撕咬。

需要说明的是，以上派别并不是一下子形成的，而是在斗争过程中互相认同，逐渐聚集而成的。同时，各派人员也有掺杂交织，比如说文彦博，就兼具了“利益派”“面子派”和“糊涂派”的特征。

就在这个蠢蠢欲动的敏感而热闹的时刻，唐介死了。

唐介是一个战斗不息、忧愤激昂的人。虽然大部分时候，他并不明白自己要对付的究竟是谁，但他的战斗精神确实感染了不少人。

唐介临死前，用自己独特的方式向家人和后代表示了愧疚：“我在朝廷干了这么多年，称得上知无不言，为此得罪了不少人。不过你们自己穷达有命，好自为之吧！”这也是很多言官的悲哀之处，有时候他们辞职不干，在辞呈里就会直接写：“恐怕当言官久了，得罪人多，对后代发展不利……”

和石介一样，唐介直接的死因是“疽发于背”。按照养生学理论，心情长期烦躁、情绪波动剧烈，自然容易引发恶性疾病。

他的死给反对派提供了一次反击王安石的机会。

因为大家都知道，唐介一直和王安石唱反调，看王安石是这也不行那也不行，反正就是看王安石不顺眼。

于是谣言四起：“唐介是被王安石气死的，因为在朝廷上斗不过对方，所以心情极度郁闷，就生了病。”

如果唐介真是这样简单就被气死，那么王安石都可以去当职业杀手了，这分明就是典型的“杀人于无形”。反之，也印证了司马光的内力多么深厚，他和王安石斗了十几年，还能滋润得活着。

与此同时，还有一些抱着双臂、站在一边的旁观者，他们戏谑地说：“现在中书省里真是热闹啊，典型的佛家教材——人生‘生、老、病、死、苦’都占全了。”

生者，王安石，目光炯炯，将有为也。

老者，曾公亮，目前考虑的主要事情是退休和养生。

病者，富弼，几乎走不动路了，还出来工作。在这个时候把富弼请出来当宰相，也体现了神宗的心机，他对王安石没有十分的信心，所以让富弼来做这个重量级的“刹车”，万一变法不灵，有富弼保底。

死者，唐介。

苦者，参知政事赵抃。每当王安石发表什么政见，或者有什么动作，赵抃就如同喝了中药一样，连声叫“苦、苦啊”，而且还像个复读机，连着播放十几遍。

赵抃年轻时号为“铁面御史”，也是言官领域的标志性人物，谁的面子都不给，谁都敢打，慢慢就打出了名堂，被派往成都任知州。我们知道，因为历史和地理的原因，成都很特殊，人民比较骁勇彪悍，爱造反，一般人管理不了，由此可见高层对赵抃的认可。

赵抃前后在成都当过两任知州，正如他给一位有神通的朋友所写的诗一样：“不同参政初时入（谓余庆），也学尚书两度来（谓乖崖）。到日先生应笑我，白头犹自走尘埃。”

余庆，即成都的第一任知州吕余庆。乖崖，即两次任成都知州的张咏。

赵抃死后，朝廷给他的谥号是“清献”，谥号是人一生最精简的总结，所以赵抃这一辈子，靠的是清德伏一世。入成都赴任，也就骑一匹马，带一张雷氏琴，另外有大白龟一只、白鹤一只相随而已。

在成都任上，赵抃还发生了一件“桃色新闻”。

一次府内宴客，来了一名色艺双绝的歌伎，长得美艳动人，头上斜插杏花一枝。赵抃跟她开玩笑：“髻上杏花真有幸。”此女甚是机灵，应声做对：“枝头梅子岂无媒？”这下镇住了赵抃，内心不由怜爱，便问手下的老兵：“你认识这姑娘不？”

老兵答：“认识。”

“那你把她叫来，我挺喜欢她的。”赵抃有点见色起意了。

不料这老兵一去不复返，四个小时都没有回来，赵抃等得心焦，正要派人去催，忽然又一摆手，算了。

奇怪的是，那个老兵忽然就从后堂出来了，赵抃很恼怒，叫你去找美女，你这是干什么？老兵一边道歉一边解释：“我了解您，一个时辰后就会色心顿消，进而后悔，所以我压根就没有去。”

还有一个版本是这样的，开头差不多，赵抃看上一个姑娘，派人去叫人家。他手下的官员们见风使舵，先行一步去拍未来赵夫人的马屁，一时门庭若市，十分不雅。赵抃得知后，把自己关在屋里，指着镜子破口大骂："赵抃不得无礼！"随后下令："给姑娘发五百钱，明天送出去嫁人！"

版本三是这样的，赵抃看上一个姑娘，派人去叫，也叫来了。当晚，赵抃正准备洗漱睡觉，有老兵端着洗脚水进来，忽然浇向炭火盆，顿时水汽飞扬、火苗全无，赵抃因此大悟，色心冰消，把姑娘放了出去。

《宋史》中说，赵抃每天下班后，必然要穿上正装，焚香祷告，把这一天的所作所为向上天汇报，不能汇报的事情就坚决不做。

赵抃在越州任上，因为蝗灾，粮食严重歉收，那些囤粮的商人，趁机大发国难财，肆意抬高粮价，把老百姓弄得民不聊生。为了解决这个问题，很多地方官下了命令，使劲遏制粮价，期望达到调控效果。

赵抃不这样，他反其道而行之，在越州张贴告示："粮贩子们、地主们，你们都来越州吧，这里不限粮价，你们自己随意定吧！"

于是粮贩子一窝蜂都扑过来，短时间内，越州涌进了很多粮食。我们都知道，商品供大于求时，价格就会跌落。古时候交通不发达，价格回落后，粮贩子要把粮食再运出去，可就不容易了，只能就地销售。

就这样，依靠赵抃的这个点子，越州人民吃上了便宜的粮食。赵抃能够灵活使用价值规律这只"看不见的手"，这种思维也是值得今天借鉴的。

赵抃还和王安石小小地战斗过一场。那一天，大家在一起开会，王安石一说起变法，就迅速遭到了攻击，除了神宗，其他参会者都成了没牙的老太太，絮絮叨叨说个不停。王安石大怒，一拍桌子道："你们平时都不读书吗？”

赵抃的回答还真有点冷幽默：“在春秋战国时代，皋、夔、稷、契这些牛人，有何书可读？”意思就是，我们即使不读书也比你强。

实践证明，他还真没有王安石强，因为王安石变法有理有据、科学合理，最重要的是，他身后有神宗的支持。

饶是赵抃如此一个有思想的雅人，现在也彻底被王安石收拾得服服帖帖，除了叫苦无有他法。

四月，开封知府滕甫被罢免。

五月，翰林学士郑獬谪，知杭州；宣徽北院使王拱辰谪，知应天府；知谏院钱公辅谪，知江宁府。

以上诸人被外放，皆是因为和王安石叫板，他们把历史的大车当成了出租汽车，伸出小手想要“招手停”，结果惨遭淘汰。

接下来，王安石试探性地抛出了新的开科取士方案，兴建学校以复古，废除诗赋、明经、诸科等传统项目，代之以经义、论、策等较有实际用途的科目。经义大致相当于目前公务员考试的行政能力测试，主要考察常识，而“论”和“策”大致相当于申论。

对于这样一件富于前瞻性的改革，很快就有人跳出来反对——苏轼。

苏轼在这个时候跳出来，是再自然不过的事了。首先，因为他父亲和他弟弟都和王安石有矛盾；其次，他这个人很爱说话，可以说是一个大嘴巴，现在又正值他锐意进取的时刻，逮住一个机会，当然要好好表现一番。

更进一步，除了以上两个浅层次原因外，还有一个深层次原因——苏家人靠什么在江湖上扬名立万？答案是文采！我们研究三苏的文章，很容易就会发现一个现象，他们的文笔很优美，对仗也工整，读起来朗朗上口，所以感性的人很容易就热血澎湃起来。

但是冷静下来就会发现，三苏的这些文章空洞无物，所说的都是模棱两可的东西。用通俗的话来讲，虽有文采，但没有干货。

所以王安石评价道："苏轼兄弟人倒是很聪明，但是所学不正，走的是纵横家的路子。"所谓"纵横家"，大致就相当于古时候的政客，苏秦、张仪乃至于李斯，都算是这一类人物，只要符合自己的要求，可以把方的说成圆的，圆的说成扁的，是无原则、无底线、无信仰的"三无"产品。

据传，苏氏兄弟当年考试时，跟他们的父亲苏洵商量，我俩从小一起长大，看的书、学的知识都差不多，到考场上面对同一个题目，难免产生同样的思想，岂不是没有独创性了？苏洵虽然落榜多年，但他摸爬滚打练出了一种文痞气质，狡黠一笑："你哥俩上场破题后，一个骂，一个赞，只要道理说得通，高中无疑！"

现在王安石居然要在考试中取消自己最擅长的诗赋，那"明月几时有"这一类诗句岂不是没出路了？苏轼赶紧跑回家，写了一篇文章发发牢骚。

鉴于苏轼名声很大，神宗就把他找来谈话，看他是不是确实有什么真知灼见。苏轼说出一条妙计："问题在皇帝您这边，您有三个缺点：求治太急，听言太广，进人太锐。"

这个意见再明显不过了，是针对新进朝廷的改革派而言的："凭什么？你们的资历、名声、人脉和文采，哪一个比得上我们苏氏兄弟，为什么你们一个个都进了条例司，而我三十多岁了，仍然仕途艰难！"①

① 要说明的是，王安石一开始还是看好二苏的，也把苏辙安排进了条例司。当然，这也不排除另一种情况，苏氏兄弟又在演"双簧"，一个支持新法，一个反对新法。

话说到这一步，王安石唯有告诉神宗：“我和苏大公子不是一条道上的，给他安排个别的差事吧！”于是苏轼成了权开封府推官，相当于首都的中级人民法院院长。

可笑的是，《续资治通鉴长编》里说：“王安石这样，就是想用俗事把苏轼困住，但是苏轼就像石头下的小草，在那里都能干得有声有色，‘决断精敏，声闻益远’，年终还被评为优秀执法人员……”

这件事让我们不由得想起当年吕夷简推荐范仲淹任开封市长的事。当时很多人议论纷纷，说吕夷简也是想用公事把范仲淹牵制住，让范仲淹没精力反对他。范仲淹当年在士林确实有一定的影响力，可苏轼现在不过是个职场新人，在朝廷也就是略有文名，这样一个没什么根基的后辈，就算天天去朝廷游行，也拿王安石没办法，所以根本不存在什么牵制他的问题。

苏轼刚消停，吕诲来了。

那天早上，吕诲红着眼睛去上班，遇到了他的朋友司马光，司马光奇怪地问：“你昨晚干什么去了，怎么眼睛这么红？”吕诲神秘地摆摆手，捏了捏袖子，表示里面有东西。

司马光赶紧把他拉到一边：“你今天要针对谁？”

吕诲又是神秘一笑。

司马光马上领会，原来是上次商量的那个人，他意味深长地说：“大家都说‘得人’，选拔了罕见的人才，你弹劾他，说得过去吗？”

吕诲说：“王安石虽然有点名气，但是好偏见，不通物情，而且轻信奸人，别人说他好，他就心花怒放。这种人当个副手还差不多，当宰相……”说到这里他撇嘴摇了摇头。

司马光：“要不再等等？我看他现在还没有凶相毕露。”

“不行，我等不了了！”吕诲说完就揣着奏章走了。他为了写这个奏章，颇费了一番力气，因为到目前为止王安石并没有什么大动作，他的个人私德修养也没有问题，但吕诲愣是找出了王安石的十条罪状来。

他先列出总纲，王安石这个人“外示朴野，中藏巧诈，骄蹇慢上，阴贼害物”，接下来，他凑出了完整的十条罪状，比如说王安石不愿意当官；王安石在给皇帝讲座的时候，还企图坐着讲；王安石有好事都往自己头上揽，坏事则归咎于皇上……

王安石还没有正式公布改革方案，就已经引起了如此的反对狂潮。他的这场改革，一开始就被阴云所笼罩。

那么，这一切是为什么呢？

反对变法的人，不外乎两个目的：第一，不许变，因为反对者都是既得利益者，一旦变法，自己的利益首当其冲遭受损害；第二，变法可以，让我来变，不能让王安石变。王安石要是搞成功了，就青史留名，成为一代伟人，荣华富贵滚滚而来；而我的权势就会受到削弱，其他同僚的面子又往哪里放？

所以大家一听说变法，不分青红皂白，一窝蜂表示反对。

现在，我们应该能够理解，为什么王安石要大规模贬人了吧？不是他心胸狭窄，实在是没办法，干脆快刀斩乱麻，既然顽固的力量这么强大，那不如招募一批新人，把班子来个大换血。

几个月后，朝廷下诏，立淮、浙、江、湖六路均输法，其领导是发运使薛向。这个均输法之所以被第一个提出来，估计是因为王安石感觉这个法规最合理，最能够被反对派们接受。结果，还是捅了马蜂窝。

先解释一下什么叫“均输法”。

那时候，首都是经济政治中心，人口众多，物价昂贵。在宋代，官员比例太高，又喜欢赖在京城，另外，皇帝的内外戚枝枝叶叶不少。这些人都不从事生产劳动，是纯粹的消费者，靠国家养活，所以每年都需要从全国各地征收大量的税，而这种税往往以土特产等实物的形式出现。

这种制度有一个致命的缺陷。古代科技不发达，是纯粹的农业社会，老百姓靠天吃饭，难免有自然灾害影响年成。但朝廷的达官贵人们不会因此减免税收，这就苦了老百姓，勒紧裤腰带也必须把东西定额凑齐。与此同时，有些地方东西太多了，朝廷却不要，造成了巨大的浪费。

均输法就是为了解决这个问题提出来的。可以说，这是宏观调控的萌芽。

均输法的核心是八个字，“徙贵就贱，用近易远”。

用一个例子解释“徙贵就贱”：山东和山西都需要交十万吨粮食，山西歉收了，山东却大丰收，那么山西就不用交十万吨了，有多少交多少，剩下的按市价折钱给发运司，由后者到价格相对便宜的山东购买，既不耽搁大老爷们吃饭，也不为难山西百姓，更为山东粮农解决销售问题，可谓一箭三雕。

而“用近易远”的意思是，在价格和产量等同的情况下，优先选择离京师比较近的地方收购，减少运输损耗和成本。

就这样一个简单的政策，没实行几天，根本看不出好坏，又遭到了莫名其妙的轰炸。

侍御史刘琦、监察御史里行钱颉跳出来说：“薛向是个小人！”这是他们立论的出发点。反对派的思维习惯是，先给人贴个标签，然后再用虚无的、猜测的证据慢慢“论证”。果然，他们接着说：“现在让这样一个小人掌管货泉（即钱财），由他去折腾，难免会去剥夺商人的利益！”

接下来，条例司出了一个“内鬼”——苏辙，时任条例司检详文字。

苏辙引经据典，把汉代桑弘羊也拉了出来。苏辙说："目前这些'聚敛之臣'（开始贴标签了）脑子还没有桑弘羊好使，却敢这样破坏规矩，'唯利是嗜'，这个害处简直用言语难以形容。"

弟弟发言完毕，哥哥苏轼赶紧从卷帙浩繁的公文堆里探出脑袋："弟弟等等我，我来声援你！"

苏轼这次扮演了一个心理学家，他说："均输法这个'八字真言'看起来似乎不错，但是设置了那么多官员，用了那么多钱，民间的生意人怎么办，他们肯定怀疑朝廷要出重手和他们竞争，分析其心理，肯定不敢做生意了。如果你告诉他们，这个机构不和商人争利润，谁信啊？"

面对这些反对之声，神宗一律沉默。

我们可以站在神宗的立场上考虑一下，即便薛向在均输过程中为国家赚取利润，那肯定也是神宗的主意。他志气很高，一直想带兵打到遥远的北方去，一扫前朝的耻辱，只是苦于囊中羞涩，这才三番五次要王安石变法。

没过多久，范仲淹的次子范纯仁从陕西转运副使位子上回来，开始了新一轮的发飙。

回来的第一步，先是汇报工作。

神宗问："陕西那边的城郭、甲兵和粮食储备怎么样？"

范纯仁回答："城堡马马虎虎，甲兵马马虎虎，粮草储备也马马虎虎。"

神宗瞪大了眼睛："我派你到陕西去，以为你是个人才，为什么一律用马马虎虎来应付我？你的父亲范仲淹当年虽然打仗不行，但工作态度还是很可取的，你这工作态度有问题啊。"

范纯仁振振有词："'马马虎虎'你不知道什么意思吗？就是说差不

多，够用就行了。陛下您不要在边境问题上操心了，不要让边将以为您想打仗，今后会带来祸患的。”

范纯仁本职工作没有干好，还反过来教训皇上，世上还有比这更荒谬的事吗？

随后范纯仁也开始攻击新法，他说：“老百姓对新法恨之入骨，心里头怨气很大。”神宗很奇怪，群众反映也太快了吧，新法还没怎么开始，怎么就有怨气了？范纯仁摇头晃脑说：“杜牧所谓‘天下之人不敢言而敢怨’是也！”

又是一个能看穿人心的大师。

除此之外，范纯仁拿出他父亲范仲淹当年“三光”的架势，对朝廷最近发生的事件逐一进行点评：“某人不应该被罢免，给王安石提意见的人应该被召还。”甚至还指名道姓指责他父亲范仲淹的老战友富弼“忧疾过于忧邦”[①]。神宗看他越闹越来劲，就把他的知谏院也给撸掉了。

九月份，顶着重重压力，王安石抛出一颗重磅炸弹——青苗法。

这个法也不是无源之水，古时候有人做过这样的事，其具体的思想就是先把政府储备粮库的粮食换成钱，在青黄不接时，把钱贷给农民，类似于农村小额贷款。当然这个钱也不是白给，丰收后农民要加百分之二十利息还给政府。

后来广义来讲，“青苗法”其实就是个借贷政策，和青苗没有什么直接关系。这样一个民间小额借贷的改革举措，成了争议最大的部分。

一个月后，富弼请求辞去宰相的职务。在临走之前，神宗和他有一次意味深长的对话。

神宗说：“你走之后，谁适合当宰相呢？”

① 即富弼把自己的命看得比国家还重要，成天装病不上班。

富弼推荐了文彦博，神宗沉默。

“王安石怎么样呢？”神宗打破了沉默。

富弼沉默了……

于是就便宜了知枢密院事陈升之。对陈升之而言，这一次升任宰相可谓“一箭双雕”的好事。首先是升官了，成为帝国二把手；其次是“摆脱”了王安石这一伙人。

陈升之走进中书省后，擦了一把冷汗，坐在椅子上大喘气，庆幸自己终于和变法派撇清关系了。这也从一个侧面说明了王安石当时所承受的压力是多么巨大。

陈升之是个没有理想的庸人，变不变法和他关系不大，他只在乎自己的政治前途。他晚年在润州搞房地产，修了一座大宅子，宏大建筑鳞次栉比，池馆长达数百步。唯一美中不足的是，修成之后，陈升之已经病入膏肓，只好让人用轿子抬着登上西楼看了一眼而已。对于这件事，著名科学家沈括捂着嘴巴窃笑，嘲讽陈升之是三不得：居不得、修不得、卖不得。首先，房子修好了，他奄奄一息，只能卧床，所谓“居不得”；其次，既然要归天，也就不再修了，是为“修不得”；最后，现在还没有归天，卖了也不合适，此为“卖不得”。

陈升之上任后的第一件事，就是申请解除在条例司兼任的职务，理由是自己是宰相，不宜再兼任称“司”的官职，为此王安石对他进行了驳斥：“古之六卿，即今之执政，有司马、司徒、司寇、司空，各名一职，何害于理！”

可是陈升之铁了心要脱离王安石，反驳道：“这些理财的事都应该归于三司，我何必都揽过来呢？”王安石勃然大怒，心想：“我们一致努力把你推上去，本指望你在高处声援大家，为变法尽一分力，把反对派揍得落花流水，你倒好，一上来就把自己摘干净，岂有此理！”

因为陈升之有这样一个不光彩的经历，所以读书人给他取了个外号叫作“筌相”。这个高雅的名字来自《庄子》——“筌者所以在鱼，得鱼而忘筌”。“筌”是捕鱼的工具，捕到鱼就把工具扔了，这个工具叫“王安石”。

王安石火速觐见神宗皇帝，要求韩绛接任陈升之的职务。韩绛有个名号，叫作“传法沙门”，对王安石言听计从，当然无障碍。

这些高层人事变动，司马光看在眼里，急在心头。他想到一个办法。最近，他正在主持编修《资治通鉴》，每过一段时间就要去汇报工作，正好借机……想到这里，他露出了欣慰的笑容。

这一天，在迩英阁给皇帝读自己的得意作品《资治通鉴》时，司马光特意选取了一段，意味深长地解释说：“在汉代啊，曹参能够保持萧何的法度不变，所以才保证了长治久安。这个值得我们借鉴！”

他说的这个故事，就是成语“萧规曹随”的由来。

现在司马光靠着自己在历史学上的优势，把这个模范治理的故事拿出来当武器，神宗的心思目前全在变法上，所以一皱眉头，沉吟道：“如果汉朝一直拿着萧何的法令治理国家，可以吗？”

司马光激动了，好像看到了期盼已久的猎物，双眼放光，指手画脚：“当然可以！何止汉代，如果以前的老祖宗一直守着禹、汤、文、武之法，那么我们现在还生活在夏朝呢！”

鼎鼎大名的司马光，七岁就能想出砸缸的主意，竟然用“刻舟求剑”这种低智商来分析治国大政，难道他真是这么愚蠢吗？

非也！其实是因为司马光看变法不顺眼，已经失去了一个学者应该具备的冷静与理性，所以不顾一切抓住历史上的各种例子，来反对变法。

此时的王安石正得势，他在宫里的耳目应该不少，司马光的话肯定很快就传进他的耳朵，可是他太忙了，顾不上对付这些闲言碎语。大概，他觉得把生命浪费在这种虚无缥缈的嘴皮子功夫上没什么意义，所以选择了沉默。

可是他身边的吕惠卿不甘沉默。吕惠卿早就看司马光不顺眼了——司马光这个走路慢吞吞的陕西人，满口都是仁义道德，咬起人来却丝毫不客气。

司马光曾说："福建人阴险狡诈，楚人反复无常。现在朝廷里头两个宰相是福建人，两个参政都是楚人，他们把七大姑八大姨都引进来，朝廷风气能好吗？"

司马光又说："要说王安石奸邪，那是有点过，但是他不懂事理，性格还执拗。"

司马光还说："吕惠卿这小子不是什么好人。将来王安石要是遗臭万年，肯定是因为吕惠卿的缘故。"

"吕惠卿败坏了王安石的名声，使其负谤天下。"这种说法很有市场。之所以这样，是因为王安石不贪财、不好色、不怕死，身上找不到任何可以攻击的地方，于是吕惠卿就成了他的替罪羊。

机智狡黠的苏轼曾经开过一个玩笑，他说："我听人家说，见到君子之后，应该问如何雕人，而不问如何雕木材。有人说：'人还可以雕吗？'我说：'吕惠卿雕王安石！'"言下之意，吕惠卿影响了王安石。苏轼是大才子，开玩笑都是有来历的，他改编的这一段，来自汉代扬雄的文章，原文是："吾闻觌君子者，问铸人，不问铸金。或曰：'人可铸与？'曰：'孔子铸颜渊矣。'"意思是孔子培养了颜渊。

对反对派来说，整个事情表面上来看是这样的：吕惠卿挥动如椽大笔编制法令，王安石对他言听计从，而王安石的意见，神宗从来不反对。难道吕惠卿成了变法的原动力？或者说吕惠卿蛊惑了王安石，王安石继而蛊惑了神宗？

此言差矣！以上的关系只是表面现象，真实状况是这样的：神宗是变法的“第一推动力”，他敦促王安石赶紧变法，把国库塞满才可以打仗，一雪前朝的耻辱。而吕惠卿是王安石的忠实门人，令行禁止，活跃在第一线。

神宗曾经写过一首诗，昭示了他急于求财的心态，诗曰：“五季失图，猃狁孔炽。艺祖造邦，意有惩艾。爰设内府，基以募士。曾孙保之，敢忘厥志。”他用这首诗里面的三十二个字做名字，建了三十二个大库，准备用来放钱，用来“基以募士……敢忘厥志”，完成老祖宗未竟的事业。

鉴于司马光的活跃程度，吕惠卿决定教训他一下。

司马光感到了一股杀气……

三天后，轮到吕惠卿来讲学。

司马光固然知识积累多，但吕惠卿也是饱读诗书之人。当年，吕惠卿得到一代文宗欧阳修的推荐，为了表现出对吕惠卿的赏识，欧阳修是这么说的：“如果吕惠卿今后有什么违法乱纪的行为，我愿意和他一起接受处罚。”

吕惠卿给皇帝举了历朝历代变更法令的例子。《月令》里规定，冬末修改国典以待来年使用；《周令》规定，正月初一开始协调，在宫阙外宣布法令。这是一年一变的情况。唐尧、虞舜“五年修五礼”，《周礼》“十一年修法则”则是几年一变的例子……

当然，还有几十年一变的，也有几百年不变的。就以司马光关于守萧何之法的荒谬言论，我们研究就能发现，萧何一开始约法三章，后来变为九章，这就是“不能自守其法”的例子。再者，汉惠帝和汉文帝废除了一些法令，诸如挟书律、三族罪等，都是萧何之法里存在的，由此可见，汉初并不是单单保守萧何治世之法。

神宗听到吕惠卿的诚实之语，觉得很在理，就把司马光找来问话。

年轻的神宗皇帝并不是单纯想观赏一场辩论赛。他确实想知道，目前这个世界上正确的东西到底是什么：王安石意志坚定、忠心报国，觉得变法势在必行，而且利在千秋；另一边，司马光和富弼这帮人，也号称聪明正直之士，怎么就针尖对麦芒了呢？

司马光快步赶来，见招拆招。他认为，自己也可以靠着心中的“先王之道”击退吕惠卿，可惜他错了，因为他并没有领悟“道”的真谛。他只是以为他自己懂了，所以变得狂热自信。

司马光逐条“批驳”了吕惠卿的理论：“每年在宫阙外公布的，是旧法，谈不上变更；而且周天子到处巡游，看到有诸侯私自改法令的，就讨伐诛杀之，可见法还是不能变。”

这次，司马光并没有提到那个荒谬的“汉守萧何之法”的例子，大约他也意识到难以自圆其说，于是将话头一转，说出更加惊世骇俗的话：“国家就像房屋，瓦漏了就补一下，墙坏了就修修，房梁歪了正一正就是了，千万不要轻易拆掉，就算要拆，也要良材加上良匠，现在一穷二白，还搞什么搞？我担心，晚上连个遮风挡雨的地方都没了。”

吕惠卿正要开口，司马光一挥手打断他，继续滔滔不绝：“为何要设置什么‘置制三司条例司’，宰相以‘治国之道’辅佐君王，何必用什么条例？如果用条例能治国，一个办事的小书吏就好了，要这么多官员干吗？”

此言一出，举座默然。有的是被吓坏了，有的是被气坏了，有的昏昏欲睡盯着地面，有的面露坏笑……

从司马光的发言中我们提炼出两点。

第一，危房是可以长久居住的，所谓新三年，旧三年，缝缝补补又三年，有地震也不用怕。

第二，国家不需要什么法律，关键在于搞好思想建设，回到古代去，用圣人的思想来治国。

说完这些，司马光再次攻击“青苗法”。这一次他又高高在上，用俯视的姿态怜悯那些平民百姓：“这些‘愚民’只知道借钱的好处，而不晓得还钱的痛苦……”

总之在他眼里，新法一无是处，有百害而无一利。他就像个蹩脚的音乐评委，谁都看不上，但他自己也唱得不怎么样。如果你问他怎么办，司马光会说：“我不适合干这个理财的活，我觉得改革也是必要的，但是具体怎么改，我也不知道，因为我是历史专业的。”

在变法几派里，司马光表面上属于“糊涂派”，骨子里却有“面子派”的痕迹，他大约含着嫉妒吧，所以不惜用蹩脚的理由来攻击新法。

此次辩论赛后，眼看就要过年了。神宗想就让吵闹的归吵闹，热闹的归热闹，过年还是要点喜庆气氛的，于是诏令开封府采购办，用官价（也就是低价）购买四千只浙江灯笼。

又有一个不甘寂寞的人——苏轼——站出来了。

上次谈话之后，神宗虽然态度很好，但是对自己就不闻不问了。苏轼有点郁闷，借着采购灯笼的项目，赶紧给神宗写了封信，说这样铺张浪费讨好两宫太后，影响会很恶劣，老百姓会大大的不满。

神宗于是下诏停止采购。

苏轼一看皇帝从谏如流，心下大喜。赶紧熬夜写了七千字的奏章上去，也就是在这个奏章里，苏轼提出了那条古怪的理论：“国家之存亡，在于道德修养的深浅，不在于力量之强弱；王朝之长短，在于风俗的淳厚与浇薄，不在于富与贫……”

在此之后，苏轼接二连三发言，用他的生花妙笔劈杀砍斫之余，文中还包含着不得志的小幽怨。

神宗把这些文章拿给王安石看，王安石笑了笑，说了三句精练的话：“苏轼才学很高；苏轼所学不正；苏轼不得志，是故如此放纵！”

熙宁二年（1069）就这样在争吵中度过了，可是各派人马都没有心思过年，暗暗积攒着力量。

过完年一上班，司马光的好兄弟范镇站出来了。这个人的执拗程度较司马光有过之而无不及，司马光曾经饱含感情说：“我和范镇实际上就是亲兄弟，只不过姓不同而已！”范镇属于标准的“糊涂派”，压根没理解王安石的“青苗法”，就出来示威。

终于，韩琦出手了。

阴云密布的时刻，才真正到来！

第九章 维摩虽病有神通

这封信很有名，体现了王安石的一贯风格，没有像司马光一样旁征博引，企图用学问吓人，也没有像苏轼一样使劲用排比句，华丽飘逸。王安石就是这样，简简单单说事情，把自己的观点表明就结束了，简朴到极致。他的淡定和务实在文字里表露无余。

诗曰：

身如泡沫亦如风，刀割香涂共一空。
宴坐世间观此理，维摩虽病有神通。

这首诗的题目是《读〈维摩经〉有感》，说的是人的身体，就好似泡沫电光，不管是刀割[1]还是用各种化妆品涂抹修饰，其实都是一个“空”。你如果静静去思考，就会发现这个道理，你看人家维摩诘居士，虽然生病了，但还是神通广大、无所不能。

综观王安石的一生，确实保持了这种超然宴坐的禅师风骨，不管外界如何喧哗吵闹，他一直以静制动，安守着内心的宁静……

王安石表现得越宁静，他的反对派们就越加不安。这一次轮到他的老上级，“相三朝，立二帝”的韩琦出马了。韩琦和司马光等人不同，一方面，他资历老，江湖地位高；二是他有基层工作经验，对老百姓的生活有深切体会，这一点是擅长“先天圣贤论”的司马光所不及的。

① 指的是佛祖某一次转世为忍辱仙人时，遭歌利王拿刀砍成十七八块的事。但佛祖表示：虽然你怨恨我，砍我，侮辱我，但我一点都不恨你，一点都不痛苦，因为我已经堪破了人我之相……

韩琦说：“我这次发言，首先来谈谈对‘青苗法’的认识，如果有不当的地方，还请大家批评指正。我认为，青苗法根本的目的在于照顾老百姓，防止那些大地主、兼并之家利用民间借贷盘剥穷人，且对国家税收没有任何好处。现下老百姓借贷一千，需要还一千三，我这个理解对不对？”

韩琦阐述的基本意思没错，神宗点点头。

需要解释的是，青苗法的法定利息是二分，但是后来的研究者不知道怎么算出了四分利息来。理由是每年两次借贷，累积起来就是四分了，可这也讲不通，各自乘上百分之二十相加，也等于相加后乘百分之二十。韩琦这里算出了百分之三十，大概是基于“假令一户请钱一千，纳钱不得过千三百”这样的规定。

接下来韩琦又说：“这个法令本意不错，也强调不能强制执行，但问题是，有钱人家根本不想借，而穷人借了还不起，这就麻烦了。为此政府又规定了一条，让富人和穷人结成对子，要是穷人还不起，就必须由富人来还……这种‘穷富联盟’不是靠百姓亲戚关系自愿结成的，而是地方官员强行指定的，其目的就是为了多收利息钱。”

神宗心里明白，韩琦说得很对，这种强行抑勒的情况，在新法实施初级阶段确实是存在的。

现下我们可以稍微公允地来探讨一下争议最大的“青苗法”了。

在没有新法之前，在青黄不接的时候，穷人只能向富人借贷，这就是民间高利贷。所以青苗法的初衷有两个：首先，富国，让日渐空虚的国库充盈起来；其次，为了让贫穷老百姓的生活水平得到提升。

王安石的本意是这样的：富人本来不缺钱，但他们还依靠高利贷不断从穷人那里盘剥，这就造成了“马太效应”，有钱人愈有钱，穷人愈穷，而且会因此引发一系列社会不稳定因素。

既然穷人难以避免地受到剥削，那不如让国家来做这个事情，一来增加国库收入；二来国家制定的利息比较低，使穷人的生存压力能小一点。这是个“一箭双雕”的好主意。

话说得更明白一点，王安石是代表政府向那些有放贷能力的兼并之家要钱。制度是好的，因为王安石在担任鄞县县令的时候亲自实践过，取得了比较好的效益。但是这个方法推广到全国去，其难度是难以想象的。在具体实施中出现了以下几个问题：

首先是强制抑勒。部分基层官员为了完成政治任务，保住乌纱帽，就大搞“数字政绩”，强行令人借贷，利民政策变成了扰民。这一点王安石本人是承认客观存在的，所以他才反复下文要求不要强制执行，免得群众反感闹事。

其次是实施问题。朝廷好不容易出台了一个政策，让官吏有机会接触大把金钱，而封建官吏的贪婪大家有目共睹，所以一来二去，所谓的“二分”利息，实际上翻了好几倍。

最后，因为新法是在巨大的争议中颁布的，所以不排除一些反对派为了让王安石处于被动地位，故意在实施中做一些手脚，将所有的罪名都安在新法上。毕竟，“利益派”的官僚们都是大地主，王安石此举无疑是断了他们的财路。

综观王安石的所有法令，他并没有在官员选拔和磨勘上有太多着墨，笔者猜测其根本原因在于，他吸取了范仲淹变法失败的教训，不拿同僚开刀，尽量不得罪读书人，希望能以一种潜移默化的形式来改变帝国的利益分配模式，顺便为政府挣点钱。

然而，在封建社会的框架下，王安石再好的“经书”，也会被那些浸淫官场的老油条们念坏。新法之败，败在“不识时务”，它是封建社会自己体内所产生的一个怪胎，和它的政治母体形成了一种悖逆，失败是必然的。

作为反对派，不管是司马光还是苏氏兄弟，他们当然不能穿越到现代，用局外人的眼光来分析“万恶的封建社会”，所以他们所提的反对意见多半是皮毛之见。

首先，反对派们是反对“富国”的，这也是神宗坚决不重用他们的根本原因。反对派们认为，搞经济这种形而下的事情，是低等人干的，所以他们恶狠狠地把条例司的官员们称作“聚敛之臣”，在他们眼里，“义”和“利”完全对立，君子应该舍“利”而取“义”。

其次，先王之法不可更改，改了就是不孝。从司马光的言论里能够看出这一点。

最后，在苏辙、司马光等人看来，天下有富人就有穷人，这是和高山平地一样自然之事，你要搞“共同富裕”，纯粹是吃错了药。他们认为，应该让一部分人先富起来，而且继续富下去。因为有钱人“智识差长，忧深思远”；而穷人一般就比较蠢笨，有了钱就乱花，没钱就“冻馁填沟壑”，这样也不知道悔改。现在要从富人口袋里掏钱给穷人，那是不可能、也是没必要的。

神宗看完韩琦的文件，沉思良久，拿出红笔写了几个大字：“韩琦是个好同志，在地方工作，还在为中央操心。”他还拿给王安石看，絮絮叨叨表示：“青苗法是不是害人了？”

皇帝态度如此，令王安石十分懊恼。面对韩琦的责难，王安石怒不可遏，愤然对其进行了批驳。

可事情并未因此结束。接下来的几天里，神宗的精神是恍惚的，表情是迷茫的，神态是沮丧的，在谈话时，总是不由自主说到韩琦上书一事。

其实一开始变法，王安石就对神宗说过：“变法和打仗是一样的，一开始就没有退路，一定要一条道走到黑，希望皇帝您能坚持。”现在，皇帝的态度这么暧昧，这个状况令王安石忧心如焚，这才刚开始动真章，皇帝就撑不住了，照这个趋势，新法流产也就是眨眼间的事。

于是，王安石“病了”！所谓“称疾不出”，这既算是一种要挟，也算是警告。

按照制度，对于王安石要求回避的请求，朝廷应该有所批复，时任翰林学士的司马光很难不兴奋、不激动。此刻，他已经忘记了士大夫衣冠楚楚的样貌，饱蘸浓墨写了一个自从政以来最痛快犀利的政治文件：

“王安石，现在你看外面乱成一锅粥，所谓‘士夫沸腾，黎民骚动’，你计划撂挑子不干，退避以求自安，从自私的角度来说，你当然无有缺憾，可是你把这个烂摊子留给皇帝，这该怎么办？”

从上述几行字可以看出，司马光的语气是多么快意啊。

王安石真的怒了！他愤然“抗章自辩”，誓与这些落井下石的家伙抗争到底。这吓坏了神宗，他“富国强兵”的梦想再一次占据上风，意识到改革还得依靠王安石，目前离了这位铁腕相公，一切照旧从前，烂摊子没法收拾。

于是神宗也在家里饱蘸浓墨，写了封信：

安石爱卿：

见字如面。

前几天司马光同志起草的奏章我是知道的，但是我没有详细研究，所以其中一些语句可能对你造成了不好的影响和伤害，为此我深表愧疚，负有一定的审查和领导责任。希望你能不计前嫌，再次回到改革阵线上来，帮助我为国家建设尽一份力。

可神宗终究还是在犹豫，也许又是祖宗遗传基因里“异论相搅”的思想在作怪。总之，他还是想重用司马光，树立一个道德楷模，往近了说，能够起到镇痛剂的作用，安抚反对派那些受伤的心灵。往远了说，对全国精神文明建设好处也是不言而喻的——苏轼不是老强调“民风淳朴，国家自然强盛”之类吗？

鉴于司马光目前的地位和立场，王安石自然不会“引狼入室”。他毫不客气地说：“司马光这人表里不一，在皇帝和臣子之间没起到什么好作用，说的都是破坏改革的话，要是把他提起来，那些持不同意见的家伙就有盼头了，所以这件事不能做！”

既然司马光不能参政，那么，安排一个军职大约是可以的吧。神宗想挽留司马光，让他做枢密副使，这是个级别相当高的职位，主抓军事。

司马光一捋胡子，不干。

司马光是这样回答神宗的：“陛下诚能罢制置条例司，追还提举官，不行青苗、助役等法，虽不用臣，臣受赐多矣。”为了表决心，司马光前后九次推辞，直到王安石复出方才了结此事。

感到郁闷的不止司马光，还有韩琦。

韩琦不是个粗俗鲁莽的小官僚[①]。他做事张弛有度、有板有眼，是在蓄势良久之后，方才写奏章发动攻击的。他对自己的战斗力也有一定的信心，这一点我们从神宗的恍惚和犹豫也看得出来。

可韩琦终究失败了，之前那个脑袋长棱角的属下，现在已经成为掌握官员生杀予夺大权的二号人物。庙堂，已非彼时的庙堂……

哀叹一声，韩琦请求“上疏请解河北安抚使，止领大名府一路”，这个举动没别的意思，也就是发泄一下自己的幽怨而已。

① 韩琦三十岁就号称“韩公”，其老成持重可见一斑。

王安石大笔一挥，同意了韩琦的请求。

司马光对新法不满，但又无可奈何，枢密使也不当，要挟失败后心情很不好，回家左思右想，发现了问题的根源所在：皇帝是独一无二、英明正确的，这一点毋庸置疑；皇帝是被王安石所蒙蔽了。所以要打垮新法集团，唯有实施“斩首行动”，射人先射马，将王安石拿下。

这就有了司马光那套著名的“组合拳”，当然这个“著名”是王安石带来的，因为王安石写了回信《答司马光谏议书》，简短利落、铿锵有力，成为千古雄文，因为连带关系，顺便也就带火了司马光。

司马光的这套组合拳是三封信，写得很见功力，大有“毕其功于一役”的决心和信心，大略如下：

介甫同志：

很久没有联络了，你在中书省过得还好吧。算起来呢，咱俩都是老交情了，也都是有身份的读书君子，虽然这段时间闹了一点矛盾，但还不至于上升到阶级斗争层面上。今天给你写信，就是想唠唠心里话。

一直以来，你在朝廷和群众中名声都很大，有人传言说你不起则已，一旦当政马上会政通人和、国泰民安。可是，现在你也主政一年了，为什么骂你的人那么多？你思考过其中的缘由吗？你手下的那些小人当然不会给你讲，他们就等着你失败落魄，等着看笑话呢。

你这个人，可能确实有才华，可就是过于自信了。

为什么这么说呢？你看你现在召集了一批高雅的读书人，干这种聚敛财货的低贱事业，你不知道么，咱们这一行的老祖宗孔夫子是很鄙视这些人的，你要是君子，不该言利，所以无论如何不要谈钱嘛。经济建设那是几百年后的事，对我们这些羞涩的宋朝读书人而言，还是很伤感情的！

另一方面，你的性格上也有点问题，过于刚直，和皇帝谈事情，就好像和朋友聊天一样，有时候还要吵架，你这样让皇家威严何在？依我看，你简直就是活腻了，对“斧钺鼎镬”这些“大规模杀伤性”的东西视若无物。

而你手下的那些人，为了荣华富贵，只会大拍马屁，这是个很危险的信号啊。介甫同志，你现在正站在奸臣的起跑线上，你意识到了吗，赶紧停止你的热身运动吧！

至于前面我起草的那封令你上火的诏书，你就不要追究了，我也是一时着急，出于义愤而已，目的还是敦促你早点出来工作，为领导和组织分忧解难。听说你看了我的文字后怒不可遏。算了，这些事都过去了，就连我不当枢密副使这种小事，我都忘记了。只要你能痛改前非，回到正确的政治道路上来，我们君子队伍举着双手欢迎你！

你看到这封信后，请不要激动地扔在地上踩两脚，如果能和几个君子商量一下，感激不尽！但要注意的是，不要问你手下的那些小人，他们就想攀着你这棵大树往上爬。要是你不变法，他们岂不是无事可做？我们这些君子在你执政时，或许会说几句坏话，但是等你失势之后，我们还是好朋友嘛。可你身边那些人，就不一定了，肯定立马翻脸。

你戴上隐形眼镜看看，到底谁是敌人，谁是朋友！

PS：我知道你是个好人，我说话再难听你也不会害我。

你的朋友司马光

王安石收到这个“老朋友”的来信，不由得会心一笑——司马光终于忍不住了，开始利用私人关系解决工作问题。其实，这种事要是放在一个敏感朝代，是很犯忌讳的，作为一种组织纪律，朝臣之间严禁用信件讨论朝政，不过幸好，这是大宋朝。

史书没有记载，但王安石确实很冷静且有条理地回信了，对新法实施的具体情况做了说明，用一些例子指出，政策确实给百姓带来了好处。

司马光不服，又写了一封劝告信。

王安石回第二封，司马光又写第三封。

到最后，终于有了《答司马光谏议书》的出场。这封信很短，对司马光的疑问做了一个总的答复，具体意思如下：

承蒙您一直以来写信教导我。我认为我们之所以有一些分歧，主要是因为从政主张不同而已，我要是和你强词夺理去争辩，也没什么意义，所以之前就是礼节性的回复。但是反思之后，又觉得你再三写信来，出于尊重，我就不该再草率从事。

读书人所争斗不息者，唯“名”和“实”二字。现在你来信，给在下列出了几条，分别是越权、生事、搜刮钱财、拒绝批评，因此招致天下人的怨恨诽谤。

我的观点是这样的：受天子委托研究法令的制定和修订，算不上越权；推行先王之政，兴利除弊，不能说是生事；为国家理财，也不是搜刮；和那些守旧的错误说法作斗争，我觉得也不是刚愎自用。至于那些反对的声音，我早就料到了。士大夫们习惯于得过且过、随波逐流也不是一两天了，我受皇帝之命来改变现状，他们大吵大闹也在意料之中……

王安石在最后，针对司马光信里的“盘庚迁都”问题进行了简短分析，表明了自己的立场。

这封信很有名，体现了王安石的一贯风格，没有像司马光一样旁征博引，企图用学问吓人，也没有像苏轼一样使劲用排比句，华丽飘逸。王安石就是这样，简简单单说事情，把自己的观点表明就结束了，简朴到极致。他的淡定和务实在文字里表露无遗。

王安石的确淡定了，司马光却气急了。

这不是一般的愤怒。两人过招几次，司马光已经使尽了浑身解数，却丝毫不能伤害内力深厚稳如泰山的王安石，我们可以想象他的沮丧和恼怒：王安石的理智就是对自己的蔑视，要不是双方实力差距太大，他不会这样托大。

其实，王安石是太忙了。

如果你实在想象不出司马光这个老实人气急败坏的样子，或许下面的文字会给你一些启示。

“王安石首倡邪恶之术，想要毁坏民生，轻易改变祖宗法典，此人学术不正、言语虚伪，绝非良臣，而是个民贼！……他文饰奸言，也就会一些小人辩论，把他的亲信都安排在京城周围，并且委以重任，这样做的目的，就是要‘窥伺神器’，他专制跋扈，天下人都被吓坏了！”

这就是司马光，在几天前的信里还假惺惺和王安石套近乎，称王安石是君子，说荆公“君子宽大之德过人远甚也”，说自己收到王安石的回信感激得都快流泪了，半夜激动得睡不着。

可是这一转脸，王安石马上就成了臭不可闻的屎壳郎，成了王莽一类的大奸臣，此事甚至上升到了“窥伺神器”的程度——这可是造反的罪啊！

当然在最后，司马光还是不忘恶狠狠地自我表扬，说：“我自己既然干的是谏官这个活，决不会为了自己的荣宠来附和谁。我身为朝臣，就是要帮皇帝您捉虫，就必须为国捐躯，您也不要表扬我，我天生就这么高尚。至于我和王安石，那是‘冰与火’‘寒与暑’的不共戴天、逻辑互斥的关系，有他没我，有我没他！今天我说了很多不中听的话，皇上您要是一不高兴，把我贬斥出去，甚至是把我大卸八块，我也死而无憾！”

最后，司马光还不忘嘟囔一句：“这也比今后死在那些‘贼臣’之手要强！”

“贼臣”是谁，意思很明显了。

这场书信风波过去没多久，就到了科举考试的时候了，全国的读书人都聚集京城。

可今年的情况有点特殊，难的不是考题，也不是文风，而是政治上的“站队”问题。目前朝廷分了左、右两派，读书人写文章之前就必须琢磨清楚，自己是应该站在激进的“左派”角度说话，还是应该赞同守旧的“右派”。这令读书人抓耳挠腮、无所适从。

但是临到考场那一刻，立场是必须有的，这就是一场赌博。

有的考生看主考官是吕惠卿，就很放心地拥护改革。比如说有个叫叶祖洽的，就在策论里写道：“本朝祖宗多行因循守旧之政治，陛下即位之后，改革而使朝政焕然一新！”这名考生的懂事和支持让吕惠卿激动不已，当即擢升在一等。

可是等到同知太常礼院刘攽复查时，将这个结果完全推翻。原因很简单，刘攽和苏轼是一派的。

刘攽在政治上虽然无所成就，但此人有一个特点，那就是特别幽默，有一股子知识分子的诙谐劲，所以苏轼很喜欢他。

曾经有一次，曾布和吕嘉问[①]争论市易，王安石支持吕嘉问，于是曾布不得不面对到地方任职的尴尬局面。这个处理结果还没出来时，有人问刘攽这二人谁上谁下，刘攽笑道："曾子避席。"对方又问："吕嘉问呢？"他答："望之俨然！"

不要小看这个简单的问答，古代读书人的智慧可都包含其中。"曾子避席"从字面讲，表示曾布离开中央。此语出自《孝经》，说的是当老师给学生说话时，学生一定要离开原处，到老师对面恭敬地坐下听讲。而"望之俨然"出自《论语》，巧的是，吕嘉问字"望之"，所以意思是他屹然不动。

又比如，据司马光记载，刘攽有一次神秘兮兮地去找王安石，说他找到了一个创造万亩良田的方法，那就是把水泊梁山的水放干了，就可以种田。王安石点点头说："好主意啊！不过，这些水放到哪儿去比较合适呢？"刘攽一脸坏笑："再挖一个大坑不就得了？"王安石哑然失笑。

这个事例出台的背景是，当时王安石实施了"农田水利法"，有一项工作是"淤田"——利用河水带来的泥沙冲刷盐碱地，使其变成良田，从而增产。作为保守派的好战友，刘攽这个笑话就是用来讽刺"淤田"的。

还有一次，刘攽去拜见王安石，正赶上吃饭，王安石没有出来。刘攽看到桌子上有一张稿纸，上面写的是军事学论文，刘攽脑子很好，看了两遍就记住了，于是放回原处。等王安石吃完饭回来，两人开始闲聊。刘攽告诉王安石，他最近正在研究军事学，写了一篇文章，于是就把王安石的原文背了下来。王安石脸色当时就变了，拿起稿纸若无其事

---

① 保守派吕公弼的孙辈，因为背叛了自己的家族立场，被指斥为"家贼"。

地撕掉。

除此之外，还有很多故事可以说明刘攽的小聪明，虽然真假莫辨，但是足以说明此人活得还算有趣味，有一种活泼的人性，比那些固执的人要强多了。

在刘攽的问题上已经走得太远了。现在，我们回到潜流涌动的朝廷吧。

鉴于以吕惠卿和刘攽为首的各位考官在考生成绩上的巨大分歧，神宗皇帝不得不亲自出面摆平这件事。毫无疑问，王安石又赢了，神宗依照吕惠卿的意思，钦点叶祖洽为状元。该同学在历史上没留下什么巨大功勋，但名声也不好[①]，江湖人士都鄙视他，说他善于投机，所以有个外号叫“小训狐”。

也就是这个阶段，神宗皇帝在一次谈话中，和王安石说起了“三个不足”论。

神宗说：“最近听外面人说，你执政时间虽然不长，但是理论成果很丰富，已经提出了一个理论体系叫作‘三个不足’，还准备在全体官员中大搞学习之风，具体来说就是‘天变不足惧，人言不足恤，祖宗之法不足守’，是不是？”

王安石也很惊讶：“这个是谁提出来的，太反动了！”接着又说：“陛下您躬亲庶政，唯恐做得不好，难道不是害怕上天给人民降灾？您事无大小，采纳人言，何来‘不恤’之说。当然现在有些人很坏，他们的话倒未必一定得听。至于祖宗之法，先皇仁宗在位四十年，也变了好几次，这又是何故呢？”

王安石是个诚实的人，这个“三个不足”的理论确实不是他的创

① 大概是因为他仕途的第一脚就站在了改革者一边。

造，他每天忙于新法改革的具体实施，没有闲工夫搞这个。这个理论其实是司马光一伙炮制出来的，目的就是惊世骇俗，让王安石成为众矢之的。

也就在这个理论体系出现之前，司马光以翰林学士的身份主持考试，给那些谋求“馆职”的人出了一道题：“现在有人发议论，说天地与人了不相关，自然灾害皆有常数，不用畏忌；又说祖宗之法未必完善，能改就改，不足循守；还说庸人都喜欢因循守旧而害怕改革，他们的话直接可以‘作屁处理’。现在‘愿闻所以辩之’，大家畅所欲言吧！”

可是，反对派们失望了。

神宗皇帝看到这个敏感的命题，觉得肯定影响团结，就叫人用纸盖上，让翰林学士们另出题目。

没几天，御史中丞吕公著罢免，然后，参知政事赵抃罢免。

吕公著的罢免有点滑稽，因为他打不过王安石，无奈之下出了个馊主意，把神宗拉到一边，神神秘秘地说：“了不得了，朝廷压制韩琦过于厉害，老前辈们火气很大，计划效仿春秋晋国的赵鞅‘兴晋阳之甲’，来清理君王身边的小人！”

吕公著看来是气疯了，难道他不知道这样会害死韩琦吗？

自古以来，“清君侧”是大部分反贼最有力的舆论工具。安禄山用过，朱棣也用过，如果韩琦要用，脑袋就会搬家。还好神宗并没有追究。但是王安石怒了，把吕公著赶出了朝廷。

改革大车目前虽然行动受阻，但吱吱呀呀在爬坡，一切都还好。

遗憾的是，革命形势并不会随着激情澎湃而变得一片大好。出发不久后，一个倒霉蛋出现在我们的视野中。这是一个“资深”倒霉蛋，身上挂满了鸡蛋壳和西红柿，满含幽怨站在路边。之所以说他资深还有一个原因，李定，字资深。

李定早年间和王安石就有交情，后来被人推荐进京述职，先见了谏官李常。李常问他："你从南方过来，那边群众对青苗法的评价如何？"李定长期在地方，哪里知道高层斗争的阴险激烈，就直愣愣回答："还不错，老百姓反响很好，方便快捷。"

此话一出，李常顿时剧烈咳嗽。他一边咳嗽一边示意李定住口，提醒这个不知轻重的家伙："现在满朝官员都在议论这个事情，你到外面见了人，可别这么说，否则前途凶险！"

李定没有被吓到，等见到王安石，还是坚持自己的观点："我就说了一句实话，有人就叫我闭嘴。难道京师里不能说青苗法的好话了吗？"

王安石的黑脸迅速变红，握着李定的手激动不已，并且迅速上报神宗："我已经找到人证，足以说明青苗法的有效性！"

就这样，李定迅速发达，红红火火往上升，等待他的是一个叫"知谏院"的职务。这个位置简直称得上是一座金矿，不但掌握着朝廷的话语权，左右舆论风向，而且还很能出人才，无数前辈的履历都写着这样一项：早年在谏院（或者御史台）工作，将大贪官、奸臣某某拉下马，把某渎职者赶出朝廷……从这里我们也可以看出，王安石此举也是用心良苦，好不容易发现一个支持者，赶紧放到关键位置培养，给改革制造一点人气。

没有例外，李定的新任命遭到了秘书班子剧烈反对，宋敏求、苏颂、李大临这三位知制诰行使特权，封还诏书，于是被王安石赶出秘书班子。因为他们敢于和"邪恶势力"王安石作斗争，也有了个响亮的称号"熙宁三舍人"。

反对派们没有闲着，继续搜集李定的劣迹。

世上没有不透风的墙，也没有无懈可击的人格。很快，在对手强大的搜索引擎下，李定的陈年往事迅速被扒了出来，其中有一个细节引起了大家的高度重视：在担任泾县主簿期间，他的母亲仇氏去世，李定并没有按照规定上报，也没有因此守孝三年。

这下问题大了。

“孝”乃封建社会基本国策，是统治阶级愚弄老百姓的重要武器，于是李定这个事件迅速被放大，不少人参与了弹劾。下诏给有关部门调查，结果显示：“李定确实曾经离职，但理由是父亲年老需要照顾，并没有提为母守孝的事。”

对这件事，李定的解释是：“因为不能确定仇氏是不是自己的亲生母亲，所以一直在怀疑，没有上报，只能以父亲年迈为由解官。”

对于这个大新闻，不甘寂寞的人不在少数，比如苏轼，公务之余还要写一些诗抒发哀怨。

苏轼有个好朋友叫佛印和尚，两人经常斗嘴戏谑。苏轼说：“你看古诗里‘僧’和‘鸟’都是相对的，例如，‘鸟宿池边树，僧敲月下门’。”佛印哈哈一笑：“是啊，所以现在我这个‘僧’和‘你’相对而坐！’”

苏轼说自己参禅参得好：“稽首天中天，毫光照大千。八风吹不动，端坐紫金莲……”佛印给他批阅：“放屁。”等苏轼怒气冲冲赶来辩理，佛印又是哈哈坏笑：“你小子是，八风吹不动，一屁过江来！”

苏轼问佛印：“你静坐时看我是什么？”佛印曰：“看你是佛！”这次，轮到苏轼哈哈大笑了：“我看你这和尚是一坨屎！”佛印默默不语。很久之后有人告诉苏轼：“静坐时所看到的，其实是自己的倒影，所以你才是一坨屎！”

之所以说这么多，是要交代下面的情况——佛印和李定是同母异父的兄弟。

苏轼之所以不甘寂寞，大概也和佛印有点关系。

当时有一个人叫朱寿昌，小时候和母亲走散，音讯全无。他长大以后当了官，看到别人都有妈妈可以孝敬，深深体会到“子欲养而亲不待”的悲凉，这种悲凉久久不能排遣。最后，索性挂冠而去，走遍天下寻找母亲。

朱寿昌的意志力和勇气都是极为罕见的，为了表示虔诚，他效仿古代高僧刺血写经书，以感动上天。朱寿昌这一招还真奏效了，熙宁初年，穿过茫茫人海，居然和母亲在同州相遇了！

这个大圆满的结局迅速传遍了大宋朝，读书人纷纷赋诗咏叹，苏轼自然也参与了这项活动，写了一首诗道：“感君离合我酸辛，此事今无古或闻。”

事情就麻烦在这个“此事今无”。

严格来说，苏轼不是个坏人，但他自恃聪明，经常在诗文里暗含讽喻，搞得多了，大家都知道他永远是话里有话。他一辈子就栽在这种事上。现在这句“此事今无”，就是在借朱寿昌的事情，讽刺李定没有丁母忧，言下之意，是李定带坏了社会风气。

关于李定有没有“丁母忧”的事，最终的处理还是和稀泥。神宗把李定留在中央，只不过没入知谏院，以集贤校理、检正中书吏房公事。

熙宁三年（1070）七月，又一个人物出场。此人是个小人物，不过，他投机的目的比任何人都要明确。其实在政治活动中，每个清白的人物都难免包藏一点私心，吕惠卿肯定也有附和王安石的心思，但远不如这个人来得赤裸和功利。

唐坰，一个勇敢的官场裸奔者。

唐坰依靠祖荫当了个小官。经过对目前局势的观察和研究，他果断地给神宗写了一封信，有这么几句：“可怜的秦二世之所以受制于赵高，乃是因为他自己太过软弱，并不是赵高有多强悍。”在信里他又说：“青苗法一直未能实施，应该斩掉几个硬脖子的老顽固，比如韩琦这样的。”

前一句话神宗很喜欢听，所谓“神宗悦其言”。为什么呢？这就要深入剖析神宗心态了——随着执政时间的增长，神宗越来越成熟。他清楚地认识到，自己才是一国之君，国家的事情应该是自己说了算。

现在神宗看起来好像一个傀儡，对王安石言听计从，其实是有原因的：第一，他需要王安石丰富的政治经验，帮助自己治国；第二，王安石是安全的，私德没有任何问题，不会为自己牟利或篡权；第三，王安石是个很好的黑脸、挡箭牌，得罪人的事让王安石这头黑脸犟牛去干，自己幕后操纵便可。

从某种意义上来说，神宗是在“利用”王安石，后来王安石被丑化和被泼脏水，神宗负有一定的责任。

对于这一点，还是朱熹看得明白，他说：“神宗学会了王安石的伎俩，就不需要他了……”

可怜王安石，单纯而彪悍的王安石。

再说唐坰，他的第二句话很铁腕，说得王安石心里暖烘烘的，以为比李定更坚定更奔放的改革者登场了，打算重用。

唐坰的文章换来了皇帝和王安石的青睐，前途似乎一片大好。然而，历史经验和人生经验都告诉我们，急功近利不是件好事。同时我们知道，一件事如果出发点是错的，很难有好的结果。

唐坰很快就背叛了王安石。

王安石先是安排唐坰当了太子中允，后来唐坰又有一个机会当谏官，王安石没有同意。唐坰勃然大怒，内心极为怨恨。他认为，既然变法派这边容不下自己，那不如就叛逃吧！他找了一个绝佳的机会，准备大闹一场。

这一天，官员们一起朝见神宗，人很齐，也很热闹，唐埛分开人群冲上去，雄赳赳趴下：“臣有本要奏！”神宗说：改天吧。唐埛不肯，坚持伏地不起：“臣所要奏的，乃是大臣不法之事，请允许我一一陈述！”

接下来，唐埛怒发冲冠，猛回头，声色俱厉地说：“王安石近御坐，听札子！”

王安石疑惑地看看左右，还是走上前去，唐埛拿出小抄来，朗声读诵，凡六十六条，轰炸了一大片：“安石专作威福，曾布等表里擅权，天下但知惮安石威权，不复知有陛下。文彦博、冯京知而不敢言。王珪曲事安石，无异厮仆……”

在高级会议上这样讲话，实在有失体统，神宗挥手制止唐埛不要继续说下去了，可是唐埛好像刚充完电，动能十分强劲，唾沫星子根本止不住：“元绛、薛向、陈绎，安石颐指气使，无异家奴。张琥、李定为安石爪牙，台官张商英乃安石鹰犬。逆意者虽贤为不肖，附己者虽不肖为贤。”唐埛一边说，一边瞪着血红的眼珠子看王珪，后者被吓得连连后退。

说完，唐埛磕了个头，起身拂袖而去。

看起来，似乎唐埛这个人很有风骨，也够勇猛，酣畅淋漓、正义凛然。

可是错了！唐埛是小人中的小人，他这番表演乃是刻意为之，我们来看看内幕吧……

那一夜，闷热枯燥，唐埛无心读书，摇着蒲扇翘着二郎腿，企图从背后的青砖墙里多体会几分凉意。他貌似悠闲地挠着小腿，内心却焦躁不安：“怎么办呢？王安石阻碍我升职，我给皇帝写了二十份政治主张都是泥牛入海，照这样下去，我什么时候才能出头呢？”

这时，身边嗡嗡飞过的萤火虫忽然令他灵光一闪——不如，剑走偏锋？

为了保险起见，他想起了一个在江湖上稍有名气的朋友，简单来说，是个算命先生。那么，就请他来为此次政治投机卜一卦吧。

他的这个卦，不是六爻，不是抽签，也不是拆八字，而是卦影——用图画的形式来隐喻所占卜之事。唐坰这一卦画的是一个人穿着金紫之衣，手里挽着弓箭，不远处是一只被射死的鸡。

该卦象让唐坰心花怒放："哈哈，王安石生于辛酉年，就是这画里被射死的鸡，我要是射死他，就会升任高官——穿上金紫之衣，前途之美妙不可言说啊！"于是他放胆出手，才有了上面那场闹剧。

最后，唐坰投机失败被贬，改监广州军资库，后徙吉州酒税，在任上死去。

据说刚开始，唐坰一直不明白，莫非封建迷信真的不可靠，卦算得不准，我怎么会被处理呢？转念又安慰自己，也许以后还有机会东山再起吧。

就这样一直挨到临死前，唐坰这才恍然大悟——原来自己也属鸡，被射死的那只鸡就是自己。

在这里，我们需要讨论一下王安石手下的"小人"们。

根据反对派们描述，在王安石身边环绕的只有两类人：一是野心勃勃、目露凶光的野心家，以吕惠卿为代表；另一类是流着哈喇子的拍马屁专家，比如下面这几位。

有个叫程师孟的人，非常仰慕王安石的为人和才学，有一天就找上门去，十分虔诚道："老师您以文章而名闻天下，和您生活在一个时代，真是我的荣幸，所以希望您能够给我写一篇墓志铭。"

王安石以为程师孟是在为他的先人求墓志铭，就问道："你父亲生前是什么官？我考虑一下怎么写。”

程先生的回答让王安石吃了一惊：“我不是给先人求，我是考虑到不能一直在您身边，所以想让您的如椽大笔，写一篇雄奇的墓志铭给我自己，待我归天之后，就直接可以刻了。”

因为这个可耻的拍马屁传闻，官场上的人都来耻笑程师孟，大家都看不起他。他后来去洪州，自己建了一间静室，非常欢喜，每天都要过去待一会，写诗道：“每日更忙须一到，夜深常见点灯来。”有人讽刺说：“这说的是上厕所的诗！”

另有一个叫张安国的人，当王安石唯一的儿子王雱英年早逝后，此人在灵堂匍匐着哭诉说：“您[①]一直没有儿子，现在夫人有孕，我真想死了投胎当您儿子啊！”

以上这两则传闻被文人们丑化后，变成两句诗：“程师孟生求速死，张安国死愿托生。”张安国或许是真的拍马屁，但奇怪的是，据程师孟的资料显示似乎是个很不错的人，有胆有识、求真务实，不像是趋炎附势之徒。

其实，求墓志铭对古人来说也不算什么，比如韩琦死后，读书人都“泫然而叹”，感慨上天太不公平，让韩公的亲密战友欧阳修先去世了，没留下他给韩公作墓志铭。但是，就因为程师孟求的是王安石的文章，这件事就被反对派拿出来攻击。

再有光禄卿巩申。王安石后来当上了宰相，等到生日这天，大家都来献诗祝寿，或者请僧道诵经祝福。这个巩申不擅长写诗，也不会诵经，就带了两笼子的鸟雀过来，现场掀开笼子放生，每放一只，他都磕头祝寿道：“愿公能活一百二十岁！”

---

① 指王雱。

正巧这段时间，在边塞地方发生了一则轰动一时的新闻：有个官员的老婆病了，他手下的虞候（侍从官）就效仿孝子行径，割下自己的肉给长官的夫人治病。

读书人好嘲讽的毛病又发作了，将两件事结合起来，写了一联诗：“虞候为县君割股，大卿为丞相放生。”

不可否认的是，在任何时候，投机者、拍马者都是不会缺席的，王安石身边肯定围绕着这样一些人，为了种种目的来到他身边，希图走一条终南捷径。但是，同时我们应该意识到，因为最终的史书是由代表反对派的人来完成的，所以他们肯定会戴着有色眼镜来诊断王安石身边的人。

比如“放生祝寿”这件事，如果发生在苏轼和他的朋友们身上，文人们会风雅一笑，用轻松的笔触记录，以彰显苏门学士的不群和个性。

反对派们的攻击是意料之中的。可是渐渐地，变法派内部也出现了不和谐的声音……

第十章 拔剑四顾心茫然

王安石根本不畏惧这一套，他认为：上天能提什么意见呢？这只是自然现象而已。但在那个时代里，他不能旗帜鲜明地破除迷信，与根深蒂固的迷信思想对着干，只好违心地说：“华山的灾异，或许是为小人而发，和市易务没什么关系。这个机构本来就是抑制兼并的，对官府有什么利益呢？”

皇帝或者宰相，作为封建社会的统治阶层，掌管着天下百姓的福祉。所以经常造成一种误解，所谓天子“金口玉言”，宰相也是说一不二。其实这个问题要一分为二去研究。有些时候，皇帝会被别人挟制，比如一些末帝，只是傀儡而已；有的时候，宰相会被谏官弹劾得狗血淋头，惨然离场。

对宰相王安石而言，这是最艰难的一段时期，身边所谓的“君子”们不屑与他为伍，个个都以跳出来骂他为荣，哪个骂得越狠，似乎就越高尚。比如有个叫陈瓘的家伙公然宣称：“一般读书人，如果你知道王安石的一分错误，你就是一分好人；如果你知道王安石的十分错误，你就是十分好人！”

这是多么无耻的结论，一点都不懂辩证法。

以唐坰为代表的很多人，极力讨伐王安石，说他一手遮天，引进了很多小人来，把朝廷搞得乌烟瘴气、群魔乱舞。可实际上，我们看到的情况是，司马光过得不错，还有长胖的趋势，他的朋友们也没有因为辱骂王安石而被打击——贬官，只是为了给改革清理道路，否则会寸步难行。

所以说，王安石对反对派还是比较厚道的，所以反对派们才会如此活跃。

熙宁三年（1070）九月，一个叫陆佃的人来到京城参加科举考试。之前此人跟王安石学过经书，所以顺道来拜访一下。在陆佃的心里，此时的王安石已经不同往日，除了位高权重，似乎还有点别的……

见面后，王安石自然问起了新法在基层的实施状况。这是他最关心的问题，旁人的议论不重要，老百姓的评价才是最要紧的。陆佃说：“新法不是不好，但是推行起来变味了，所以反而对老百姓构成了干扰。”

王安石悚然变了脸色，皱起眉头，语气深沉道：“怎么会这样？我和吕惠卿商量一下吧！”这时陆佃也变了脸色，似乎遇到了什么奇怪的事情。王安石问他，陆佃老实回答：“我现在看你听取善意的建议，完全是一副从善如流的样子，和江湖传言的刚愎自用完全不一样啊。”

确实如此，神宗有一次问一个人：“你觉得王安石如何？”

此人回答：“王安石倒是不错，就是太吝啬了！”

神宗很奇怪：“此话怎么讲呢？据我所知，王安石并非贪财之人啊。”

此人咧嘴一笑，狡猾地说：“他就是吝啬，吝于改过，有了错误老是不改正，这也是一种小气嘛！”

因为这些流言，所以社会上把王安石都看作独断专行的权臣典范。现在面对陆佃的疑惑，王安石宽容一笑：“我不是那种拒绝规劝的人，只不过世上俗人太多，邪说横行无忌，我懒得理他们罢了。”

一个月以后，发生了两件事：一是来了个新人投奔变法派；二是保守派的老人范镇退休了。刚好是一个新老交替的过程。

一来二去，变法派似乎实力大增，可是王安石心中的苍凉，又有谁能理解呢？

来的人叫邓绾，成都人，他此次进京不是参加考试，而是坐专车来答辩的[①]。事情起源于不久前他向朝廷所上的时政奏疏。在上面，他满怀热情地写道："陛下得到伊尹和姜太公这样的良臣，制定青苗、免役法等，百姓都是欢欣鼓舞，就我在宁州所见，一路[②]皆是如此。所以不要因为一些无用的言论而改动新法，让我们坚定信念，将正义的事业进行到底！"

毫无疑问，邓绾是来政治投机的，但是被人攻击的王安石偶然得到某种安慰，纵然知道有水分，还是开心不已，立即推荐邓绾进京面圣。

神宗问邓绾："你认识王安石吗？"邓绾回答："不认识！"神宗说："王安石就是当今的古人啊！"须知，彼时大家都以古为美，所以神宗对王安石的这番评价算是极高的了。然后又聊起了吕惠卿，邓绾依然是装傻，说自己不认识这位变法大神。于是神宗评论道："今之贤人也！"

答辩完毕之后，邓绾被任命为宁州知州——升了一级。这里很奇怪，按照王安石的风格，肯定会留邓绾在京城工作的。那么，这次为什么反常呢？原来，当时王安石正在斋戒，没有办公。这个决定出自陈升之和冯京。

邓绾听到自己升任知州的消息后非常生气，于是到处发牢骚："用专车急忙把我接来，难道还让我回宁州？"其潜台词是："我冒了这么大的政治风险来投机，难道就是为了见皇帝一面，然后升一级？"

听了牢骚的旁人问："你觉得你应该当什么官？"

---

①"驿召对"：坐驿车应召进京。

②"路"在宋朝是一种行政区域名，相当于明清的"省"。

邓绾自信满满说："至少应该是馆职一类的。"那人说："难道是谏官？"邓绾笑着点头："不错，我当谏官是最合适的！"

这从一个侧面反映了谏官和京官的地位——宁愿不当知州，也要在皇帝身边混个脸熟。

果不其然，王安石结束他的斋戒后，看到邓绾遭到如此待遇，估计是做了一些工作，第二天邓绾就成了集贤校理、检正中书孔目房公事。在京城的老乡听说后，有些人就看不起这种投机行为，笑骂邓绾。邓绾倒是"大度"，哈哈大笑，说了一句千古名言："笑骂从汝，好官我自为之！"

此话一出，震惊寰宇，和《三国演义》中曹操所说"宁可我负天下人，不可天下人负我"一样，共同成为明哲保身、以自我为中心的经典语录。

王安石估计也听到过这句话，但他也只能苦笑：没办法，"君子"们都不屑于干变法这件事，我就只能用一些"小人"了，哪怕他是来投机的，只要能为我所用就可以了。

也就是在这个月末，范镇光荣致仕。实事求是地说，范镇不是坏人，也没那么多歪心眼，他的原则只有一个："旧的就是好的，谁变谁就是坏人！"

范镇在他的辞职报告里写了几条退休的理由：第一，自己身为翰林学士，说话跟蚊子一样，根本无人理会，还不如回家养老；第二，他举荐的苏轼和孔文仲没有得到重用，这让自己很没面子；第三，新法害人不浅，而新人如李定之类，都很难称之为人了（坏人伦，逆天理），居然在朝廷还混得不错。

然后范镇说："我待不下去了，所以我干脆静悄悄地走开。"

最后，范镇顺理成章，又开始了对青苗法的攻击。这可把王安石给气坏了。于是，在王安石的指示下，中书舍人对范镇的回击[①]，也是辛辣无比，火药味十足。

范镇拿到制辞后，找了几个朋友在家里欣赏，他指着其中一句“材无称职之能”，解释说：“这句话安在某人身上是最合适的！”[②]又指着另一句“内有怀利之实”哑然失笑：“这个说的不就是某人他自己吗？”

朋友们哈哈一笑。某人者，王安石也！

范镇此去，再也没有回到朝廷。七十九岁那年，他的好朋友司马光当了宰相，要他进京一起共享富贵、发挥余热。范镇婉言拒绝道：“自己六十四岁退休，七十九岁又去当官，哪有这个道理呢？”

范镇还算一个有骨气的士大夫，只不过过于迂阔，把自己立身治世的原则建立在虚无缥缈的原则上，因为基础的荒谬性，导致了行为的失常，所以就被别人看成了老顽固。不过在他的内心世界里，应该是满意的，至少他坚持了自己。

所以王安石和范镇其实是一类人，他们都坚守内心，只不过走向了不同的方向。

就这样，范镇因为一次原本普通的退休事件闻名于世，天下人都知道他胆气粗壮，不是一般战士，不由给他竖起了大拇指。

这让苏轼十分眼馋，什么时候自己也能达到范镇的程度呢？于是，苏轼就揣着一壶好酒去找范镇讨教。他无比敬佩地举起酒杯说：“您老人家虽然退休了，但是名声大振，天下谁人不知道！”范镇却没有接受他的马屁，忧心忡忡道：“天下人受苦，我自己却享受虚名，你觉得我会快乐？”

---

① 也就是下发的官员致仕制辞。

② “某披襟当之矣。”

苏轼的笑容僵在了脸上。

这就是境界的差距，和智力、知识都没有关系。

范镇走后不久，还有很多人为变法唱反调。饶是如此，改革的大车依然在往前缓慢地爬着坡。

是年十二月，朝廷连着推出两条法令：保甲法和免役法。而就在十二月十一日，王安石升任宰相。

所谓保甲法，有点全民皆兵的意思，老百姓自己结成保，负责一路的治安工作。王安石为何对社会治安有如此大的兴趣呢？主要是因为当时冗兵现象已经十分严重，部队臃肿低效。而这一切都源于太祖最初的想法，招兵并不是单纯为了打仗，在饥荒年间反而要多招一些人养起来，免得他们落草为寇，走上造反的道路。

王安石的保甲法只是第一步，如果能够顺利实施，形成良好的社会安全网络，自然就不怕有人啸聚闹事，也就在一定程度上削弱了裁军所带来的危险，等这些人慢慢练好了武功，一些战斗力强的人便可以参军，这样一来二去，就完成了部队人员的替换，起到了优胜劣汰的作用。这就是用训练的保兵替代募兵的思想。

和往常一样，法令一出，传言四起。首先是百姓们慌了神，他们认为：朝廷现在练兵是为了派大家到前线打仗。一听这消息，百姓们摸惯了锄头的手不由颤抖起来，于是全家抱头痛哭，一边干号一边大骂新法。除此之外，还有些狠角色不惜自残，砍了自己的小指头，把自己制造成残疾人来逃避练兵。

这些消息让神宗有所动摇。他对王安石说："如果真到了砍自己手指的地步，不如就先缓一缓？"

王安石摇摇头，告诉皇帝，自古以来做事情，哪有轻而易举就令天下人行动如一的？老百姓就是需要用律法来约束和指导，否则设置这些政府机构干什么？

事实上，经过调查发现，所谓的“自残断指”，逃避站岗放哨之说纯属子虚乌有，其实是在家里干活意外受伤。

但这只是一般人的看法，保守派的旗帜人物司马光就不这样认为。只要王安石赞成的，司马光就一律反对，而且他总是能够找出貌似合理的理由。

看看他是如何评价保甲法的：“老百姓已经久不知兵，安安稳稳过日子，现在却要成天穿着军装练习军体拳和劈杀操，村里的老头子们都觉得不吉祥！”

司马光在多年后的《乞罢保甲状》里继续絮絮叨叨：“如果说练兵是为了治安，用不了这么多的；如果是为了打仗，我觉得你是在开玩笑。我们的敌人都是凶猛野蛮的职业战争贩子，收拾这些乡勇民兵，不费吹灰之力！”

当时让司马光当枢密（副）使，他坚决不干。现在看来，他是真的不了解当时部队的状况。当时那些所谓的职业军人，未必打得过种庄稼的农民。更具讽刺意味的是，司马光说天下人久不知兵，过得悠哉游哉。然而，如果我们回顾历史就会发现，就在不远的将来，大宋朝将会因为这个“不知兵”而招致灭顶之灾。

彼时，当大宋的官员们仓皇南渡之时，不知道是不是有一个人能够站出来，用道德文章抵御强敌；不知道，在兵荒马乱之际，是否会有人想起曾经那位叫王安石的人，他创立的保甲法有可能避免这一切。

任何个人的悲哀，都是时代悲剧的协奏曲。

至于另一条法令免役法，其核心思想是允许民间百姓出钱，雇人替自己完成劳役任务。全国的老百姓被分为五等，交钱的标准各不相同。以前享受免除差役待遇的几类特殊人员，如当官的、出家修行的、家里没有男人的，也需要交一定的钱，金额比正常人家要少，称之为“助役钱”。此外还要加收二分的“免役宽剩钱”，用以应付荒年或突发的自然灾害。

毫无疑问，这项政策的初衷依然是为了增加国家收入，只不过它使用这种“专门化”的方式，解放了劳动力，因而也就实现了“不加赋而国用足”的目标，这是一心只做道德文章的司马光怎么都不会明白的。

即使免役法不能很大程度上提高生产效率，它也是值得老百姓欢欣鼓舞的。下面一些例子足以说明这个问题。

在实施免役法之前，实行的是差役制度，也就是老百姓轮流出义务工。差役被分为四类：其一保管护送公家财物；其二监督查证赋税；其三抓捕盗贼；其四较为简单，跑跑腿而已。

后两类倒好说，只是对身体素质有点要求。可是，如果家里有点积蓄，就会摊上前两类差役。如果有什么公家财物要输送到远方，朝廷就会指定家境富裕的人来护送。这时候有人就有疑问了：“为什么是我，而不是别人来干这份工作呢？”

官方是这么回答的：“因为你家境不错，有点家底，可以用来作抵押，万一货物丢了或被抢了，你的家产可以用来补充朝廷的损失。”

那人恍然大悟，然后哭了：“那些达官贵人比我家更有钱，为什么不是他们呢？”

官方回答：“官宦人家是有免役特权的。就是你了，你跑不掉的。”

这种悲惨状况早就引起了朝廷高层的注意。在很久之前，韩琦就给朝廷上书说：“老百姓生活的困苦，无过于衙前、里正这样的差役，为了躲避这种盘剥，老百姓想了很多办法，或者让守寡的老母亲改嫁，或者把家里的田地给别人耕种，更有甚者‘非分求死’，以免拖累家人。”

韩琦又说：“京东有父子二人被指定服衙前差役，父亲对儿子说：

‘我应该自行了断，这样咱们家才能成为单丁户，免除这个家破人亡的差役！’说完老头子便自缢而死。我又听说江南还有人出嫁祖母，或者和老母分开居住以避免人丁兴旺的嫌疑，从而逃避差役！这些悖逆人伦的事件，简直令人耳不忍闻。”

司马光自己也说过，自从有了衙前、里正的差役，老百姓可谓王小二过年——一年不如一年，多种一棵桑树，多养一头牛，家里有点存粮，有几匹布，就会迅速被身边的邻居指认为有钱人，继而担当衙前差役，继而破产返回赤贫。

在王安石实施免役法之前，已经有了输钱免役的尝试，这代表了当时差役的一种趋势，所以王安石的改革思想不是凭空出现的，是形势所迫，也是实践得来的。

可司马光还是表示反对，他先是说了一句实话：“以前有些不服役的人，比如下等户和单丁户，现在却要交钱，有点不妥。”这确实是事实。实际上，免役法自公布之后，就一直在实践中修改，后来也有相应的规定出台。

可是接下来，司马光就开始胡言乱语，他认为：“老百姓有的是力气，这都是天生的资源，不用白不用，现在却惟钱是求，弄得大家都很不好过。”

很久之后，司马光以七十多岁的高龄再入政坛时，还不忘痛打“落水狗”，写了不少翻案政论，其中就有一篇《论免役法的五大害》，这是一篇逻辑比较混乱的文章，里面说：所招募的专门服役之人都是二流子，没有宗族田产拖累，已经丧失了社会属性，所以当公差会恣为奸伪，曲法受赃，一旦被调查，马上带着老婆孩子跑路，简直就是流氓。

就连属于保守派一边的《续资治通鉴长编》中，也不得不记载：“司马光确实有点近视眼，只看到了免役法的害处，没看到好处。”

眼看新的一年又来到了，纵使经历了如此多的风雨波折，在以神宗为核心的朝廷支持下，在王安石呕心沥血的经营下，变法事业总体上是处于健康向上的发展进程中。王安石即使年事已高，也仍有一腔豪情。

这一年他写了一首脍炙人口的诗《元日》：

爆竹声中一岁除，春风送暖入屠苏。
千门万户曈曈日，总把新桃换旧符。

小时候读到此诗，理解上流于表面，以为只是一个老人简单的、例行的新年祝福。多年后重读，方才看到了一个改革家的满腔豪情和革命乐观主义精神。他对未来充满了信心，对帝国的前途胸有成竹。通过这首诗，我们甚至能隐约看到一轮朝阳从地平线绽放金光……

刚过完春节，王安石又紧急推出贡举改革法。这项政策虽然和老百姓生活的关系没那么密切，但从思想上来讲，却是惊天动地的。

在传统农业社会，由于生产方式的单一，所以职业分类并不像现在这样丰富，种地、当兵、读书做官之间必须选择一个。要是没有范进那种坚韧的神经，临退休前考不上，就只好仗着识几个字去当乡村教师或者乡村医生。所谓"不为宰相便做良医"，其实是一种无奈的选择。

就读书这条路而言，也是千军万马过独木桥，拼的无非是两条：

第一是文采，会写漂亮文字的人成名是很快的，比如李白，世上不仅仅是他一个人不得志，可就他写了一篇又一篇文章抒发自己的小幽怨，成天嚷嚷着要隐居修道，于是天下闻名。

第二是人品。人品进而会衍生出官品，历数中国历史上群众喜闻乐见的人物，都是私德十分良好的，司马光、范镇这些人，正是依赖这一点才敢和王安石叫板。

有了以上两个基本条件，在同僚眼中，一个人就算得上是完人了，这就是“道德文章完人”定律。比如范仲淹，作为一介书生，他在知天命之年被派往前线打仗，满朝官员竟然也没什么异议，正说明了这条规律。

凭借所向披靡的人格和文风，王安石本来也应该是“完人”中的一个。但是他推行了变法，就成了千夫所指的对象。

可他毕竟是王安石。他站出来，挑战读书人赖以生存的传统规律。

二月初一，撤销诗赋及明经诸科，以经义、论、策考取进士。

王安石对同僚们传统的“读书、考试、做官”途径早就心存异议，这一点从他早年间的政治理想就看得出来。那时候他坚持要做地方官，为老百姓多做一点实事，几次拒绝进入朝廷担任舞文弄墨的馆阁之职。

或许是源于自己在基层的工作经验，王安石深深体会到了旧式人才培养方式的缺陷，因而在经济改革的同时，将人才选拔和培养提上了议程。

王安石的道理是这样的：“如果说之前的科举制度确实选拔了不少人才，我也不反对，这是因为大家除了读书之外没有别的选择，一网打上来，总有几个有水平的，要是据此认为科举制度是科学的，这就错了。人在年富力强的时候，应该追求学习天下的真理，而不是闭门学习那些无用的诗赋，等考试通过入了仕，世上的事情还一窍不通，成了典型的书呆子。由此可见科举败坏人才，导致今不如古。”

当苏轼和欧阳修举着“文坛领袖”的旗帜到处招摇，司马光以“道德圣人”自居时，王安石用以上的思想戳破了“道德文章完人”这个美丽的肥皂泡，用斩钉截铁的语气提醒这些人：停止自我陶醉和互相吹捧吧，学一些经世致用的本领，为老百姓服务才是正道。

中书省很快就将这种思想行之于官方文件，去除那些声病、对偶之文，让读书人专心研究“经术”，以便学以致用，同时兴建学校，培养专门人才。此举的思想性非常超前。

四月的一天，司马光黯然神伤地离开了京城。

司马光这几年来没干别的，不做学问，不写诗，也不考虑为百姓做点事情，而是铆足劲只做一件事——维护旧式法令，抵制改革。司马光的逻辑很简单：王安石赞成的他都反对，王安石反对的他都赞成。

在这不久前，司马光自请去永兴军，大概是待得不舒服，又申请去西京御史台。司马光此举让神宗很为难：答应的话，不光显得自己不大度，还相当于折了守旧派的旗杆，这有违“异论相搅”的家法；不答应的话，把司马光留在身边太难受，时时处处给变法上眼药。更重要的是，司马光只会发一些空洞的牢骚，针对国家存在的种种问题，根本提不出什么解决的方案。

神宗需要思考一段时间，于是“久之，乃从其请”——同意了司马光的请求。神宗深刻认识到，国家没有司马光可以，但没有王安石不行。在司马光和王安石之间，神宗选择了王安石。

司马光到洛阳后，显得颇有骨气，“绝口不论事”。

王安石的世界从此清静了。

无独有偶，没几天，苏轼也走了，从开封府推官位子上被赶到杭州去当通判了。

苏轼是自己要求去杭州的，他得罪王安石不是一次两次了，可王安石始终没有拿他开刀。就在不久前的科举考试中，苏轼还专门出了一道含沙射影的策论题目：

晋武帝平定东吴，独断而克敌制胜；苻坚征讨东晋，独断而招致失败；齐桓公专任管仲称霸诸侯；燕哙专任子之却遭遇失败。同样都是独断专行，为何以上事件最终的结果就不一样呢？各位同学，请你们思考一下，这是为什么呢？

很显然，苏轼此举是在诱导学生，指责王安石挟制神宗的独断专行。

现在，守旧派的领军人物司马光灰头土脸败下阵去。苏轼觉得，在京城待下去要危险了，轻则被贬到地方当官，重则要吃官司[①]。于是，苏轼先找个台阶，挑选了风景秀丽的杭州赴任去了。

对保守派而言，这真是个多事之秋。几天之后，另一位重量级人物吕诲在愤怒中辞世。吕诲当初是以“病退”的理由离开的。在离开之前，他曾经上了一道一语双关的奏章，里面是这样说的：“我身体本来没什么宿疾，却遇上一个庸医，胡乱开药方造成了现在的风痹之症，不但手足抽搐扭曲，还要担心心腹之患……”

多么精妙的譬喻啊！这是要告诉神宗：不要再折腾了，国家目前状况不错，结果你弄来了王安石这个草莽大夫，不但没有行医执照，还拿着大刀子到处做手术，小心把帝国整出心肌梗死来，再来一个不小心就要亡国了。

吕诲在愤懑中去世了。

司马光赶来的时候，吕诲已经双目紧闭，神魂即将脱体而出，不料司马光大声一哭，又把他给惊回来了。吕诲重新睁开眼，甚至还坐了起来，语重心长地给司马光留下最后的遗言：“君实，你要好好努力，国家大事还尚有可为！”

反对派的重担就这样交到了司马光肩上。很多年以后，司马光也去世了，吕诲的儿子写了一首诗：“地下若逢中执法，为言今日再升平。”

① 在苏轼的心中，也许认为王安石是一个睚眦必报的小人吧。

在这首诗里，吕诲的儿子交给司马光一个任务，如果他在黄泉之下遇见了吕诲，请告诉他：现在国家很好，很太平。事实上，司马光去世的时候，他才刚刚废除新法。难道短短几天，国家就迅速富强起来了吗？所谓的“再升平”，难道就是司马光的功劳吗？

吕诲、司马光和范镇，这三人政治主张、脾气秉性如出一辙，是反对派中的“铁三角”。私下里，他们的交情也不错。司马光回到洛阳后，每当品评起当世人物，往往拍着大腿感慨：“吕献可之先见，范景仁之勇决，皆予所不及。”

吕诲（吕献可）的先见之明，是指当年弹劾王安石时，变法还没有开始，王安石还是一个安分守己的小官。但那时候吕诲已经发现了王安石“不安分”的苗头，并且说：“……此乃腹心之疾，治之唯恐不及，顾可缓耶？”

于是，吕诲的这一点先见之明令司马光佩服得不得了。

范镇（范景仁）之勇决，指的是范镇在不明事理的情况下就敢大骂王安石，彪悍鲁莽。

吕诲还交给司马光一个任务，让他给自己写墓志铭。这可不是一般的文章，通常都交由有名望的知心人来做。据说，司马光写好之后，王安石专门托人找来一份，挂在墙上欣赏不已，告诉门人：“司马光的文章，就像西汉的古文那样出色！”

守旧派的离开并没有减轻王安石的压力，他要负责的事务实在太多。现在似乎没有人跳出来再三公然挑衅，但其实形式变得更加复杂了。更多有惰性的官员暂时“潜伏”下来，王安石根本分不清他们是站在哪一边的。这些人所做的，就是阳奉阴违。

这也是古时候改革者最大的悲哀。身为最高权力的执行者，宰相却指挥不动下面的官僚。这并不荒谬，因为官僚们心里有底，他们深谙

“法不责众”的道理，只要大家抱成一团，王安石单枪匹马，是没有办法触动那么大利益共同体的。

这又是“沉默的大多数”。

悲哉荆公，注定失败的激情和热血，抛洒在十一世纪墨色的深夜……

熙宁五年（1072），推行“市易法”“保马法”和“方田法”，这里面最有争议的是“市易法”。当然，就目前的形势看，保守派“树倒猢狲散”，反对的局面没有以前那么激烈了。

不知道王安石是不是觉得有点寂寞，有种独孤求败之感?

所谓“市易法”，就是把以前被大商人垄断的经营行业全部收归国有。这个法令的出台和王安石的所有改革方案一样，其目的再也明确不过了，就是要把“兼并之家”对平民百姓的剥削权力收回来，遏制豪强。

所以，总结王安石的变法精神，我们可以这样理解：以前都是富户剥削穷人，搞得国库空虚，但是地主阶级富得流油，现在，这个江西人看他们不顺眼了。他的理想是：天下人都均贫富，没有剥削也没有被剥削，整个国家的财权要掌握在中央手中。

市易法一出台，豪强们怨声载道、互相诉苦。被逼无奈之下，这些豪强们开始钻空子，专门去做政府不屑或者没有能力干的事情，比如开设当铺、放高利贷。针对这种情况，王安石认为，已经达到了“摧、兼、并”的效果。虽然王安石的这一看法有点偏颇，但这个政策确实为朝廷带来了巨大收入。

反对派中的司马光很有风骨地消停了，范镇和吕诲辞世，现在跳出来唱反调的是文彦博。

前几天，文彦博去大相国寺上香，看到市易务开了很多小卖部，里面有水果、芝麻等，热闹非凡。于是，文彦博忧心忡忡地说：“这种蝇头小利国家也要攫取，实在是有伤国体。而且，京师周围都是各国驻京机构和大使馆，他们看到这个状况，说不定要耻笑我们。”

看到文彦博的奏章，神宗有点动摇。堂堂一级政府机构，却摆摊去卖小零碎，是不太好看。同时，据民间反映，市易务苛刻烦琐，想要收尽天下物产自己经营，收什么什么就涨价，还专门派人去纠察那些不来市易务买东西的人。

实际上，因为众人思想观念和官僚体系的积重难返，在执行过程中，市易务确实存在着这些问题。但是如果就此逐步改进，对国家的好处是毋庸置疑的。

可是，一方面，反对派是不会给改革逐步完善的机会的，他们需要的是尽善尽美、无可挑剔的制度，从逻辑上讲，这当然说不通。另一方面，他们又惧怕改革，唯恐伤害自己的利益和动摇帝国的基业。

改革法令的逐步实施，确实给朝廷带来了巨大的经济收益。虽然也有人反映有“扰民”的嫌疑，百姓生活受到一定程度的冲击，但总的来说，变法的趋势是好的。历史上的经验和教训都告诉我们，任何改革都必须经历一个撕裂所带来的阵痛期，这是难以避免的，应该宽容地看待这个问题，给改革一个缓冲和修改的机会。

反过来想，在王安石变法之前，整个大宋朝正一步步走向衰弱。除了进行一次自上而下的改革，还有什么手段能够挽救这个帝国呢？

变法所带来的经济上的改变迅速就体现出来了。熙宁六年（1073），在沉默了很多年之后，大宋朝终于硬气了一把，摆脱了以前总被别人追着打的局面，取得了军事上的胜利。这真是令人惊奇。自从宋太祖驾崩之后，整个大宋朝一直处于被动挨打的局面，不得不花钱买和平，还落一肚子委屈。

终于，王韶收复了一部分失地！

没有王安石的坚决支持，王韶难以建此奇功。

王韶是以武功闻名于世的，但作为宋代官僚体制的特色，他也是进士出身。在地方工作几年之后，参加朝廷的制科考试，他没有考中，就到陕西一带游历，“采访边事”，获得了很多关于边境军事的第一手资料。

有了资料后，王韶写了一篇《平戎策》，献给正想有所作为的神宗皇帝。神宗当时登基不久，看到这篇文章，非常欢喜，就让王韶到秦凤路任职。这也反映了朝廷想在边境有所作为的急迫心理。

王韶是个思想比较解放的人，前面说到的“市易法”，其实最初是由他提出来的。当年，王韶在边境时，就给朝廷提过建议，秦凤边境的少数民族经常过来和汉人做生意，每年获利丰厚，可是这些利润和国家没有关系，都让民间资本家给截留了。为此，王韶建议，朝廷应成立专门机构，用政府资本做本钱来做生意，这样既增加了国库收入，又掌握了边境贸易的主动权。

这就是“市易法”的原型，因为王韶思想有活力，又善于做事，于是王安石也注意到了这个年轻人。

王韶没有辜负大家的期望，在边境干了很多实事。他招降了少数民族部落，以免他们被西夏人所利用①。

可是王韶在边境的所作所为还是引起了守旧派的反对，这一点以文彦博为代表。他们认为，招降这些没文化的荒蛮部落，其实没有什么意义。为此，王安石进行了逐条批驳，有理有据、铿锵有力。

① 其实在神宗和王安石心里，王韶的任务是斩断西夏的臂膀，获取边境的主动权，然后进一步把祖先丢掉的东西拿回来。

可是，守旧派们哪里能够理解王安石的恢宏构想呢？

因为“内则为大臣所阻，外则为将帅所坏”，王韶并没有完全掌握河湟地区的控制权。于是王安石给神宗上书，把当时的主帅郭逵和地方长官吕公弼调离，扫清障碍。

在郭逵和王韶之间还发生过一些事情，足以说明王韶的智谋。

郭逵是当时军事一把手，他看不惯王韶在边境有所作为，也害怕他挑起边衅，引发西夏人的不满，所以发文件过去重重责问。王韶收到郭逵的文件之后，顿时勃然大怒，当着信使的面把文件摔在地上。

过了一会，他大概气消了，把文件捡起来走进去，片刻后又出来，当着信使的面撕个粉碎。

郭逵听说王韶撕了自己的文件，立刻向神宗皇帝诉苦说：“王韶这小子要反天了，居然敢这样侮辱我，简直是岂有此理！”

于是，神宗给王韶写信，批评他不尊重领导、影响团结。王韶不声不响，把郭逵的原始文件快马加鞭，呈给皇帝：“请您看看，我并没有撕掉，这就是原件。”

原来王韶为了整郭逵，故意玩了个心眼，撕掉的是一个赝品。

神宗看王韶把证据送来了，心里起了疙瘩：原来郭逵是诬告。所以，后来但凡郭逵打王韶的小报告，神宗一律置之不理，再加上王安石的劝说，郭逵终于离职了。

没有了他人掣肘，王韶甩开膀子大干起来。他打了几个胜仗，收复了熙、河等州。

终于看到改革成效了，神宗为此精神一振。他激动地解下身上的玉佩给王安石，王安石坚持不要，并说自己只不过是奉命行事，主要还是皇上决策好，火眼金睛提拔王韶于边陲重地。

神宗很客观地说：“当大家都疑虑重重的时候，我也动摇过，想过停止，如果不是你帮助我，极力坚持，此事不可能成功！”

因为站到了王安石的队伍里，王韶即使没有直接参与变法，也没有被列入奸臣传，但他多少还是受到了士人的诽谤。

很多人记载，说王韶晚年时，十分后悔收复熙、河之地。这其实是变相污蔑王安石的变法。

这些人继续捏造，说王韶后悔当年在边境杀人太多，去找大和尚佛印做心理疏导。佛印口才极佳，烧一炷香说：“此香奉为杀人不眨眼上将军，立地成佛大居士。”王韶心里稍稍安稳，又去问著名的黄龙禅师：“以前不知道修道，罪障很多，现在闻道，罪障还在否？”

黄龙禅师笑眯眯地说：“你穷的时候欠人钱，等你富了，要不要还？”

王韶听了，心里很不舒服，回去后就病了。他的病很严重，终日合着眼睛不睁开，甚至“洞见五脏”。医生来了，要他睁开眼睛，王韶说：“不敢睁开啊，看到很多斩头截脚的人在面前……”

更离谱的说法是，之前还有人梦中断案，把一个胖子“瘠杖配洪州”。这个人醒来后问：“是不是有个胖胖的人叫王韶？”别人提示他说：“我们的枢密副使就是个胖子，你梦见的就是他。”

果然没多久，王韶罢枢密副使，谪官洪州，然后就死了。

大宋开国以来，除了太祖时代，军事上一直都是备受欺负，不得不签订各种条约来换短暂的和平。王韶为国争光，却遭如此非议。这些捏造故事的人如果有一点历史知识的话，会不会想起太祖时期杀人如麻的开国将领，这些人为何一点都没有遭受报应？

难道这些因果报应，只是给王韶一个人准备的吗？何况王韶“以王法杀人，如舟行压杀螺蚌，自是无心”。就算是他晚年皈佛，自己内心交代不过去，也和“疽发背卒”没有关系吧。

理清了“市易务”的事，回过头来，再看看其他一些杂事，虽然事情不大，却反映了王安石的思想脉络。

就在文彦博抱怨市易务卖水果丢人的时候，碰巧发生了华山崩塌灾难。文彦博顿时认为，这是上天在对市易务卖水果的警告：皇帝是上天之子，皇帝的水果摊就是上天儿子的水果摊，现在皇帝做错了，上天就要提意见了。

王安石根本不畏惧这一套，他认为：上天能提什么意见呢？这只是自然现象而已。但在那个时代里，他不能旗帜鲜明地破除迷信，与根深蒂固的迷信思想对着干，只好违心地说：“华山的灾异，或许是为小人而发，和市易务没什么关系。这个机构本来就是抑制兼并的，对官府有什么利益呢？”

前面提到，司马光给王安石总结出了“天变不足惧，人言不足恤，祖宗之法不足守”这样的结论。其中第一条就涉及最基本的世界观本质。

天和人是什么样的关系呢？这是古人苦苦思索的事情。孔子在修订《春秋》时，把自然界的地震、旱涝都详细记载下来，后来董仲舒将其发展成“天人感应”理论。这个理论为无数封建官员提供了犀利的武器，只要天气异常，就有政治家要遭殃。

虽然同样是读着孔夫子的书长大的，王安石却一脑子叛逆思想。在很久之前，他就写了一篇《洪范传》，这里的“洪范”不是人，乃是《尚书·洪范》，王安石对此书中的理论提出了新见解。

《尚书·洪范》里说：“……狂恒雨若，僭恒旸若……”以前的儒生们都套用“天人感应”理论，把这句话解释为：“执政者要是太狂妄了，上天就会不停地下雨，造成涝灾；执政者如果干了僭越之事，把上天惹恼了，就会旱灾连绵。”仁宗时期，许久没有立太子，当时的范镇等人就拿这套理论来吓唬他。

王安石对文中的“若”字提出了新的见解。他认为，这个字是比喻，说人狂妄就好像洪水，僭越就好像赤旱。为了论证自己的观点，王安石还当了一回科学家，提出了一个“思想实验”。

王安石反问道：“按照《洪范》，如果一个人既狂妄又僭越，这就给上天出了难题，是应该用旱灾，还是水灾惩罚他，或者说二者互相抵消？这样来说，更坏的人反倒平安无事。”又问道：“尧和汤都是古来帝王的模范，那为何在尧的任期内有九年水害，汤任期内有七年旱灾？我问你，这两位圣人得有多坏，才会招致这些灾害？”

反对派们当然很尴尬，然而他们迅速将尴尬消化殆尽，还揪住另一件事情大做文章。

事情要从黄河说起。当时在开封附近，黄河时不时泛滥，因为长期的泥沙冲刷积累，已经成了“地上河”“悬河”。

面对这条随时可能决堤的“母亲河”，历代统治者们头疼不已。在三十多年前，黄河决堤过两次，分为了北流和东流两股，还时不时溢出来。可是对政府来说，却轻易不敢去疏导治理，理由是要治理河道就必须集合民工，这么多民工集合起来，万一有人聚众造反怎么办？

王安石执政后，开始研究黄河治理问题。正好此时有一个叫李公义的工程师，进献了一件宝物，江湖人称“铁龙爪”。简单来说就是用铁做一个爪子，拖在船后面沉入水底。这样，铁龙爪就在水底犁地，将泥沙搅动，并且顺水流走。

黄河的主要问题就是泥沙积累，所以李公义的发明可以在一定程度上解决问题。这其实也是王安石一贯的想法。他认为，核心的问题是要实现“水由地中行”，让水回到地里去，沉积的泥沙就被挟入海中。在王安石的支持下，铁龙爪被改造为浚川耙，在黄河河面上轰轰烈烈开始运作，一片繁忙景象。

没有例外，司马光就最新的技术改造发表了一番尖酸刻薄的怪论：“你们疏浚司发明的这个小玩意，根本就没有实用价值，河水深的时候，沉不到底，碰不到泥沙，而河水浅的时候，又容易被泥沙阻塞。总之一句话，毫无用处！”

站在上帝视角，用现代人的眼光来评价司马光的言论，我们很轻易地发现司马光物理知识的匮乏。物体能不能沉在水底，靠的是密度，而不是总重量，所以司马光一厢情愿地认为，如果铁龙爪不够重，就会漂浮起来。在古代社会，我们不能苛求司马光懂得一些浅显的力学原理，但是这种不经调查、不通过实践就妄下结论的手段，实在是有点不光彩。

至少，王安石是在想方设法为老百姓解决问题。即使新技术不够完善，有各种各样的缺点，我们也应该给予新技术一些改进的时间与空间。人类科技的进步，正是在一次次的改进中发展起来的。

自己不做，也不许别人做。对历史进步危害最大的，大概就是这些抱有“看客心态”的人吧。

文彦博也给神宗上书说：“天下笑指，以为儿戏。”

文彦博这类人，并不是和王安石有多么刻骨的仇恨。而是他们认为，读书人好好读书就行了，不要搞这些“形而下”的东西，丢人现眼，自降身价。

《庄子》里有一个自鸣得意的故事：孔子的学生子贡访问楚国回来，看到一个老头抱着小瓮在浇地，动作缓慢，累得够呛。子贡好心告诉老人家：“现在有一个新工具，叫作桔槔[①]，可以减少你的负担！”

---

① 一种原始的汲水工具，在竖直的杆子上架一个细杆，细杆一头悬挂重物，另一头吊着水桶，利用杠杆原理，这样人们提水就变得轻松很多。

听完子贡的介绍，老人“忿然作色”，然后又笑了笑，说：“我老师说过，有机械之事，就必然有‘机巧之心’，胸中有了机心，则人就不纯洁了（纯白不备），然后神生不定，又谈何求道？你说的那个灌溉的玩意儿，我不是不知道，只不过羞于使用而已！”

总而言之，用今天的观点来看，变法派是一群务实求真的人，他们首先冲破了那种“坐而论道”的休闲政治氛围，迫切地想要做一些于国于民有实际利益的事。就在这种思想的指引下，王安石的儿子又建议成立了一个专门进行军事装备科研的机构——军器监，设计出了很多威力强大的武器。

如果没有后面的事，大宋朝的经济和军事也许都会走上正轨，迟早会实现国富民强。

可惜历史不能假设，因为熙宁七年（1074）就要来了。

第十一章 祸起萧墙

可是事情出现了微妙的变化。渐渐地，由于王安石总是不给郑侠安排重要的岗位，郑侠变得十分有意见，出于某种外因的刺激，事情走向了极端，也出现了质变，向相反的方向发展——“反者道之动”，此意也！唐坰在这一刻灵魂附体，司马光的衣钵也后继有人，郑侠疯狂起来，开始攻击新法。

让我们把目光延伸至很多年前，王安石在江宁丁忧……

彼时他认识了一个朋友，江宁的税监，这位朋友有一个儿子，大名郑侠，学习很刻苦，颇有一点小才华。冬天某日大雪后，一个叫杨骥的学生来拜见王安石，转述了和郑侠一起赏雪时写的诗。

王安石听后，一边吟诵着“漏随书卷尽，春逐酒瓶开”，一边暗自点头。

可是，他打破脑袋也想不到，这个刻苦的好孩子将会成为他生命中的克星，虽然这个人官位并不显赫，文章未必出色，就连人品也是一个悬而未决的疑问，可他就是实现了“蚍蜉撼大树”的事实。

自从司马光和文彦博退居二线后，变法派一直掌握着朝廷里绝对的话语权和执政权，形势看似大好，王安石也颇有些踌躇满志。变法以来，什么样的人他没见过？彪悍如唐介者，疯狂如唐坰者，固执如司马光者，哪一个不是灰头土脸被扫于马下。

唯一的烦恼来自天上。去年七月以来，一直是天旱无雨，称得上是赤地千里，老百姓的日子过得极为艰难。

这场由王安石主导的变法，不管如何实施，最终还是要老百姓积极行动起来，创造财富，给政府做贡献。可是在纯粹的农业社会里，老天爷不下雨，就相当于无本之木、无源之水。

旱灾实在太严重了，民间科学家们迅速活动起来，使用各种方法抗旱，计有土龙、画龙、蜥蜴、宰鹅等法。其中的“蜥蜴法”从前朝就开始了。到了熙宁十年（1077），因为屡屡灵验，竟然以国家法令的形式颁布。

“蜥蜴法”有些可笑。在古人的思维中，行云降雨是龙的职责。但因为龙太神奇了，在人间没有固定住所，不好找。而蜥蜴从长相上和龙比较近似，就被怀疑是龙在人间的表亲，所以老百姓就把蜥蜴捉来求雨。

蜥蜴被捉来以后①，被关在土瓮里，然后小孩子穿上青衣，手执柳枝或青竹，沾上清水散洒，同时昼夜不停诵咒：“蜥蜴蜥蜴，兴云吐雾，雨令滂沱，令汝归去。”此举是做给天上的龙看的：您要是不下雨，你表弟就这样在瓮里一直监禁着。

令人喷饭的是，有时候蜥蜴不好捉，大家就会捉一些壁虎代替，壁虎的祈雨效果估计不如蜥蜴，所以有人就写诗给壁虎申冤：“冤苦冤苦，我是蝎虎，似恁昏昏，怎得甘雨？”

这场旱灾，无论对百姓生活还是变法的继续运行，都是一个严峻的考验。

在古代社会，这种猛烈的天灾，只会引发两个结果：第一，皇帝下“罪己诏”，展开自我批评，让大家畅所欲言，给朝廷提意见；第二，如果朝廷内部有什么政治斗争，那么肯定有人要倒大霉了。比如有人觊觎宰相的位子，就会参他一本，弹劾至其辞职。

所以，当神宗看到翰林学士韩维时，问道：“天久不雨，朕夙夜焦劳，奈何？”标准答案就呼之欲出了。韩维照例建议皇帝：“您吃得差

---

① 有的地方也用木头雕刻蜥蜴。

一点、住得差一点这些措施是不行的，您应该加大力度，下诏求直言。

神宗于是下了一个很腼腆的诏令，向全国人民征集答案：“现在天有异象，我是出了什么问题呢？是我没听取正确意见呢？还是办案子不公平呢？又或者是赋税太重了呢？”

总之他能想到的地方，都大概提了一下，唯独很刻意地避开了一点——变法。

远在西京的司马光虽然号称“闭口不言政治”，可是一看到“罪己诏”，瞬间认为这是一个机会，是上天赐予的复出良机，要立刻行动起来！

司马光赶紧给朝廷写了一封奏疏。对这件事，《续资治通鉴长编》是这样说的：“欲默不忍。”即本来不想说话，但还是没忍住。这一次，司马光又发挥了他善于总结和盖帽子的特长，一下变出六条来，条条正对新法措施——把青苗法、市易司、保甲法、免役法全撸了一遍，甚至连兴修水利发展农业生产都不放过，说这是“妄兴水利，劳民费财”。

神宗心中对司马光已经有了成见，认为他眼高手低、牢骚满腹，所以“皆不听”。

不理司马光，并不能证明神宗的内心就没有波澜。毕竟，神宗处在封建社会，他皇权的基础是“君权神授”，加上从小受到“天人感应”的教育，所以此刻神宗满脸忧愁，很难不把灾难与变法联系起来。只是这一切在“罪己诏”里不能明说，毕竟变法是自己这辈子最大的事业。

至于王安石，他脑子里根本没有什么“上天惩罚”的概念。他认为，天灾就是天灾，是自然界的一种运动规律，尧、汤执政时也难免出现水旱灾难。他劝神宗“但当修人事以应之”，意即发挥主观能动性，做好抗旱救灾工作，确保人民群众的生产生活不要受到更大的影响。

可是神宗所理解的“修人事”，和王安石完全不同。他还是基于迷信的思路，皱着眉头说：“我担心的就是人事未修。现在在民间取免役钱有点太重，大家都在抱怨不已，近臣和后族，都在说这件事的坏处。”

所谓“后族”，指的是后宫的老太太们，以及皇家宗室子弟。这些人在深宫里躲着，哪里知道民间疾苦，无非是道听途说，捕获朝臣的只言片语而已。

话说到这里，“近臣”就开始表现了。冯京站在一旁，不失时机地插一嘴：“我也听说了！”

王安石大怒，立刻上去揭冯京的老底：“士大夫们要是不得志了，就跑到冯京那里去发泄不满，所以他当然听了不少牢骚。我怎么就没听到呢？”

冯京沉默不语。

冯京出身很好，起点很高。小时候虽然家里没什么背景，但是读书很厉害，属于“连中三元”的人物，“乡举、礼部以至廷试，皆第一”。

考上状元之后，他的胆气顿时更加粗壮。回老家鄂州，晚上站在船头望见星河灿烂，江面波澜不兴，舟楫安然，顿时深有感触，诵出一联诗：“江神也世情，为我风色好”[①]——你这位江神也难以免俗嘛，看我考了全国第一，今天就这么老老实实的，不敢折腾我。原来，当初进京赶考，他是鄂州第一名，来时路过江上，巨浪滔天，昏天暗地，差点喂了鱼鳖。

还有一点，冯京考上状元的时候还没有结婚。那时候有“榜下捉婿”的风俗，得了第一的冯京自然是官宦人家的重点争取对象。

第一个出手的是张尧佐。他和仁宗的贵妃是亲戚关系。于是近水楼

① 也有人考证说，冯京的这首诗抄自庾肩吾。

台，动用一切手段把冯京抢回家，先给他扎上一条金腰带，然后神秘一笑说：“这是皇帝的意思。”没过多久，宫中果然就有人送来了嫁妆和酒菜。

冯京笑而不语，最终还是婉拒了这位皇亲高官。那么，他是不是打算靠自己的真本事蹚出一条路来？非也，冯先生没那么鲁莽，他之所以拒绝，最重要的原因是张尧佐靠后宫关系起家，在士林中名声一片狼藉。

经过慎重选择，冯京选择了富弼的女儿。富弼名声好，也是高官。

后来冯京知开封府，数月不去拜访宰相韩琦，韩琦很恼怒，就跟富弼说：“你这女婿不像话，太骄傲了吧。”富弼赶紧通知女婿，去和宰相聊一聊。

于是冯京就去了。他告诉韩琦：“您位高权重，属下不应该私自造请。我不来拜访，其实是尊重您，绝非骄傲！”

仅就这些小事，我们就能够看出来，冯京自身素质很高，还有家族背景。在岳父政治影响力的庇护下，这些年走得顺风顺水，也没遇到过什么大挫折。

“王安石是谁？敢这样和我说话！”冯京很恼怒。他并没有当面辩驳，而是憋红了脸，酝酿一个闹剧。

这出闹剧的主角是郑侠，此人人品至今是个巨大的谜团。有人说他是真正的侠客，有人说他是个投机小人，有些王安石的拥护者评论更激进，干脆没把他归为人类，斥之为畜生。

郑侠来了！

这是个古怪的人。

之所以说郑侠是个古怪的人，是因为他在历史视野中存在的时间较为短暂，如同流星，还没来得及许愿，就跌落在地。一方面，郑侠肯定是个急功近利的人，在冯京的教唆下干了一件惊世骇俗的事；另一方面，他还是个有内在修为的人，年轻的时候写过一首打油诗：

万事以诚立，不诚心不专。
诚心非铁石，铁石被击穿。

这首诗浅显直白，毫无文采可言，但其中的思想性颇强，有一种“内练一口气”的自信。

为了丑化王安石，在《郑侠传》里，修史者刻意修改了郑侠和王安石的交往，说郑侠很厉害，王安石都有点敬佩他，慕名邀请他过来“称奖之”，把郑侠塑造得高大威猛，文武双全。

问题是，王安石那时候还没有开始变法，需要拉拢郑侠这个无名小卒吗？

对这个老部下，王安石还是有印象的，郑侠在光州任司法参军时，业务上有什么问题，还经常书信往来请教领导，王安石对他不错，他也“感为知己，思欲尽忠”。

等郑侠在地方上任期满了，到京城来述职，王安石想让他参加新法的司法考试，考上后在京城工作。这是那时候读书人的终南捷径，所谓“选人”，就是这个意思。

可是郑侠拒绝了。此人心很大，读书是为了做大官，不是做小法官。在郑侠看来：法官多低等啊，成天和盗窃、离婚者打交道。而且郑侠还振振有词，说新法不好，令自己心里不舒服，所以不是很想配合变法派。

王安石还是没有放弃，又派自己的儿子问他：“愿不愿意到经义局工作？”郑侠还是拒绝了，他也不愿意坐办公室，当一辈子老学究。

于是他的工作岗位是监安上门。

可此人终究不是淡泊名利的人。他给王安石写信，拍马屁说王安石变法“已败坏而振起之，盛大之业与日月相为照耀矣”。可见，他骨子里并不反对变法。又说：“王安石文章好，自己一直惭愧没有去学习。”

郑侠的一篇长文虽然看来是拳拳诚心，但其主要的观点是荒谬的。他认为：现在的蝗虫和旱灾，深冬没有雨雪，都是因为怨叹之气结聚而为。为什么有这些怨叹之气呢？是因为你这个法出发点虽好，但是实施起来有问题——如此来看，郑侠还不是激进的反对者，他赞成王安石变法，但对实施有点疑问。

也就是说，他还是想跟着王安石做一番事业的。

他最后建议：“要是稍微改改，少收点钱，何患新法不能够久行，何愁对老百姓没有好处呢？[①]我虽然不是学究天人的神人，但书上就是这么说的。这样可以令和气充塞天地，甘露瑞雪自然就降了下来。”

到目前为止，可以说郑侠还秉持理性思考的原则。他和王安石还没有上升到“敌我矛盾”。如果换一种方式，他可能会成为王安石手下的一员干将。

可是事情出现了微妙的变化。渐渐地，由于王安石总是不给郑侠安排重要的岗位，郑侠变得十分有意见，出于某种外因的刺激，事情走向了极端，也出现了质变，向相反的方向发展——“反者道之动”，此意也！唐垌在这一刻灵魂附体，司马光的衣钵也后继有人，郑侠疯狂起来，开始攻击新法。

王安石保持沉默，没有正面回答，甚至还派人去表达善意，可是郑侠依旧不领情，说话愈加尖酸：“我没读多少书，坐不起你们给安排的

① 注意，这是郑侠再一次释放出的强烈信号，他对变法没有恶意，甚至希望长久实施。

位子。我来这里，主要就是想在宰相门下搞搞学问，可是宰相派人来说话，总是以官职诱惑在先，这不是侮辱读书人吗？如果真的想要我有所成就，就听听我说的话，我提的那些建议实施一两条，我就满意了！"

这就是读书人说话的艺术，总能找到各种各样的理由支撑自己。自己对人生际遇的不满，还要和国家大事联系起来。

那么多江湖大佬都被扳倒了，一个年轻的后辈，竟然想要通过这么拙劣的要挟手段阻止新法，岂不可笑？道不同不相为谋，王安石就不理他了。

其实，王安石待郑侠不薄。据说郑侠通过王安石的门生转述了几个意见，还是被王安石采纳了的，使小商小贩免收税钱，大商人的税也减了百分之七十。

可是郑侠没拿到他想要的。

和王安石沟通无望，郑侠选择了"上访"。那时候没有专门的信访接待机构，但是有好几个机构受理上书。因为郑侠人微言轻，没有人搭理他。郑侠给银台通进司①、登闻鼓院②、登闻检院③写了十几份奏疏，皆无任何反馈消息。

郑侠在沉默中爆发了！他很生气，采取了非常措施。

正如前文所说，当时已经旱了好久，各地的流民没饭吃，扶老携幼沿路乞讨。老百姓贫病交加，场面甚是凄惨。

对于这场旷日持久的旱灾，朝廷内部势必有各种各样的言论流传，连神宗都有点心虚了，何况那些对新法早就心存不满的人。只不过，现在没有带头人了，大家也就只能"腹诽"，背地里咬牙切齿。

---

① 受理奏状案牍。

② 受理申诉。

③ 登闻鼓院的补充机构。

这种状况就成就了郑侠。

郑侠把老百姓蓬头垢面、瘦骨嶙峋、拖儿带女乞讨的情景画了一幅长卷。内容大致是天下之民，质妻卖儿，流离逃散，斩桑伐枣，折坏庐舍而卖于城市……场面非常凄惨。

平心而论，郑侠呈上的这幅长卷很客观，对“只能望见四角天空”的高层统治者也有相当强的规劝作用，对赈灾活动的开展也是一种激励。

然而，除了这幅长卷，郑侠还写了一封信。在信里，他先是详尽叙述了目前的灾难状况。可是接下来，他又往前迈了一步，把灾难和政治联合起来，说灾难的根源在于台谏们尸位素餐，左右的辅弼大臣们又贪婪逐利，实在不是国家的福气。

“我听说那些打仗得胜的人，都会将得胜的形势和山川地形绘成图贡献上来，想来无有一人把百姓卖儿卖女的样子绘成图……请实施臣下所言，如果十天之内不下雨，请斩臣于宣德门外，以惩罚欺君之罪！”

其实，这幅图递上来的时候，郑侠已经犯了“欺君之罪”。作为一名小吏，他并没有资格直接给皇帝上书，所以他就借着职务之便，谎称这幅图是紧急机密奏折，这才直接快马递到银台司。

这一年，神宗皇帝二十七岁，尚未到而立之年。他年轻的心灵被《流民图》深深刺激了。他反复看了好几遍，愁容满面，不住地叹息，把图揣进袖子里带进后宫，当夜辗转难眠，一宿没有合眼。

次日，神宗龙躯一震，没有和任何人商量，头一次乾纲独断，命开封府免收行钱，三司检查市易务、司农寺[①]开常平仓赈灾，三衙上报熙、

① 变法到了后期，改革的很多事物从三司、中书分了出来，归司农寺管理。

河用兵情况，同时命令青苗法、免役法暂停，方田法、保甲法全部废止。一夜之间，神宗出了十八条新规定。

第三日，群臣上朝的神色都变了，一个个讳莫如深的样子，各自揣着心思，小道消息早就传开了，大家都绷着，不知道准备看谁的笑话。神宗先是拿出郑侠的杰作，然后开始责怪手下这些吃干饭的，把老百姓往水里火里推。

一把手发难，情势急转而下，变法派慌了神，王安石不方便出面，吕惠卿和邓绾忙前忙后，提着小桶到处灭火。此时此刻，不用点厚黑手段是不能奏效的。《续资治通鉴长编》中说："奸臣们咬牙切齿，把郑侠下到御史台定罪，治他擅自快马奏书的罪。"

除此之外，吕惠卿、邓绾几人还围在神宗身边哭诉："数年以来废寝忘食，才有了现在这个局面，天下人都沐浴其恩德，如果因为狂徒的建议，就全部废止，岂不是毁于一旦，太可惜了！"

神宗冷静下来后，再次思考："我是个政治家，岂能感情用事，那就除方田法之外，其他政策照常执行。"

需要重点指出的是，前文所说司马光的"六条建议"，其实是在郑侠大闹朝堂之后两天才发生的，只不过为了叙述上的完整，将它放到了前面。这充分说明，司马先生是多么善于见风使舵，看到新法遭到重创，形势对反对派利好，他就迫不及待跳出来了。

这次事件和当初唐坰的闹剧本质上是不同的。首先有旱灾这个大背景，王安石有口难辩，大家都说他是"旱魃"，惹恼了上天，而凡事一旦牵扯到上天，就成了一笔糊涂账。其次，此次舆论反响比较强烈，后宫都参与了辩论。当然，最重要的是，神宗动摇了，甚至在冲动之下做出了废除新法的举动。

这相当于是在打王安石的脸。

朝廷断然是待不下去了，一个正直的人，一个真正不贪恋权势的政治家，受不了这样的侮辱。

十天后，王安石辞去宰相职务，君臣之间产生了最大也是最早的一条裂痕。但从个人感情上讲，神宗对王安石是很尊敬甚至崇拜的，所以想让他任太师、太傅，但是王安石拒绝了，去了江宁。

就王安石的离去，《续资治通鉴长编》里还漏了一点，郑侠其实信誓旦旦地在神宗那边下了断语，他以一个泥腿子科学家所能具有的职业素养告诉神宗："天旱是由王安石引起的，如果把他罢免，老天肯定下雨！"科学已经证明，长期的天气预报是不可能实现的，可是郑科学家能，他的预测教材就是《洪范》。

促使神宗答应王安石辞职的另一个重要原因来自后宫。在某次宗庙大祭之前，神宗和他的母亲高太后，带着弟弟岐王赵颢去看望太皇太后——仁宗曹太后。就在这次祥和美满的家庭聚会中，因为变法，出现了一些不和谐的因素。

年事已高的曹太后，神宗名义上的奶奶，几句寒暄之后，顺势扯到了变法。

曹太后说："祖宗之法还是不要变为好，我听说外面的百姓苦于青苗法、免役法，最好把它们废止了。"

神宗说："这些都是为了百姓好，不是害他们。"

曹太后说："王安石这个人，才华还是有的，但是现在很多人都怨恨他，如果皇帝你想保全他，还不如让他出去任职，过段时间再召回来即可。"

神宗不愿意了，王安石是他的精神导师，如果没有了这位导师，变法事业肯定半途而废。于是他抗争说："群臣里面，只有王安石可以挺身而出，为国主政。"

祖孙二人正绵里藏针地辩论着，一边沉默良久的岐王赵颢忽然开口了。神宗是他哥哥，兄弟之间说话还是比较随便，他说："太皇太后老奶奶说的都是至理名言，您还是考虑一下吧！"

神宗勃然大怒，一腔怒火正没处发泄，这个弟弟却像呆头鹅一样迎了上来。他也戳着自己胸口，脱口而出："你是说我败坏了国家？要不然，你来坐我这个位子试试？"

这句话实在太重了，岐王顿时被吓哭。

在本朝早些年间，太宗曾经对太祖的儿子说过："等你将来当了皇帝，再封赏也不迟！"因为涉及皇权，太祖的儿子为此自刎而死。现在神宗对弟弟说出这个话，情况也是非常严重的。不过幸有两位老太太在，这件事就当做家事处理了。

不久之后，神宗的母亲又哭着提到这件事，还危言耸听说："王安石祸乱天下，现在该怎么办呢？"也不知道这位高太后是从哪里得到的消息，说王安石祸害人民。开始，高太后身在后宫，大概连王安石变法的具体内容她都讲不清楚，只不过听了一些近臣的蛊惑，就出来作伪证。

总之，在天灾、群臣和亲情等一系列因素影响下，神宗有了"壮士断腕"的想法。王安石就这样黯然离开了他惨淡经营了多年的政治舞台。

接替他的，是宰相韩绛和参政吕惠卿，这也是神宗政治手腕的一种体现：你们不是对王安石不满吗，那我干脆把他辞退了。此举在很大程度上可以平息一些反对言论，起到安抚的作用。但在内心里，神宗当然舍不得放弃新法，所以听从王安石的建议，还是由变法派执政。

韩绛"传法沙门"、吕惠卿"护法善神"的名字，就是这样来的。其实读书人给他俩起这个绰号，似乎有点戏谑神宗的意思。主导者走了，但左右护法还在身边，这分明是换汤不换药。

此时发生了两件十分诡异的事。

第一，郑侠的预言实现了，王安石走后，就下雨了，这件事大大鼓舞了郑侠；第二，任命吕惠卿那天，京城起了沙尘暴，满大街乌烟瘴气，灰尘积了足足一寸多厚。头脑受到刺激的郑侠又抓住了这个机会。他觉得上天是站在自己这边的，如果不“铁肩担道义”，就对不起自己这个“侠”字。

“侠自以为所言中，于是屡上疏论事，皆不省。”这句话是司马光说的。这里头的“屡上疏”就包括对沙尘暴的合理解释，当然也认为是吕惠卿引起的。除此之外，郑侠再次发挥特长，又画了一幅《正直君子邪曲小人事业图》，用几名唐朝的奸臣和忠臣来规劝神宗。

可以想象，神宗拿到这幅图，心里肯定不那么舒畅：“难道你当我是小孩子吗，成天就看这些连环画处理政事。”

由此可见，郑侠还是缺乏政治历练。试想，一个小吏扳倒了宰相，就好像中了大奖。可郑侠还自以为找到了晋升捷径，一个劲地和神宗套近乎。其实，目前神宗心里有点亏欠王安石，不然也不会留下两大护法继续变法，所以郑侠的下场是灰暗的，这一点毋庸置疑。

还有一点，郑侠忽略了——吕惠卿毕竟不是王安石。

王安石高风亮节，心胸和素养不是一般人可以度量的，以前谁不配合他了，最多让对方挪个位子，你当你的地方官，不要妨碍我改革，他绝不会出于个人恩怨整谁。

不可否认的是，正史对吕惠卿多有歪曲，此人才思敏捷，多有著述，“文集一百卷，庄子解十卷”。可是吕惠卿的这些才华竟然被史学家们有意无意给“弄丢”了：道德不好的人，是不值得做文章的。但同时，我们也应该看到，吕惠卿确实有他见不得光的一面，他是个小心眼。

王安石作为变法派的绝对权威和核心，他在的时候，手下的人都服服帖帖、各行其是，即便是有一些小矛盾，也会及时消化。他离开后，维持整个系统平衡的最大要素缺失，变法派内部的各种内在力量就体现出来，开始互相作用了。

几位变法大将中，韩绛性格比较文弱，不闹事；吕惠卿本领大，但是容不得人，过于强势，此外还有曾布和吕嘉问。

吕惠卿早就看曾布不顺眼了，当初他回家丁忧，曾布判司农寺，全面接管变法工作的具体操作，做了一些让吕惠卿心里不舒服的事情，“改助役为免役，惠卿大恨之”。而且官场上最重要的是位子，吕惠卿想必担心曾布会取代自己。

当然，二人的过节不止于此。

有一次，吕惠卿和曾布二人在翰林院陪客人喝茶，因为添茶的服务员安排不当，客人抱怨说：“这个翰林司[①]太不会安排，点茶都不会。”吕惠卿拿着杯子微微一笑，缓缓沉吟道：“如果翰林司都会点茶，那么翰林学士都必须是个过硬的笔杆子，文笔必须得是一流的！”

按说这话不错，同事调侃而已。

问题是吕惠卿的表情有点问题，他说话时，小眼睛一眯，阴森森地盯着曾布。这是赤裸裸的挑衅，讥讽曾布作为翰林学士水平不高。

曾布是“唐宋八大家”之一曾巩的异母弟弟，这一家子都以文化著称，谁敢说他们文笔不好，他们就会跟谁拼命。

举个曾巩的例子来说明。

曾巩当了中书舍人，有个叫章惇的同事讲了句客气话：“你那个《贺明堂礼成表》我看了，简直是天下奇作，好得很。”曾巩毫不谦虚，

① 这个职务主要掌管果实及茶茗汤药。

微微颔首，问道：“你觉得比班固怎么样？”

班固是古代笔杆子的高峰，是喜马拉雅山的高度，这个曾巩还真不谦虚。章惇没有当场回答，下去后见到同事，后悔得只想抽自己嘴巴：“早知道这家伙这样子牛哄哄的，我惹他干吗！”

作为“宋代班固”的弟弟，曾布对自己的文化也很自信，哪里忍得了吕惠卿的轻视。

矛盾就此升级。

后来，等吕惠卿守孝回来，是吕嘉问在主持市易司。吕嘉问倒是比较听话，问题是现在的三司使换成了曾布，曾布不像前三司使薛向那么好欺负，逼急了还会咬人。问题的分歧在哪里呢？原来曾布看不惯吕嘉问为了求赏多收利息钱，就去向神宗告状。

三个人就此闹了起来，王安石到处灭火。

神宗说：“有人说吕嘉问骚扰百姓。”

王安石回答：“不是吕嘉问，谁敢不避讳您左右的亲信？不是我，还有谁会替他说话？”

神宗让曾布调查吕嘉问，王安石赶紧说：“这俩人有私怨，结果恐怕不客观。”于是加上吕惠卿，目的当然是为了保护吕嘉问。

曾布告诉神宗，吕惠卿是个小人，不能用。神宗转述给王安石，王安石即刻摆手，坚称吕惠卿是个人才。他曾经说过：“新法刚颁布时，大家议论纷纷，只有吕惠卿和曾布一直忠心耿耿，其他人则时而坚定时而动摇！”

吕惠卿的活跃人所共知，曾布也是忠心耿耿。当时和王安石一起执政的是冯京和王珪，如果有什么政策出台，就会有人提醒曾布：“你要不要和冯、王二公商量下。”曾布很诧异地看着对方：“商量什么？丞相都定了的事，还用问？直接起草文件吧。”

可以想象，以王安石的固执，他该多么喜欢曾布这个人。

可现在没有人灭火了，吕惠卿又大权在握，会发生什么事是显而易见的……

曾布知饶州，因为吕惠卿不喜欢他；吕嘉问知常州，因为他确实多收钱了。

接下来，以吕惠卿的手段和心眼，他要对付谁呢？

所有人都知道——郑侠。

第十二章 事情正在起变化

在反对派们逐步被外放和软化形势下，变法派并没有像预想的那样蓬勃发展起来。哲学告诉我们，事物的变化发展，主要是由事物的内部矛盾引起的。内因是主导，外因只是条件。还记得在很早之前，史书上就说过“无内忧外患者，国恒亡”。没有对手，也是一件很危险的事。每个人都揣着自己的想法，就把新法这块饼给掰碎了。

我们有必要简单梳理一下郑侠的心路历程。

郑侠前段时间一直在地方工作，初到京城，工资待遇低，京城物价又高，所以生活比较清苦。在他“成名”之前，因为屡屡上书，好发议论，在士大夫中也小有名气，积累了一些声望，在生活上得到过很多人的资助。

有一次，他去登闻检院上疏，得到一把手丁讽的礼遇，请他坐下喝茶，亲切询问上疏的内容。丁讽表示：“我在精神上对你表示高度支持！”随后，丁讽去见冯京，二人聊天，谈及郑侠时，冯京这样一个大领导，很亲切地表示：“郑侠写得好，文辞俱佳。唉，基层的同志们不容易啊！”

此后，冯京派人找郑侠借过书、画，给他送过钱、米。

可当发生郑侠事件之后，神宗问冯京：“你认识郑侠不？”冯京急忙摆手，一连说了好几个“不”字，唯恐避之不及。吕惠卿手下又不是没有人，迅速打探出了冯京和郑侠交往的证据，当即报告神宗：“这两个人熟得一塌糊涂，私下老在一块谈心，当着您的面却否认了。而且郑侠上疏的很多内容属于机密[1]，他一个小吏，从何得知？”

结合前面所说的，郑侠转变的“神秘原因”，就昭然若揭了。

笔者认为，步骤是这样的：

郑侠渴望得到进用，但觉得王安石那边有风险，又比较慢，所以老是写一些时政文章给当局，于是被丁讽发现是个好苗子，遂介绍给冯京，冯京对郑侠亲切关怀，令郑侠感动不已。到这一步，郑侠实际上就成了冯京的一杆枪，弹药准备充足后，便向王安石开火了。

如果你不信，接下来还有一个证据：郑侠攻击吕惠卿时，捎带着推荐了冯京，说他很厉害，堪任大用。谁要再说二人没有任何交情的话，就有点抬杠了。

对这里头的关系，吕惠卿看得很清楚，迅速派一个叫舒亶的神捕出马，把郑侠“跨省”抓回来，将他家里所有的书信文件都封存交中书省，以备查案使用。这样一来，揪出了不少人，所有给郑侠送过米、面、慰问金的人都被牵连，甚至还包括一个看相的和尚，因为该和尚和冯京过从甚密。

值得指出的是，此案还牵扯到了王安石的弟弟王安国。

王安国是个令人头疼的弟弟，他和王安石的感情毋庸置疑，毕竟是亲哥俩，但是每每谈到政治，他就要给哥哥上眼药，喋喋不休地劝告：“哥哥，你可不能这样固执己见，天下人言汹汹反对你，这样下去，我们家族就危险了！”

王安石当然不加理会，于是王安国就回去在影堂[2]里号啕大哭：“这可咋办，我们家要遭灭族了……”

---

① 郑侠曾经提到过，有人披甲登殿辱骂，然而这件事没有以任何形式公开，以郑侠的级别，不太可能通过正当途径知道此事。

② 影堂，类似祠堂，供奉神佛或者先祖画像之处。

王安石知道弟弟的行为之后，大约也会摇着脑袋叹息："家门不团结，祸起萧墙啊！"

劝不动哥哥，王安国就找曾布，批评他蛊惑宰相，做出这种对不起祖宗的事。曾布犟嘴道："你又不是圈里人，咸吃萝卜淡操心，管这个干嘛，要变就变呗。"王安国大怒，指着曾布的鼻子大骂："丞相是我哥哥，他的父亲就是我的父亲，因为受到你的蛊惑，万一将来我哥哥杀身破家，祖宗都被挖出来挫骨扬灰，那也是我祖宗，你说关不关我的事！"

骂完曾布，王安国又去收拾吕惠卿。

有一天，王安石正在看闲书，看的是晏殊的诗集，看着看着，忽然"扑哧"一乐，喃喃道："晏殊这么大官，都当宰相了，还写这么香艳的小词，有点意思！"王安国扭头告诉哥哥："人家也是偶尔为之，出于个人兴趣，干事业可不是这样的。"

话说到这里也就完了，但吕惠卿不合时宜插嘴道："作为一个政治家，应该远离'郑声'，也就是夫子说的那些靡靡之音，何况他自己还写，没格调。"王安国嘴唇抽搐，半天憋出一句："远离靡靡之音，不如远离奸佞之人！"说完，他还意味深长地看了吕惠卿一眼。

这件事其实还有两个说法，一是说王安国为人风流，常去娱乐场所休闲，哥哥就写信给他："老弟，宜远郑声，保持艰苦朴素作风。"王安国回信："哥哥，远离奸臣，保持清醒头脑。"

另一种说法和这个差不多，说是王安国喜欢吹笛子，哥哥劝他不要娱乐，而他劝哥哥小心坏人。

总之，王安国嘴里的"佞人"，就是吕惠卿为首的这一拨人。

郑侠刚被免职，还没有被追究刑事责任，在路上遇到了王安国。王安国骑马执鞭，竖起大拇指："你可真是特立独行、无所畏惧。"郑侠摇头叹息："没想到丞相被小人蒙蔽，就成了这个样子！"

王安国顿时就很扭捏，毕竟王安石是他亲哥哥，俗话说长兄如父，他和王安石的关系还是很好的。他只好红着脸遮遮掩掩地替哥哥辩护："我哥这个人呢，也不是你想的那样，他一向认为臣子不应该和天子争功，也不该躲避天下人的怨恨，最好是把全天下人的怨恨都归于自己，这样才算是为国尽忠。"

王安国的说法是对的，王安石确实替神宗挡了不少子弹。可是郑侠不信，郑侠没有自我思考能力，他一出生，脑子里就被写入了魔咒："皇帝永远正确。"所以就对王安国嗤之以鼻："尧、舜统治时期，夔、契辅佐，我看也没有人怨恨啊。"

此后不久，郑侠就顶了个"谤国"的大帽子，被追捕回来。

郑侠被抓进拘留所，迅速拔出萝卜带出泥，分别是后台冯京、好友王安国、中间人丁讽，慰问过他的领导、前枢密副使王克臣等。

至于郑侠本人，结局倒不是很惨，因为宋朝不杀读书人，加上神宗觉得："侠所言，非为身也，忠诚亦可念，岂宜深罪之？"只是"移英州编管而已"，也就是流徙。

处理完郑侠，吕惠卿没干什么正事，又揪出一件案子来。

这件新案子是个要案，政治影响很恶劣，因为牵扯到了皇亲宗室，又和谋反扯上了关系。

当时，每个官员家里总是养着那么一两个闲人，这类似于春秋时候的"门客"，这些闲人多数有一技之长，预测未来、晓谕祸福，最不济也能"鸡鸣狗盗"，对官员的仕途规划起到了一定作用。之所以说起这个，是因为此案的核心人物，正是这样一个世外高人。

熙宁八年（1075）四月，忻州百姓状告前余姚县主簿李逢谋反。李逢一个副县级干部，哪有什么资历造反，问题在于，这个控告涉及右羽林大将军赵世居。此人最倒霉的地方就在于他姓赵，是宗室子弟，更倒霉的是，他属于太祖那一脉，这个可疑的身份给他的造反带来了巨大“便利”，引起了神宗的高度警觉。

顺藤摸瓜，牵扯出好多人，这里头就有一位“神仙”，大名李士宁。据说此人颇有一些来头，特异功能很强大，“善为巧发奇中”，总能预言一些事情，所以在士大夫中很有市场，所谓“挟术出入贵人间”。

李士宁从来不做生意，也不从事生产活动，但钱总是用不完，家里常有十几个宾客，吃吃喝喝娱乐。此人不识字，但是总能随口吟诵一些小有文采的诗词——这些诗里还总是隐约有所指，有谶语的作用。

经查，李士宁和赵世居多有往来，他的罪证主要有两条：第一，给赵世居母亲赠过诗，是改编的仁宗给英宗母亲的挽联。我们都知道，仁宗把位子传给了英宗，所以这个挽联中实际上有传位的意思。赵世居得到这个改编诗以后，非常兴奋：一个特异功能人士暗示自己要当皇帝，他的内心波澜起伏。

李士宁的第二条罪证就比较严重了，他还给赵世居赠过金钑龙刀。听这刀的名字就知道不是一般东西，有受命于天的含义。

最初，这把刀是在一个叫沈文通的人手里。沈文通有个叫许安世的朋友，这位许安世据说是考了状元，回家省亲路过沈文通家里，在书房看到了金光闪闪、制作精良的宝刀，十分喜欢。沈文通也就“宝刀赠英雄”，跟他说：“我得到这把刀后，家里很多事情就不顺，总想着送给谁。现在你考了第一名，以你的福气肯定可以镇住它，就送给你了！”

这个许安世，也是李士宁的拥护者。当他拿着宝刀在偶像面前炫耀时，他偶像垂涎三尺地说：“原来这东西在你这里呢！这是以前徐温的佩刀，共有雌雄两把，雌的在我手里，你这一把是雄的，我为了这把刀，涉山渡海，今天是踏破铁鞋……”说着，李士宁又重重地咽了一口口水。

听偶像说完，许安世还是有点疑惑，不就是一把刀么，至于到海外去寻找吗？看他疑惑的表情，李士宁神秘一笑，凑过来小声说："下面我给你说的，可都是机密，你听听就算了，六耳不同传。我正在修炼金丹，之所以进展缓慢，迟迟不能成仙，就是因为没得到这两把刀啊！如果有了这宝物，不但我可以得到好处，大药炼成，也可以给你分一点，咱们一起移民上天。"

偶像都这么说了，而且还用成仙来诱惑，许安世还能怎么样，唯有割爱相赠。

结果一转眼，李士宁把刀交给了赵世居，又饱含深意道："除了你，没有人配得上这把刀了。"——可见那个"雌雄刀"的说法根本就是说谎，其实总共只有一把刀。赵世居自然是满心欢喜，和手下的喽啰们欢欣鼓舞。

抓住赵世居，拘留李士宁，有人就借故想把火往王安石身上引。王安石确实和李士宁关系很好，他当宰相的时候，曾经让李士宁在相府里住过半年。也许在变法最困难的时候，王安石想通过李士宁求助神秘力量，也许王安石和他交往，也是士人"仕隐之患"的体现，结交一些方外朋友。

这一切，都是我们的猜测而已。

另据有心人考证，李士宁用他的天眼甚至看到了王安石的前世，就是一只野獾投胎，所以"獾郎"那个诨号，就是他给起的。

朝廷派去审理此案的两个人：一个是徐禧，乃是吕惠卿的手下；另一个是范百禄，是范镇的侄子。这两个人分属两派，所以判决结果就迥异，范百禄对王安石极度不满，所以有意放大李士宁的罪证，看看能不能把王安石拉下水。徐禧则坚持相反观点，坚持不要扩大事态："人家写给赵世居母亲的诗歌，主体部分是十几年前仁宗的作品，哪里谈得上反动？”

结果当然是变法派取得了胜利，李士宁只是被打了一顿屁股而已，范百禄自己则因为奏报不实，被贬到宿州去做税监。

之所以列举这两件案子，是因为它们都是吕惠卿上任后主抓的大案要案。最重要的是，这两起案子和王安石都有着千丝万缕的联系。王安国是王安石的弟弟，李士宁是王安石的门客，所以一直以来，包括《续资治通鉴长编》都认为吕惠卿想要借政治案件倾轧王安石，以断绝他再回朝廷的可能。

首先，我们来看事件一，王安国和哥哥政见不同，这是天下人都知道的，所以处理王安国是扳不倒王安石的，吕惠卿只是为了泄私愤。至于事件二，徐禧是吕惠卿的手下，如果他有意整王安石，为什么又要保护李士宁，反对范百禄呢？

有研究者据此判断，吕惠卿并没有刻意去株连王安石，他们之间的革命友谊还是纯洁坚贞的。

可是，去宿州上任前，范百禄曾恨恨地说：“士宁有可死之状，禧故出之以媚大臣。”这里头的“大臣”是哪一位？

个中玄机，从时间上可以判断出来。此案结案是在闰四月底，而在两个多月之前，王安石就已经复相，重新走上了帝国领导人的岗位。所以范百禄所说的“大臣”，其实不是吕惠卿，而是王安石。按当时的情况，徐禧虽然是吕惠卿的人，就算吕惠卿有授意，他也绝对不敢动王安石，所以保护李士宁是顺理成章。

说直白一点，徐禧只是慑于王安石的威严，他证明不了吕惠卿有多正直。

至于有人说神宗发现吕惠卿想要借李士宁整王安石，觉得此人不地道，所以才急招王安石进京复相。从时间上看，这个说法也说不过去，因为王安石回来时，赵世居案还没有发作。

不过，不能否认的是，王安石和吕惠卿这两位变法鼻祖之间，此刻已经有了裂痕，这裂痕是如此明显，即便在政治上不是那么敏锐的人，也可以观察出来。

看看下面人物的表演吧。

先说王安石复相。他走之后，吕惠卿和韩绛一起共事，一旦大权在握，吕惠卿就忍不住了，迫不及待出来处理那些和自己有私怨的人，同时又大权独揽，把韩绛晾在一边，这种行为和王安石之前的作为对比鲜明。

韩绛失眠了。

所以韩绛私下里告诉神宗："吕某人，是条中山狼。"

神宗毫不犹豫，即刻下诏，让王安石回来工作。作为一个日渐成熟的政治家，神宗深知宰相这个位子，不怕执政者无能，也不怕他大胆改革，怕的就是有私心，这种人假公济私，过不了几年国家就会万劫不复。

王安石的品质所向披靡、无懈可击，即使是最不要脸、最缺德的政敌都不能否认。有一件小事颇能说明，具体时间不可考，不知道是哪次罢相的事了。王安石家原来有一张藤椅，是公家的东西，离职去江宁，他的夫人就有点不愿意退给公家，大约也有赌气的意思："我们家相公刚一罢相，你们这些狗眼看人低的玩意儿就来拉东西，太势利眼了！"

王安石呵呵一笑，也不说话。

他慢慢脱下鞋子，赤脚走过去，走上藤椅站了一会，又走下来。什么意思呢？原来，虽然王安石不讲究，但他娶了个有洁癖的太太。王夫人的洁癖是如此严重，以至于某次有只猫钻进了一大堆绫罗绸缎里，她即刻收起来扔到浴室不用，直至腐烂扔掉。

现在，夫人看到了王安石的动作，顿时一阵恶心，家里最不爱干净的人的脚已经沾染了这张椅子，不能要了，退回去吧！

如果人人都像王安石这样不谋私利，神宗就不用担心了，但是很不幸，据神宗观察，吕惠卿就是个私心杂念很重的官员。

对比一下吧，没有高山不显平地。

吕惠卿当政，他的弟弟吕升卿、吕和卿就被引入朝廷。吕升卿主持考试，吕惠卿的小舅子就考到了前几名。

除此之外，吕惠卿还创造性地提出了“手实法”和“给田募役法”，前者极度超前，用通俗的话表示，可称之为“平头百姓资产申报”制度，老百姓家里有几只鸡，每天下几个蛋，圈里有几头猪，房子几间，甚至有多少条椽子，都得统统上报朝廷。你要是不报告或者隐瞒不报，如果被邻居检举出来，他就发财了——你财产的三分之一就是他的了。

王安石是有点铁腕，但吕惠卿这样做，就有“酷吏”的味道了。需要注意的是，此时他才刚刚执政半年左右。

虽然王安石执政的时候，他弟弟也被赐进士，从而当官。但这并不是王安石本人的意愿，而是神宗表示好感、拉拢王安石的手段，因为王安石的几个弟弟始终是站在他的对立面的，对变法持反对意见。

王安石走的时候，很多人觉得他大约回不来了，所以就围着吕惠卿使劲献媚。这里头最积极的，就是“好官我自为之”的邓绾。

忽然之间，王安石又回来了，连吕惠卿都觉得惊愕，邓绾更是手足无措。他已经看出王安石和吕惠卿二人的矛盾，于是以小人之心度君子之腹，害怕王安石收拾他，觉得应该做点什么，表示自己的立场。那么，应该怎么做？最简单的方法就是搞吕惠卿一把，向王安石“深情表白”。

翻手为云、覆手为雨，这是政客们最擅长的手段。

邓绾先是参奏吕惠卿的经济问题，说他强借华亭的民营企业家五百万钱，给知县张若济买田，一起谋取私利。紧接着，邓绾又弹劾吕惠卿的朋党章惇，说他是吕惠卿的小帮凶，干了很多坏事[①]。

这两次参奏在每个人心里，荡起了不一样的涟漪。

王安石没有表态，神宗暂时沉默，邓绾孤注一掷，吕惠卿则心里起了嘀咕，他确实不希望王安石回来。推己及人，换位思考，他也认为王安石不希望他继续待下去，所以合理的推断是——王安石指使邓绾疯狂撕咬他。

其实这都是误会，这只是邓绾个人的行为而已，但是因为大家之间有了隔阂，局面就更加扑朔迷离。

所以在遭到弹劾后，吕惠卿几次上书，要求到地方任职。神宗很好奇，就问他："为何如此罕见地不贪恋权贵了？"吕惠卿很可怜地诉苦："王安石大约是看我不顺眼，不希望我待下去，所以这次回来后就一直称病，他这是给谁脸色呢？"

王安石和神宗其实都对吕惠卿不满。王安石生气的是他私自改变法度，神宗则是对他的品格产生了怀疑。但问题是，想要再找到这样一个精通变法且富于热情的人，实在太难了。所以神宗极力挽留吕惠卿，甚至还让王安石去做思想工作。

最后，吕惠卿还是离开了。

接着邓绾又开始攻击"手实法"。这个法的确不好，但他此时跳出来就有点太刻意了——痛打落水狗吕惠卿，献媚王安石。

邓绾的努力没有白费，吕惠卿和章惇相继被贬。这里有一个迷信的

---

① 此时吕惠卿已经离职。

故事，说是有个叫化成的僧人，早就给朝廷官员说过：“吕惠卿当参政，就好似草屋上面放鸱吻！”“鸱吻”是高级建筑专用的，而且是权力和身份的象征，草屋上放置这么一个东西，有些不伦不类。

化成对此进一步解释：“这个鸱吻随时可能从草屋上滑下，吕惠卿马上就要被贬了。”

曾经的战友吕惠卿走了，这并没有给王安石带来好心情，没有强有力的左膀右臂，一个有魄力的改革者是很难做成什么大事的。最要命的是，王安石此次回来，颇有“物是人非事事休”的感触，一贯坚决支持变法的神宗，蓦地深沉起来，变成了一个有城府的青年。

在封建集权社会里，决策层的态度其实是变法唯一的生命线。

王安石独自坐在书房，闭目靠在椅背上，那些并不遥远的、温暖的记忆接踵而来：人们都说，人老了之后，就会变得多愁善感，也许自己真的老了，思想跟不上那个曾经的毛头小子了……

变法开始时，苏轼责怪曾公亮占据高位却不和变法派作斗争，曾公亮摇头解释说：“皇帝和王安石心灵相通如一人，这是天意，谁也不能撼动的。”

神宗也曾深情地对王安石说：“曾公亮年纪大了，就要退休了，国家大事还得依靠你，你可千万不要觉得我不了解你，不支持你！”

那是熙宁五年（1072），因为身体原因，王安石想要出去待一两个月，稍微放松一下。神宗坚决不许，还说了一番十分深情的话：“自古以来君臣之间像你我这样相知的，十分罕见，岂是近世君臣可以比的？像冯京、文彦博这些人以‘均劳役’为由外出，你不能这样。我当初没什么知识文化，顽鄙不堪，自从你到了翰林，我才学到了很多道理，有所领悟。你既是我的臣子更是我的老师啊，我是坚决不许你出外任职的！你也不要写什么申请，反正我不会放你走，也免得让别人知道，生出了观望之心，怀疑咱俩之间有什么嫌隙。”

最后，神宗又重复了一句：“我和你，不是别人可以离间的！”

作为封建社会一个年轻的皇帝，神宗能对王安石说出这么一番令人动容朴素的话，足以证明王安石在他心目中的地位。从某种程度上讲，王安石可以说是神宗皇帝的精神导师，是他的主心骨和领路人。

在变法运行的几年间，王安石曾经不止一次地提出要退休，想要休息一段时间，远离政治中心，但都被神宗拒绝了。神宗把他比作刘皇叔托孤的诸葛亮，又信誓旦旦地说：“我和你君臣之间，哪里有纤毫的疑贰？”

但是——这世界上最凶猛的就是“但是”！它就是一个炸药包，足以把前面所有的修饰和美誉炸得粉碎，灰飞烟灭。

随着新法的一步步实施，神宗皇帝日渐成熟，有了自己的政治主见，难免和王安石有所分歧，而王安石又是有名的“拗相公”，自己认准的事，就要一条道走到黑。特别是在用人问题上，王安石引进了大量被人看不起的“小人”，这一点一直是遭人非议的，甚至有人直接把变法失败的原因归结为“用人不当”。

“用人不当”这个理由确实有点牵强，社会科学尽管不像自然科学那样处处讲究实证，但每个历史事件背后，都有不可抗拒的客观因素。不管王安石如何执拗，他又能奈自然规律者何？

有一句俗话叫作“屁股决定脑袋”，话虽不文雅，却道出了一些真相，处于不同位置的人，不管表面上看起来如何相似，所关注的事情是完全不同的。王安石和神宗也是如此。一开始，神宗只是想往国库里多收一点钱，好去打仗，收复祖宗的失地。所以对王安石的变法，一开始是无条件支持的，才说了那么多真诚感人的话。

随着新法的逐步实施，情况起了变化，神宗没想到会有那么多人，抱着种种目的，奋不顾身来反对新法。

比如吕公著，他反对青苗法，反对提拔吕惠卿。王安石要解除吕公著的官职，神宗面有难色地说：“为了青苗法这样的‘细事’驱逐中丞，是不是不太好？”

再比如范仲淹的儿子范纯仁，屡屡用激烈言论抨击新法，因为杀伤力过强，都被神宗压了下来，以免影响团结。岂料范纯仁觉得神宗袒护变法派，自己去张贴小字报，到处传播，惹怒了王安石，要放他出去。又是神宗站了出来：“他也没什么大罪，找个好点的地方去任职吧。”

甚至在唐坰大闹中央机构，令王安石颜面扫地之后，神宗也没有过多地指责这个投机犯，甚至在次日，还以十分娱乐的口吻跟薛向聊天：“昨天唐坰说的那些，你知不知道？”薛向摇头表示不知道。其实，就算知道他也不敢说，毕竟这是敏感话题。神宗淡淡一笑，略带赞赏：“你不知道啊，昨天殿前是何火色①！”

所谓“上意虽寤，亦不深怒”！

甚至有研究者指出，王安石的第一次罢相，遭到“天人感应”理论的暗算，其实就是神宗皇帝一手导演的，因为旱灾是司空见惯的，那一次也未必就有多么严重。

这就是神宗的矛盾所在。

他屁股下坐的是龙椅，要对整个国家和政局负全责，他必须保证国家处于稳定的状态中。在这个前提下，才谈得上宏伟构想。如果因为变法而使朝政分崩离析，犯不上冒这个险。

他对王安石很尊敬，对他的才学和道德毫不怀疑；另一方面，却又对这位老师在政治主张上的独断专行小有腹诽。他希望有一批务实求真

① 即火候，指现场的激烈程度。

的人站出来，帮助王安石完成变法事业，却又对这些人的品格有所顾忌，害怕坏了自己的家国，伤了老臣和愚忠之臣的心。

所以细心观察的话，就发现在这几年里，神宗不自觉地、无师自通地运用了祖宗家法，经常在桌子下悄悄使用“异论相搅”的法宝，一边使，还一边不由地赞叹：“这祖传的东西就是好使！”

在王安石执政的这段时间，之所以没有发生严重的“党锢”，没有人遭到非人的迫害，一方面是因为王安石个人素质高，另一方面就是因为神宗在悄悄踩刹车。

神宗相信，变法是正义的事业，凭借自己和王安石的能力，一定可以令帝国焕发青春，走上富强的道路。可面对天灾，却又忍不住动摇起来，疑心变法是不是真的“逆天而行”。

在这样的心境下，我们也可以理解，为什么前文中，在与皇奶奶、皇妈妈和皇弟弟的亲切会晤中，神宗会突然间勃然大怒，撂出那些狠话。潜台词很明显，我这么年轻当个皇帝容易吗？你们成天吃香喝辣，事到临头，却站出来说风凉话！

这是神宗的心路历程。

对王安石而言，虽然他洒脱、不羁又擅长独立思考，但这并不代表他是个一根筋的人。他的内心是孤独而敏感的，目前的局势在他看来一目了然，却又无能为力：神宗长大了，有了独立思考能力，甚至一度表现出要独掌权柄的倾向，自己退休的时候是不是到了？而吕惠卿，大约也以为是自己指使邓绾等人攻击他的，所以才一反常态，在神宗那里吵闹，这种事是解释不清的，只会越描越黑。更何况，据调查，这件事是自己的宝贝儿子王雱干的，王雱指使那些上蹿下跳的家伙告发吕惠卿，以报复吕惠卿的“夺权”。

王安石的这个儿子，确实是个活宝。

王雱从小就聪明伶俐。某次，看到别人拿个笼子，里面放了一獐一鹿，那人逗他：“哪只是獐子，哪只是鹿，你认识不？”小王雱确实不认识，歪着脑袋想想，脱口而出：“鹿边上是獐，獐边上是鹿！”

这个脑筋急转弯一时传为佳话。

因为王安石的特立独行，拥有那个时代最发达最富有前瞻性的思想，可见在儿子的思想教育上，他并没有用那时候的通常的教育手段，于是在其他人眼中，王雱就成了一个极端“乖张”的青年。加上王安石就这么一个儿子，对他极其疼爱，甚至有一些娇纵。

按照朝廷制度，因为王安石当权，所以王雱必须避嫌，他并没有担任什么重要的领导职务，只是在学术上有所建树。

对于现在这个局面，王雱不仅知道是怎么回事，还知道吕惠卿心里的小算盘。正好邓绾等人又出来献媚，所以王雱加以利用，想为自己的父亲出一口气，而这一切，王安石是不知道的。

吕惠卿受到攻击后，毫不示弱。想必他已经看出了神宗有“自奋英断”的意图，所以用语就比较不客气，完全丧失了一个政治家的客观立场。吕惠卿说：“王安石完全抛弃了平生所学，转而研究纵横家的末技，乃至于谗言陷害、胁迫他人、压制贤能、党结奸邪……”

总之，王安石似乎在一夜之间，撕下了虚伪的羊皮，从“喜羊羊”变成了“灰太狼”。

神宗想要弄清楚发生了什么，就把吕惠卿的上书给王安石看。王安石也一头雾水，回家问儿子，这才知道原委，他狠狠批评了儿子的冲动。吕惠卿不是什么正人君子，这是大家心知肚明的，但是关键时刻，应该以大局为重，否则变法事业将会受到致命的打击。

王雱被父亲责怪，心里十分委屈，就得了重病，疽疮发作，英年早逝，此是后话。

就这样，在反对派们逐步被外放和软化形势下，变法派并没有像预想的那样蓬勃发展起来。哲学告诉我们，事物的变化发展，主要是由事物的内部矛盾引起的。内因是主导，外因只是条件。还记得在很早之前，史书上就说过“无内忧外患者，国恒亡”，没有对手，有时候是一件很危险的事。每个人都揣着自己的想法，就把新法这块饼给掰碎了。

那些拍马屁的人，还在不断地帮倒忙。

从掌权开始，王安石身边就没有缺少过这种货色，只不过他用人的标准是唯才是举，所以那些才干平平、嘴上功夫了得的投机客并没有讨到便宜。话说有一次，有人拿了一篇苏轼的文章给王安石，王安石拿着看了一会，低声道：“这是什么东西啊！”马屁精们立刻“遽诋訾之”，把苏轼骂了个狗血淋头，说他文章只配写在手纸上，读了都要呕吐三天……

王安石不说话，默默读完，仰头感慨：“此乃三王世家之经典雄文啊！”

马屁精顿时变成红焖虾！

就目前来说，要怪就怪邓绾自己，完全没有弄清楚形势，看不到皇权（神宗）、相权（王安石）和臣权（吕惠卿）这个“三角关系”的微妙之处。他以为，只要大拍王安石的马屁，就能巩固自己的位子，“好官继续为之”。

邓绾凑了上来，是因为他有个好朋友练亨甫。练亨甫是王安石的门人。他告诉邓绾：“只要王安石继续当宰相，你就有了根基，荣华富贵才能久长。为此，你应该给皇帝提建议，用优厚的条件去留住王安石，让他千万不要辞职！”

邓绾瞪大眼睛，傻乎乎地问了一个问题：“什么是优厚的条件？”

练亨甫说："王安石当宰相，他的儿子王雱应该当枢密使[1]，王安石的几个弟弟应该分别位列二府，他的女婿、侄子也需要授予馆职。除此之外，在京城还要再搞一块地方，给他建一套豪华住宅。"

邓绾是个小人，当然用小人的方式去思维。他觉得，这位可爱的练朋友既然是王安石的人，肯定最了解王安石的喜好，说不定，就是王安石暗示他这样说的。

于是邓绾点了点愚蠢的大脑袋，说："好的，我这就去干。"

又是个"利令智昏"的角色，他的智商目前已经低到了不可思议的地步。按照练亨甫的"安置计划"，王安石一大家子都涌进朝廷，占据各个要害部门，同时控制舆论，这是什么状况？还是不是赵家天下了？神宗皇帝能答应吗？

可是邓绾愣是没发现有何问题，他老老实实写了一封文件，建议神宗按照这个方案赏赐王安石，以便为国家留住人才，将变法事业进行到底。

一看这个疏奏，神宗忍不住"噗嗤"笑了出来。笑过之后，神宗却又陷入了沉思，他把邓绾叫过来问话，邓绾说："这是练亨甫建议的。"

神宗知道练亨甫是王安石的人，他紧皱眉头，心里浮现出两个可怕的字——朋党！

王安石是不是在结党呢？

他想起不久前的一件事，有个叫郭逢原的人曾经上疏，要求大力加强宰相的权力，相权必须集中而强大，足以遏制文武百官[2]，皇帝应该授予宰相无上的生杀予夺大权。

看到这个上疏，神宗心中极为不快，相权要是至高无上，把我这个

---

① 此时王雱尚在世，而且应该和练亨甫、邓绾二人关系不错。

② 郭逢原此举是希望宰相政权、军权一起抓。

皇帝往哪里摆？令神宗更加不快的是，当他把郭逢原的设想讲给王安石的时候，王安石竟然不顾自己“逢原必轻俊，不是什么好人”的贬义评价，反而点着头说：“这个人不错，可以试着用一用，没准是个人才！”

这个王安石，到底想干吗？

于是几天后，当王安石再次向神宗请求辞职时，神宗神秘地笑笑：“你应该留下嘛，你的那些要求我都会一一满足的，唯一麻烦的就是豪宅的问题，你知道现在老百姓对官员建房意见很大……”

王安石大吃一惊，慌忙问神宗，自己曾经“提过什么要求，怎么还有房子”？

神宗这才娓娓道来，像是在讲一个神奇的玄幻故事。王安石也听得目瞪口呆，这个邓绾也太有想象力了，给自己铸了这么大一口黑锅。接下来的事就简单了，邓绾被踢了出去，升官梦弄巧成拙，而王安石心里，也留下了难以磨灭的阴影。在皇帝心中，自己竟然成了如此一个人！

神宗装聋作哑，是故意选择性地失忆，他忘了之前有这样一件类似的事。

曾经有个叫郭祥正[①]的知县，颇有诗名，不知道出于什么原因，给神宗写信，要求“天下之计专听王安石处画”。但凡有不同于王安石的建议，就算是高级官员，也应该屏蔽其发言，为变法营造良好环境。

神宗疑窦丛生，闲谈时故意试探：“你认识郭祥正吗？”

王安石点点头，告诉神宗以前见过这个人，此人有才华，但是“才近纵横，言近捭阖”，走的是江湖政治家的野路子。王安石最后的鉴定

---

① 郭祥正的母亲梦见李白后生下他，而他又恰好诗写得不错，所以年轻时候难免牛哄哄的。年长之后，名利之心熄灭，就走上了学禅的道路，在佛教史上也是有名的大居士。

意见是：此人“薄于行”，缺乏政治家的稳重。

“对了，皇上您是如何认识这个县级干部的？”王安石有些好奇。

神宗得意扬扬拿出郭祥正的奏疏，说明了事情的原委，而王安石则连连摆手，表明此人不可大用。

这件事足以说明，王安石不是那种自己找人煽风点火的人，那么为何邓绾的建议就让神宗起了疑心呢？

那是因为，本质原因不在这里，而在神宗的内心。很多事情，都是先在心里做决定，然后再慢慢找理由去做。

因为和皇帝的隔阂，也因为三十三岁的儿子早逝所带来的撕心裂肺的悲伤，王安石坚决要求辞职养老。

这一次，神宗没有挽留。

王安石离开，被主流认同的一个原因，是因为吕惠卿的攻击。据说吕惠卿出示了一些证据，白纸黑字，证明王安石在给他的书信中说过：“有些事情，还是不要让皇上知道为好，另外，也不要让冯京知道……”

这件事深究起来，就是一起很严重的政治事件，属下官员竟然背着皇帝商量事情，在政治风气不好的朝代里，铁定要人头落地。

可惜这件事被考证为造假，神宗最清楚了。

此一去，帝国颓老，哲人晚岁……

其实就神宗对王安石的了解，他应该很清楚，任何一个正常人都不会提出那么荒谬的要求的，更何况一向视名利如粪土的王安石。可他还是把话挑明了。

这是一种态度，王安石收到了。

于是，他离开了。

第十三章 哲人晚岁

谁都没有想到，这样一个积极入世的人，退休之后，居然摇身一变，变得如此有趣和谐，瞬间完成了从入世到出世的转变。简简单单，去除心灵的蒙尘，这件事对王安石来说是如此容易，就好像脱一件旧衣服。

一般来说，官员退下来后，都会得病。

第一种在古代最常见，称之为“闭门思过症”。得这种病多是问题官员，年纪不大，却因为一篇文章或者几句话，被流放到偏远地区，心里十分懊恼，于是整日闭门思过，同时利用以前的官场人际网络，到处打探朝廷动态，以图东山再起。这种官员的主要武器就是诵经、祈福、写信、保养身体。

另一种是所谓“退休综合征”。这适用于正常离职的领导。他们的生活从门庭若市到门可罗雀，从日理万机到散步锻炼，落差比较大，所以老同志心理上一般会出现障碍，于是寄情于书法和绘画，成天写写画画。

王安石不同，他似乎带着与生俱来的异类基因。

这一次，从感情上讲，他是下定决心离开了；从理智上，却又有一点不舍或者说不甘心。毕竟是自己倾注了毕生心血的事业，就这样放弃了。

犹豫彷徨中，王安石居住在前宰相刘沆的旧居，让刘沆的儿子把著名的和尚化成找来。上一章里，说吕惠卿当参政是“草屋加鸱吻”的就是这位化成和尚。化成来了，王安石摇了一卦，请和尚看看。

化成很奇怪：“三十年前给相公看命，如今你已经仕宦至宰相，还要问什么？”

王安石很含蓄："我力乞辞职，皇帝却不允许，您帮忙瞧瞧是不是能实现？"

实际上他想说的是："我内外交困，皇帝目前也不怎么支持，您看变法事业还能不能继续？"

化成并没有看卦，而是打了个谜语："相公得意浓时正好休。要去，在相公，不在上，不疑何卜？"意思是，遵从你内心的选择，何必庸人自扰。

去意已决！

从帝国二把手的位子上退下来，王安石走进了另一个世界，到达更纯更真的层次，其精神境界之高，是那些昔日同僚们难以望其项背的。他是一个游走于世俗和圣境的游侠，是一个内心强悍无比的禅者。

就在拜相那一日，大小官员都来门前庆贺，王安石却命人在门口挡驾，一个都不见，自己和朋友在西庑小阁默默静坐。片刻后，眉头紧锁地站起来，提笔在窗边写下"霜筠雪竹钟山寺，投老归与寄此生"的句子。

一腔萧索，尽在不言。

富贵只是身外之物，山林才是归宿所在。这是他的真性情流露，写完之后也就忘了，多年后这个朋友提起来，他还略略一怔，思索一会才想起来。

王安石的特立独行，在前面已经说过很多了，人格所向披靡，谁都不是对手。他的朋友司马光之所以一直暗地里看王安石不爽，有一个核心的原因就是，他觉得自己道德不比王安石差，怎么就搞不过他呢？

司马光的郁闷，也是很多现代中国人的迷惑，这么一个"司马圣人"，怎么就怀才不遇了呢？其实我们对比一下，就很容易发现，司马光的所谓"道德"是硬生生修炼出来的，有做作的生硬痕迹，而王安石要自然得多，是真性情的流露。

曾有人送给王安石一块砚台讨好他，这件宝贝神奇的地方在于，只要对着它呵气，上面自然就会凝结出水珠，直接研墨即可。王安石却笑着婉拒了，对来人说：“就算一下能呵出一担水来，又能值几个钱呢？”

司马光拒绝过小姑娘，王安石也不例外，一辈子没有纳妾。要知道在当时，这一举动不代表你道德多高尚，而是说明你这个人没格调，生活没品位，是低俗的行为。你看人家苏轼的那一帮朋友，和小姑娘们混在一起多快乐，弹琴唱歌，写下了无数美妙诗歌。

王安石还是知制诰的时候，他的夫人吴氏给他悄悄买了个小妾，免得被人看不起，在职场被大家孤立。王安石回家后，看到这个姑娘，来了一句：“何物女子？”意思是你是谁，你来干吗？

姑娘回答：“吴夫人让我来照顾您的起居。”

王安石明白了，这不是个一般保姆。一般保姆没什么文化，讲话不会这么含蓄。继续问道：“你是谁家的？”姑娘这才满面愁容，把家里的事情讲了。她有个倒霉的当兵丈夫，摊上个倒霉差事，给公家运送粮食[①]，结果在路上船翻了，按照法律，他们家应该全价赔偿国家的损失。家里实在没钱，这个当兵的就只好把老婆卖了，给人当妾。

王安石追问：“我太太多少钱买的你？”

姑娘答：“九十万钱。”

王安石点点头，二话不说，差人将她丈夫召来，告诉小伙子：“把你老婆带回去吧，以后可别这样干了。”

在和吕惠卿的政治蜜月期间，二人私交也很不错，吕惠卿告诉王安石：“领导，您脸色黧黑，是不是有什么顽固污渍，我告诉你一个偏方，

① 类似于百姓的“衙前”役。

用园荽[1]洗一洗，就干净了！”

王安石摇头：“我天生是个黑脸，用什么都洗不掉的。你看我的老领导包公，用啥牌子都不好使，这是从娘胎里带来的。”

王安石有病喘，必须要用紫团山人参才能治好。他的另一个手下，前三司使薛向从河东给他找来了珍贵的紫团山人参。王安石却拒绝了，根本不要。

薛向不解，问他：“现在不是讲廉洁的时候，关乎性命。您老人家这个病，必须要这种药才能治好，既然找来了，您为何不要呢？”

王安石哈哈一笑，十分豪迈地说：“无所谓，我这么多年没见过你这个人参，还不是活得好好的？”

就是这样一个落拓不羁的人，因为不拘小节，也给神宗留下过深刻印象。某一天，神宗正和王安石讨论政事，说着说着，忽然露出了诡异的微笑，但这个笑容如星芒一般转瞬即逝——毕竟是皇帝，要注意形象，更何况王安石是自己的老师，要尊重他，不得随意取笑。

王安石下来后，同僚才告诉他，刚才神宗之所以笑，是因为在他胡须上看到一只出来游玩的小虱子，该虱子年轻力壮、性格活泼，在他的胡须上爬上爬下好几个来回。

这个同僚还戏谑说：“我给这勇敢的虱子写了个评价：‘屡游相须，曾遭御览。’”

王安石听后也不恼怒不尴尬，又是哈哈一笑罢了。

在韩琦看来，王安石是个倔犟不群的官员；在司马光看来，王安石简直是个不世出的奸邪政客；在富弼等人看来，王安石则是“刚愎自用”的代名词，任何人的话都听不进去……

---

①园荽即芫荽，也就是香菜。

谁都没有想到，这样一个积极入世的人，退休之后，居然摇身一变，变得如此有趣和谐，瞬间完成了从入世到出世的转变。简简单单，去除心灵的蒙尘，这件事对王安石来说是如此容易，就好像脱一件旧衣服。

回到江宁，王安石彻底摆脱了政事，大约是骤然来临的空闲使他有些手足无措，他的爱好变得广泛起来，涉猎了很多之前不曾接触的东西。比如佛学，他那爱好思辨的心灵，总是要找一个依托。

王安石有一首词，大约流传不是很广，叫作《望江南·皈依三宝赞》：

皈依众，梵行四威仪。愿我遍游诸佛土，十方贤圣不相离，永灭世间痴。

皈依法，法法不思议。愿我六根常寂静，心如宝月映琉璃，了法更无疑。

皈依佛，弹指越三祇。愿我速登无上觉，还如佛坐道场时，能智又能悲。

三界里，有取总灾危。普愿众生同我愿，能于空有善思维，三宝共住持。

这首词显示出了他深厚的佛学修养。

成为一个著名的退休乡绅后，王安石建了一座简陋的“半山园”，几间破屋，花花草草，从此世间无有王介甫，只剩一个默默的半山老人。他回首检讨平生，写一句唐人诗句：“当时诸葛成何事？只合终身作卧龙。”出世入世，都是无碍自在的，自己当初何必如此执着于建功立业呢，做政治家也罢，做农夫也罢，都没有区别。

唯一让他动了世情的，是已经去世了的唯一的儿子。

有朋友来拜访，居然说他曾经恍惚间进入阴曹地府，看到了王雱身披枷锁、痛苦万状，恳请他告诉父亲，做佛事积功德救拔苦难。王安石不管平时多么客观冷静，关系到儿子就乱了阵脚。

于是写了一封《乞将田割入蒋山常住札子》：“……元契共纳苗三百四十二石七斗七升八合，蔑一万七千七百七十二领，小麦三十三石五斗二升，柴三百二十束，钞二十四贯一百六十二文省，见托蒋山太平兴国寺收岁课，为臣父母及雱营办功德。”把自己的财产大部分都捐了出去，还有皇帝赐的黄金，捐给寺庙祝延圣寿。

又有一则传闻，王安石更加愿意相信是真的。

有个叫胡滋的县吏，他的夫人是宗室女，他告诉别人，自己曾经梦见一个人穿着金紫之衣，自称是王雱，前来投胎。

王安石和夫人听说后，十分激动，每天都在京师到金陵的江边等待，只要有船过来，就追问是不是胡先生。终于有一天等到了，王安石夫妇赶忙登船，看望“投胎的王雱”，老夫妻泪眼纵横，抱着小孩不肯松手。

王安石邀请胡滋到金陵居住半年，送给他很多东西，而且还动用自己在朝廷的影响力，说胡滋捕盗有功，应该予以提拔，胡滋因此还混了个京官。吴夫人甚至还想把胡滋的儿子要过来，人家母亲不给，只好作罢。

这大约是王安石唯一的一次“违法乱纪”，出于个人目的而提拔朝廷官员。

从此之后，江宁附近的村妇孩童经常能看到一个老头，带着两个仆从，或者骑驴，或者坐着两厢牛车，慢悠悠地在路上游荡，有时候车上有空位，还会招呼顺路的农人上来，捎他一程。

坐在王安石对面的农人，也不认识这个老头是谁，只是面熟。

有人建议他，皇帝赐给您的那匹好马死了之后，您就没有买过马，下次出去，不如让人用笋舆[①]抬着您？王安石当即摇头拒绝："古代那些王公大臣，不管如何混账，也没有以人代畜的，这事我干不来。"于是就骑驴了，慢是慢了一点，倒也悠闲有趣。

在路上遇到朋友，朋友说："你这是到哪里去？"王安石指着牵驴的仆从说："平时的话，他在前面牵，牵到哪里他做主；他在后面赶的时候，赶到哪里也是他做主。除非我有事，想停下来到人家家里喝水聊天，或到寺院翻翻书……"

王安石的驴上挂着一个大布囊，里面是十几个干饼子，这就是一天的口粮了。他们一行走累了，就停下来吃饭，王安石先吃，然后仆从，最后是驴老爷的用餐时间。

偶然也会遇到改善生活的时候，有农人在地里干活，带着午饭、炒菜和浆水，认识老相公，就过来邀请他一起用餐，这就算是打牙祭了。

有一次在路上，王安石遇到一位刚好来找他的李茂直，时任提刑。二人在路边坐下谈天，聊得很高兴，不觉日头西移，阳光晒了过来。李茂直命令手下人："把伞张开遮阳。"他被遮住后，还有部分阳光晒在王安石身上，李茂直示意手下，把伞移过去。

王安石却摆手表示不用，还十分幽默地说："不用管我，今天他给我撑伞，来生我要是投胎做了牛马，还不得在大太阳下给他耕田出力啊！"

在这种生活氛围下，他还认识了好几个朋友。

一个是山寺里头从事洒扫工作的吴姓青年，是山下村里的农民。吴姓青年在打扫卫生的时候，捡到了被风吹落的头巾，还给王安石。王安石说："拿回去送给你父亲吧，就说是我送的。"几天后，问起头巾何

① 竹轿子。

在，青年说："我父亲年纪大了，也用不上，就拿到集市上给卖了，他让我感谢老相公的好意。"

王安石叹息一声，让仆从到集市上用原价把头巾赎回来，拿小刀在头巾角上刮了几下，里面竟然是粲然之黄金——这是神宗御赐的东西。王安石把吴姓小伙子又叫来，告诉他这是个好东西，并再次赠给他。

还有一个，是偶遇的乡村老妪。

有天外出归来，刚进城门，遇到了江宁太守外出，闲人闪避，王安石便躲进路边的一户人家。这家有个老太太，身体不舒服正准备出去买药，王安石正好随身带了，就拿给她。老太太很感激，就顺手拿起一缕麻线作为回赠。

仆从解释："这位是退休的老相公，是宰相，用不上这个！"

老太太执拗，很认真地坚持要给麻线，她的理由很充足："相公用不上，那就送给他娘子相婆，编点东西用。"王安石哈哈大笑，就把麻线接了过去。

值得一提的是，他们所退避的那个江宁太守，并不是别人，而是他的亲弟弟王安礼。此事说来话长，王安石罢相之后，并不是所有的人都对他友善，有些地方官员根本不把他放在眼里，甚至还上门骚扰，事情被神宗知道后，勃然大怒。他和王安石的感情非常人可比，于是下令，先将几个地方官就地免职，随后又让王安礼到江宁来当地方官，以便保护他哥哥。

偶尔也会有以前的同事专门过来拜访，叙叙旧，这中间就包括以前和王安石小有矛盾的"荃相"陈升之。陈升之现在虽然不当宰相，也不当枢密使了，但是余威犹在，他每年回两次老家，来往有镇江和扬州两地迎送，场面极为宏大，所谓"旌旗舳舰，官吏锦绣，相属于道"。一旦出行，更是"舟楫衔尾，蔽江而下，告街于舟内喝道不绝，人皆叹之”，五公里之外大家就都知道了——陈秀公[1]又出来了！

这一年，陈升之忽然想到了老战友，就给朝廷报告，想去看看王安石。他的船队熙熙攘攘地在江上走了几天，靠近江宁，船上唱喝的汉子正喊得兴起，忽然，在某一个拐弯处，王安石和仆从在芦苇间出现了，穿着粗布衣服，牵着一头小黑驴，面色平和安详……

陈升之的巨大船队饶了好大一个弯，回旋良久，方才靠近王安石所立的芦苇荡，二人得以见面详叙旧事。

陈升之受到了刺激，他虽然水平不高，但也不是道德败坏的人。王安石的作风使他大受教育。大宋叱咤风云的人物，现在却如此朴素乃至寒碜，于是惭愧得一头大汗。在他离开之时，就像打了败仗一般，悄悄行驶，再也没有什么乐队和唱喝。

王安石倒是不在意这些，他目前所关注的，是人类精神遗产中重要的一部分，那就是佛学。他要么自己在家研读经书，要么上山寺找寻那些方外的好朋友们，一起研究真如妙宝，不知疲倦。

在这段时间内，就我们所知道的，他深入研读了包括《楞严经》《法华经》和《维摩诘经》等多部大乘经典，并且颇有心得，也写下了大量的佛教诗歌。

我们仔细回顾一下王安石的作为，他对自己外貌的毫不在意、对流俗之人的不屑、对所有人的一视同仁、始终坚持独立思考，甚至他对历史人物的评价，也绝不附和众议。他始终认为那个五代十国时期历经四朝十代皇帝的冯道，是“诸佛菩萨之行”，而不是一般人说的“有奶便是娘”。这些行为，彰显了他的特立独行，以及追寻内心的自由。

我们看看他《拟寒山拾得二十首》里的一些句子，这些话语是他修

① 陈升之封秀国公。

行水平的标志。寒山和拾得是唐代有名的诗僧，其风格言浅意深，在随意挥洒之间，阐释深刻的禅理。据民间传说，这二人乃是文殊和普贤化身人间，点化世人。

在《拟寒山拾得二十首·其二》中，王安石写道：

我曾为牛马，见草豆欢喜。
又曾为女人，欢喜见男子。
我若真是我，只合长如此。
若好恶不定，应知为物使。
堂堂大丈夫，莫认物为己。

这首诗的意思是，我们凡人生来是不自由的，是被外物所役使的，每个行为都是对外物的一种反应，而并非出自自己的真心。正是因为这个原因，才有了流转不息的轮回之路，投胎或为男女、或为牛马，以各种面目在世间行走。

在《拟寒山拾得二十首·其四》中，王安石还很幽默地举例："大风吹得屋顶瓦片乱飞，掉下来打破了我的头，我头破血流，但这个瓦它也没讨到便宜，被摔碎了。可是，我终究不会怨恨这个瓦片，为什么呢？因为这个瓦没有真如本性，是个不自由的东西……"

言下之意，人最可贵的地方，就在于可以追寻内心的自由，只要你开悟，世间的一切烦恼都会消失不见，就进入了自由王国。当然，并不是说开悟之人瞬间就具备了移山倒海的功能，只是说他洞悉了世间烦恼的本性，它们犹如灰尘一般无有自性，是终究要消失的。

在《拟寒山拾得二十首·其十》中，王安石又写道：

昨日见张三，嫌他不守己。
归来自悔责，分别亦非理。
今日见张三，分别心复起。
若除此恶习，佛法无多子。

这首诗的核心在于克服“分别心”。我们人类的烦恼和困惑，根子虽然在贪嗔痴“三毒”，表现出来，却都是分别念，以自己既有的观点去观察事物。最简单的例子就是所谓的“害虫”和“益虫”，人家虫子安静寂寞地生活着，虫子吃庄稼叶子，都是生来的本性，和人类有什么关系呢？可是人类非得给它们安个名号，便于收拾。

当年王安石在应召进中央当翰林学士时，有个叫王介的朋友写了首诗给他，有“草庐三顾动幽蛰，蕙帐一空生晓寒”一句，这是化用《北山移文》的思想，讽刺王安石终于受不了在山间的寂寞，像诸葛亮和周颙一样，终究走向了荣华富贵的道路。

王安石也写了首诗回敬他：

偶向松间觅旧题，野人休诵北山移。
丈夫出处非无意，猿鹤从来不自知。

这首诗说了这么几个意思：第一，我从来没有自诩为隐士，只不过在山间偶尔游玩而已，你少拿《北山移文》来讽刺我；第二，我出入随意，都是率性而为、自由自在的，并没什么意图，猿猴和仙鹤这一类动物哪里知道我的想法，请你也不要用自己的思想强行猜测。

在这里，王安石把王介比作野生动物，并非什么恶毒攻击，他俩是十分熟稔的朋友，互相之间经常用诗打架，开玩笑而已。

王安石和王介之间是很随便的，两人经常在一起“吹诗”，办小型的“赛诗会”，比赛谁的诗写得又快又好。有一次，王介写了很多首得意之作，有“正直聪明神鬼畏，死时应合作阎罗”的句子进行自我表扬。

王安石笑了，跟他说：“阎罗见缺，你赶紧去赴任吧。”把王介气了个翻白眼。

在王安石这个时代稍早一点，有个“梅妻鹤子”的林逋，会写几首颇具格调的诗，什么“疏影横斜水清浅，暗香浮动月黄昏”，引起了千古文人们的恶捧，觉得这样才高雅，才有生活情趣。

这个林逋似乎自负过头了，曾大言不惭地告诉朋友，平生什么事都可以做，唯独不能“担粪与着棋”。

当时就有个人看不惯林逋，写了首诗讽刺他，全余杭的人都知道了，不由得伸出拇指喝一声：“好诗！”诗曰：“寺里掇斋饥老鼠，林间吟嗽病猕猴。豪民遗物鹅伸颈，好客临门鳖缩头。”说他是寺院里混饭的老鼠，梅林间的病猕猴，有钱人来送东西，就把脖子伸得鹅一样长，有穷人来拜访就缩回脑袋。

在同一个时代，还有一个神人，叫彭几，此公的怪癖不亚于林逋。

彭几有趣的事情甚多，比较典型的就是他养了两只鹤，经常带着朋友们来参观：“你刚才看到的那两只鹤，不是凡品，那是仙禽，一般鹤都是卵生，但它们俩是胎生的。”他朋友也没有什么生物学知识，频频点头。

彭几正得意，仆人来了：“报……老爷，刚才有只鹤产了一枚卵，大如梨子。”彭几险些气昏过去：你这兔崽子，竟然敢败坏仙鹤的清誉。于是他撩起衣服，带着客人去看，到了那边，另一只鹤也趴在那里不动，用手杖惊开它，又是一枚卵！

彭几脸红了："鹤也会败道[①]！刘禹锡害了我，他的书上说鹤可以胎生。从此以后，除了佛、老、孔之语，其他人的话我都要好好验证一下。"

和林逋一样，彭几有"五大恨"：第一恨鲥鱼多骨，第二恨金橘太酸，第三恨莼菜性冷，第四恨海棠无香，第五恨曾子固[②]不能作诗。

有段时间，他的朋友李丹在京城等待差遣，苦熬了一年之后，授昌州，但是因为离家太远，遂改授鄂州。听到这个消息的时候，彭几正在吃饭，一下子就把饭吐了出来，然后一路小跑去找李丹。见面后，气喘吁吁地问他："听说你改授鄂州了，是不是？"

李丹点点头。

彭几不明白了："谁给你出的馊主意，昌州那地方多好啊，为什么要放弃？"李丹吃了一惊，以为自己错过了上好的地方，急忙追问："昌州工资高？"彭几摇头，又问："昌州治安好，政事轻松？"彭几还是摇头。

"那你凭什么说，那地方就比鄂州要好？"李丹愈加困惑。

彭几咳嗽一下，理直气壮地说："天下别处的海棠都没味道，只有昌州海棠是香的。你说，你摸着良心说，算不算是个好地方？"

"海棠无香"是他"五大恨"之一，所以彭几才如此激动，也一时成为京中笑谈。

林逋和彭几都属于"精神暴发户"，自己活得很累，成天关注着外物，悲喜哀乐都寄托于外在的东西上。这就是王安石诗里所说的"分别心"。

王安石并没有刻意去追求那种玄妙无比的"禅机"，也没有特别注重"参话头"，他修学的根本，依靠的是几部大乘经典和自己的生命体

---

① 修行人坏了道行。

② 即曾巩。

验。特别是在《拟寒山拾得二十首·其二十》[①]这首诗中，他还特意强调了一种观点："贪嗔痴三毒最为恐怖，自我本性却只有一个，而一切法都是依这个本性而生，所以即便你知了一切法，还不如老老实实地修习'头陀行'。"

王安石的实修思想，是知识分子最为缺乏的。读书人参禅访道，大多数只是附庸风雅，找一点高尚的谈资而已。

王安石生命中的最后十年，就是在自己的精神世界里，不断探索突破。他结交了一大批方外的高僧朋友，也留下了大量的酬唱诗歌，甚至在给女儿的家信中，他都殷勤嘱托：

青灯一点映窗纱，好读楞严莫忆家。
能了诸缘如幻梦，世间唯有妙莲花。

要她用心领悟《楞严经》和《妙法莲华经》的妙旨。

这里还要提及王安石的一件事。

有一天午休时，王安石梦见一个相貌魁伟的伟丈夫，身穿古代衣冠，走过来说："我乃是桀也！"我们都知道，这个人是有名的暴君，干了很多大逆不道的事，是中华历史中典型坏分子前三甲之一。

于是在梦中，王安石就和这个桀唇枪舌剑，辩论不息，反复纠缠不相上下。忽然之间，王安石被惊醒，浑身已经被汗水浸透。因为这件事，王安石还告诉朋友："看来我的修习还差得远呢，习气太重，喜好辩论。"并且写诗道："尧桀是非犹入梦，因知余习未能忘。"

---

① 这首诗的原文是："利瞋汝刀山，浊爱汝灰河。汝痴分别心，即汝琰魔罗。圆成但一性，一切法依他。遍了一切法，不如且头陀。"

所谓“习气”，指的是多生流转熏习的业惑未能散尽，在这些业惑的蒙蔽下，才有了五花八门、种类丰富的烦恼，短时间内是难以克服拔除的。王安石的晚年，也一直以“刮磨习气”为主要目标。

隐居林下的这段时间，一些往日的朋友变成了敌人；而一些往日的敌人，则奇怪地变成了同气相求的朋友。人生的际遇就是如此，犹如乘舟顺流而下，一路景色变幻无穷，其相对相映，也令人感慨。

第一个向他伸出橄榄枝的是苏轼。

苏轼是中国最有名的文人之一，他这一生的戏剧化超出了常人的思维，称得上波诡云谲、妙异无方。

我们在生活中经常见到这样的场景，家长带着一个聪明的胖小孩，有神童之誉，就总是不由憧憬孩子的美好未来，陷入苦恼，长大后是当著名企业家呢，还是著名政治家或著名科学家？如果此时有个未卜先知的神人告诉他：“你这孩子长大后，命运颠沛流离，最后会在宾馆招待员的位子上退休。”估计家长会把这个口无遮拦的乌鸦暴打一顿。

苏轼就是这种情况。他们一家三苏，心气很高，恨不得中进士后直接当宰相，岂料造化弄人，多少年颠簸下来，出事了，而且还一出再出，混得灰头土脸。

到了元丰七年（1084），在经过一系列政治打击和阴谋诡计之后，苏轼从黄州前往汝州任团练副使，也许是为了走亲访友，又或者想要游山玩水，他绕了一个大圈，顺道去拜访了退休的王安石。

苏轼之所以想起和王安石修好，最主要的一个原因，应该是因为在“乌台诗案”中，王安石曾经出手救他。那会儿苏轼因为到处讽刺人，激怒了很多文坛和政坛宿敌，这帮人有的被他讽刺过，有的嫉妒他的才华和名声，便联合起来，给他造了一顶黑帽子，关进监狱等死。

有一句话说得特别好，“轼方贾怨于众”，“贾”就是“买”的意思，是他到处惹别人，所以招致怨恨，树大招风。谁叫他是读书人的意见领袖呢？

在监狱里，苏轼吓得要死。还好，往日积累的名声救了他，朝野名士、后宫亲戚纷纷劝神宗："苏轼这个人不坏，名声也很大，吓唬一下就算了。"其中起最大作用的应该是王安石，他给神宗写了一封信说："哪有圣朝杀害贤士的？"

神宗一看，安石老师说不杀，其实我也不想杀，那就算了。后人评价这件事，都说这场牢狱之灾"以公（王安石）一言而决"。

王安石的弟弟王安礼则一语道破，给神宗建议："大度君王，从来不以言语罪人。苏轼一直自矜才华，以为爵位立等可取，不料现在却碌碌无为，他心里肯定有想法。现在要是从重处理他，恐怕后人以为陛下心胸狭窄，不能容人。"

事实上从内心讲，神宗也没想从肉体上消灭苏轼，只是想挫挫他的锐气罢了。

神宗告诉王安礼："没想着怎么狠狠收拾他，随后就会把他放出来的，你回去吧，不要轻易泄漏，苏轼政敌太多了，免得别人以此来攻击你。"上面那个"贾怨于众"就是神宗在这时候说的。

经历了这些事后，苏轼深深认识到了政治的肮脏和厚黑，也才惊喜地发现，算来算去，还是这个王安石最可靠。这老头当年得势的时候，权势如日中天，就算和自己不和，不喜欢"三苏"组合，但也绝对没有暗箭伤人，算得上是个正人君子。

我们之所以喜欢道德高尚的人，部分原因是出自敬仰，因为他轻而易举就具备了我们身上罕见的品质；另一个原因就是，这一类人是安全无害的，可以长久相处。

如今，曾经志不同道不合的两人终于见面了。往日强硬不群、挥斥方遒的大宰相，现在骑着小毛驴，身着灰色便装，在夕阳下略显萧瑟。而往日斗志昂扬、才气纵横的文坛小超人，现在则多了一些中年的稳重与淡泊。遥遥相望，二人俱是百感交集，不胜唏嘘。

苏轼还是那么多嘴。要是活在当下，他不去当饶舌歌手太浪费了，他说："直到今天，我才敢穿着野服来见大丞相。"言下之意是，以前你高高在上，我见一面都得穿戴整齐了。王安石倒是豁达，笑着回答："礼教这一类东西，哪里是给你我这种人设置的呢？"

很多苏粉为了吹捧苏轼的豁达，就把此事讲到此处后便戛然而止了。

其实苏轼接过王安石的话头，又说了一句带刺的："我也知道，大丞相门下用不着我苏轼。"王安石被噎住了，史载"荆公无语"。

关于这次会面，更详细的记载在《后山谈丛》：

> 王安石看过苏轼的文章后，感慨了一句："好个翰林学士，我一直想让你当学士来着！"苏轼蔫坏蔫坏的，笑吟吟地说："我给你讲个故事吧。抚州出一种杖鼓鞚，淮南的暴发户们重金求购，于是抚州人千里求售，带着几个就去推销。有个富二代拿着这杖鼓鞚敲了敲，大约是技术不好，声音不响。这小子就说：'不响，不要，你回去吧！'"
>
> "抚州人气昏了，带着东西上船，心想怎么就不响了？留着没用，往河里一扔，这东西入水后，因为灌水，咕咚咕咚响了起来……"说到这里，苏轼刻意一顿，看看好奇的王安石，继续说："抚州人更加生气了，指责这个鼓：'你要是早开口，我至于这样吗？'"

苏轼讲的这个故事，是埋怨王安石呢，你要是早点说这话，让我当翰林学士，我至于混成这个样子吗？

这则轶事引用不多，可能大家觉得未必是真的，但笔者相信属实，苏轼是最会讲笑话了，荤素皆可，花样繁多，是个讽刺故事大王。

不过总的来说，两人的此次会晤，气氛是和谐的，态度是友好的，交谈是很有深度的。

从现有资料来看，两人所交谈内容，多以文艺佛禅为主，是纯粹的艺术，经过这一次的深入交谈，两人都发现了对方思想深层次的精妙。在文化内核上，形成了奇妙的共振，遂有“相见恨晚”的感觉。

王安石感慨：“不知更几百年，方有如此人物！”看到苏轼写给王益柔的诗里有“峰多巧障日，江远欲浮天”这样精妙的句子，更是激赏不已，反复吟诵。

苏轼此时以平和的心态阅读王安石的作品，对“积李兮缟夜，崇桃兮炫昼”这样的句子也是不乏赞美，甚至说：“自屈原和宋玉之后，再没有离骚笔法了，但我今天在这里居然看到了。”我们知道，苏轼一向擅长夸奖别人。王安石也有意思，告诉朋友：“苏轼并不是拍我马屁，我也觉得自己文章牛得不行，只不过，一般人我不告诉他而已。”

多年后，苏轼忽然间读到王安石的旧作：“柳叶鸣蜩绿暗，荷花落日红酣。三十六陂春水，白头想见江南。”他愣了很久，对诗中意境感佩不已，抹着额头的冷汗来了一句：“王安石，真乃老野狐狸精也！”

这是一种另类的高度夸奖，有类“野狐禅”。

分别时刻，王安石甚至还授给苏轼一个秘方，专门医治偏头疼，就是用生萝卜汁调一些龙脑，左边疼就灌右鼻孔，右边疼就灌左鼻孔，全脑袋疼，两个鼻孔一起灌。王安石告诉苏轼：“这个是大内为数不多的秘方，当年我头疼，皇帝御赐，用之如神。”

苏轼揣着秘方离开了，此后他还给王安石写过几封信，表达了怀念和敬仰，说自己从王安石那里学到了很多未知的东西，而且还计划在江宁附近买地住宿，以便可以长期和王安石交游谈聊。

有一首苏轼的诗为证："骑驴渺渺入荒陂，想见先生未病时。劝我试求三亩宅，从公已觉十年迟。"

除了苏轼，另一个橄榄枝来自老同事、老下级吕惠卿。

王安石对吕惠卿的感情是极为复杂的，一方面很器重他，看重此人才气，在变法开始的岁月里，两人共进退同荣辱，在斗争中建立了深厚的革命情谊，这是一种类似于父子或者兄弟的感情；另一方面，王安石对吕惠卿最后的倒戈相向十分遗憾，正是这种内讧，加速了改革派的瓦解，从而使大事未成。

还有一点，吕惠卿的反目和王安石早夭的儿子王雱有瓜葛，而王雱之死，和吕惠卿也有莫大关联。所以每当想起这个人，王安石的感情难以言表，五味杂陈。

可是有一天，王安石收到了吕惠卿的来信。

至于吕惠卿为何不再獠牙闪闪咬人，有人说是因为他发现，当初误会王安石了，其实王安石人很不错，就是儿子比较鲁莽。还有人说，是因为此时王安石的弟弟王安礼掌权了，吕惠卿害怕遭到报复。

总之，信是收到了。

在这封信里，吕惠卿深情地回忆了以往和老领导并肩战斗的岁月，并且对自己的鲁莽和冲动作了检讨，说自己本想登门拜访，却因为种种原因不能出行，所以用书信表达真情。老领导胸怀宽广、高风亮节，一定不会和我计较的。

吕惠卿是个聪明人，他知道王安石现在在学禅，所以很刻意地用了一个禅宗典故，即"隐峰推车"。

禅师邓隐峰，在马祖道一门下修行，始终未能开悟，很是苦恼。有一天，邓隐峰推着车在路上走，被马祖的脚挡住了，邓隐峰说："师父，麻烦收收贵脚，让我过去！"马祖摇头："已展不收。"他知道弟子修行成熟，就差最后一点催化剂，特来点拨。邓隐峰知道老和尚打禅机，说："已进不退！"一使劲，从老和尚脚上碾了过去。

马祖一瘸一拐回到法堂，拿出一把大斧，对着弟子们喊道："刚才是哪个兔崽子把我的脚弄骨折了，站出来！"邓隐峰站出来，鹅一样伸出脖子闭目以待，准备让师父练练斧子。

马祖哈哈大笑，邓隐峰则瞬间顿悟！

马祖这是应机教化，用行动教导弟子，修禅当勇往直前，坦荡放下一切顾忌，不管谁人的脚，只要有助法体精进，照碾不误。

吕惠卿拉出马祖来助阵，是为了讲述这样一个道理："我和您，当年也是为了变法公事而有分歧，并不是有什么个人恩怨。就算我当时对不起您，您就当我是邓隐峰，你当一把马祖，为了学生的进步受点痛苦。"

王安石收到信后，还是很客气地回复了，只不过语气不是那么积极，说两人确实是为了公事，没有私怨，还感激他当年在众人围攻的情况下，鼎力辅助自己变法。又说吕惠卿年富力强，正是奋发有为之际，该往上走，而自己已经衰朽残年，也没什么理想了，是往下走的。所以，以后大家也不是一路人了，与其相濡以沫，不如相忘于江湖。

吕惠卿收到回信，知道王安石心里还是有疙瘩。他是聪明人啊，聪明人学习起来很快，虽然参禅实修不及王安石，但是他的文字功底极好，这一点是连苏轼都要佩服的。

吕惠卿至建州后上表，有"龙鳞凤翼，固绝望于攀援；虫臂鼠肝，一冥心于造化"的句子，苏轼看到后，惊叹说："看来福建人还真是会写文章，不由得我暗自佩服！"

经过精心研读佛经，吕惠卿掌握了佛学知识，并且转化为自己的精妙语言，再次写信给王安石，探讨佛学。这一次，王安石被撼动了，回信明显热情了很多，甚至表示：“犹冀未死间或得晤语，以究所怀。”期望能有机会见面，探讨禅理，而且还讲了自己的一些私事，身体如何，《字说》的写作状况等。

这件事中，王安石的憨厚耿直与吕惠卿的乖巧，一览无余。

不过平心而论，吕惠卿虽然有私心，但也不是什么坏人，那些别有用心的人说，王安石晚年不停用手写“福建子”，表达对吕惠卿的愤慨，简直是胡言乱语。其实，他们还编造过更加离谱的，说王安石晚年老是感慨：“司马十二（司马光），君子人也！”这种明目张胆的谎言，就算厚着脸皮讲出来也会不由自主脸红的。

时间从未停歇过，尽管它脚步缓慢，却终有一天走到了某处。

公元1086年5月21日，大宋元祐元年，一代伟人，有宋以来最伟大的一个思想家和政治家，荆公王安石，合上了安详的双目，走完了这跌宕起伏的一生。

他是满足的，富足的。

生命中前半部分，他履行了一个臣子的义务，尽自己所能，和那些顽固保守的势力不懈斗争，却因为种种原因，壮志未酬。幸运的是，在生命的后半部分，他获得了思想上的自由，成为一个完整的、真正的人。

别了，大宋的巍巍河山、金戈铁马、东京桥头那些似曾相识的人们……

要说明的是，在此之前，一代英主神宗皇帝也已经英年早逝。这一老一少的离开，使大宋朝丧失了唯一一次自救的机会。在这一场激烈雄壮、流芳百世的大戏落幕之后，紧接着上场的，是不堪入目的一次狂欢。帝国如同吃了丹药一般，回光返照了……

第十四章

诗意，抑或失意地栖居

因为才华，苏轼很早就以潇洒诗名而闻名朝野，甚至顺便还带红了他的父亲和弟弟，在中国古代的文人里，他要是说自己进不了前三，就没有人敢承认自己读过书了。他的一生，正如哲学家海德格尔所说，是“诗意栖居”的，但毫无疑问，也是“失意栖居”的。时也？命也？

现在这个时期，可以叫作“后王安石时代”。王安石归隐之后的朝廷，再也无人能镇得住场面，各种人物都跳了出来，成立了不同门派开始群殴，庙堂上下一派热闹景象，像是个皇家菜市场。

在繁荣下，却是暗流涌动的危机。一群饮鸩止渴的政客，在集体无意识中，把帝国这架破马车一步步推向悬崖。可笑的是，他们还在车上厮打扑咬，每个人都一脸正气，都觉得自己是为了国家……

第一个出场的，是绕不开的唐宋八大家之一——苏轼。

在前面的章节里，我们对苏轼的介绍，截至他去杭州任通判之前，把他作为王安石的背景，其中忽略了很多东西，其实这些年以来，他可是吃了不少苦，饱尝了人间的酸甜苦辣。因为才华，苏轼很早就以潇洒诗名而闻名朝野，甚至顺便还带红了他的父亲和弟弟，在中国古代的文人里，他要是说自己进不了前三，就没有人敢承认自己读过书了。

他的一生，正如哲学家海德格尔所说，是“诗意栖居”的，但毫无疑问，也是“失意栖居”的。时也？命也？

苏氏兄弟当年中了制科之后，分别被授予职务。苏轼就到陕西凤翔府去上班，任签书判官厅公事，前面还加有一个表示级别的京官头衔“大理评事”。这一年他二十六岁，前途一片大好，不经意间就隐约流露出少年得志的情绪。

遗憾的是，并不是所有人都和欧阳修一样，完全靠文字判断人。苏轼现在的领导陈公弼，对他并不怎么友善。这个老头面色长期阴云密布，目光沉静如水，有些官威，较难对付。苏轼到任不久，就吃了一通“杀威棒”。

苏轼当年获得最高等级的制科，全名“方正贤良直言极谏”，有个新同事为了和文坛新秀搞好关系，常称他为“苏贤良”，这本是小事一桩，但是惹怒了陈公弼。老陈把那位同事叫来，呵斥说：“(苏某）只是府中一个普通判官，贤良个屁！”大手一挥，该同事屁股上就挨了板子。

这是在打苏轼的脸。

年轻的苏轼顿时觉得自己很可怜，天之骄子，一代文学奇才，却被这个庸吏恣意凌辱，简直是有辱斯文。伤心之余，他好怀念家人和弟弟，写道：“忆弟眼如云不散，思乡心似雨难开。”又耸人听闻地说：“虽无性命忧，且复忍斯须。”

除此之外，陈公弼还在精神上折磨苏轼，后者引以为傲的文笔在京城闪闪发光，人见人爱、花见花开，到这里忽然就变得一钱不值。苏轼写给上天的斋醮祷祈文件，总被陈公弼批得一塌糊涂，上面一个又一个黑圈。苏才子的自信心受到了严重打击。

总是被这样对待，苏轼难免就有点情绪。和领导闹矛盾的结果是，经济上又受到了损失，因为中元节没有参加府里例行的集体活动，苏轼被罚铜八斤。

彼时的苏轼有点迷茫了，开始隐约感觉，这个世界不是自己想象的那样。

按我们惯常的思维，苏轼乃文学天才，陈公弼庸庸碌碌，他应该像小说里那样“爱才心切、关怀备至”才对，为何如此处处刁难？需要说明的是，现在我们看到的历史人物，都是被历史“放大”过的，经过口口相传，可能已经失去了原本的真实。但是就当年的当事人而言，陈公弼和苏轼二人，视彼此也是普通人，你进士出身，我也不是泥腿子，咱俩平起平坐，有一点矛盾很正常。

不过幸运的是，随着时间推移，陈公弼大约也看出了苏轼是有些东西的。同时，江湖都传言，苏轼很得皇帝喜欢，飞黄腾达指日可待，也就对他慢慢转变了态度。

终于，苏轼等来了一个报复的机会，陈公弼附庸风雅，建了一座“凌虚台”，跟他说：“小苏，听说你文笔不错，古来建筑都有文字，你来写一个？”苏轼连忙点头，忙不迭地应承下来，心里阴笑道：“哼哼，叫你见识见识小爷的手段，知道什么叫作刀笔功夫！”

一篇有着典型苏轼风格的《凌虚台记》横空出世了：

国于南山之下，宜若起居饮食与山接也。四方之山，莫高于终南；而都邑之丽山者，莫近于扶风。以至近求最高，其势必得。而太守之居，未尝知有山焉。虽非事之所以损益，而物理有不当然者。此凌虚之所为筑也。

方其未筑也，太守陈公杖履逍遥于其下。见山之出于林木之上者，累累如人之旅行于墙外而见其髻也。曰：“是必有异。”使工凿其前为方池，以其土筑台，高出于屋之檐而止。然后人之至于其上者，恍然不知台之高，而以为山之踊跃奋迅而出也。公曰：“是宜名凌虚。”以告其从事苏轼，而求文以为记。

轼复于公曰：“物之废兴成毁，不可得而知也。昔者荒草野田，霜露之所蒙翳，狐虺之所窜伏。方是时，岂知有凌虚台耶？废兴成毁，相寻于无穷，则台之复为荒草野田，皆不可知也。尝试与公登台而望，其东则秦穆之祈年、橐泉也，其南则汉武之长杨、五柞，而其北则隋之仁寿，唐之九成也。计其一时之盛，宏杰诡丽，坚固而不可动者，岂特百倍于台而已哉？然而数世之后，欲求其仿佛，而破瓦颓垣，无复存者，既已化为禾黍荆棘丘墟陇亩矣，而况于此台欤！夫台犹不足恃以长久，而况于人事之得丧，忽往而忽来者欤！而或者欲以夸世而自足，则过矣。盖世有足恃者，而不在乎台之存亡也。”既以言于公，退而为之记。

这篇文章没有什么深刻意义，牢骚味十足。就是说，领导慧眼如电，选了一个景色很美的地方建造了这个厉害的台子，登高远望，心里十分愉快。但是，哲学告诉我们，事物的兴衰成败，简直就跟戏剧一样，谁也说不明白。可以预见的是，这个台子总有一天也会土崩瓦解、消失无踪。既然事物如此，人事更是如此了，忽来忽往，白云苍狗一样。所以，我苏轼的结论是：某些人借助一些东西来夸耀自己的虚荣心，简直太幼稚了，不要搞这些有的没的，真正的牛人哪会在乎这个破台子的存亡！

陈公弼初时看到这篇文章，头发肯定唰一下立了起来：我台子刚建好，你就大侃特侃它有一天会坍塌破败，这无异于满月咒孩子，甚为恶毒。至于结尾部分，又说人事变幻无常，暗示有一天你苏轼会踩在我头顶作威作福，还强调你自己是“有足恃者”，不同于我这种依靠一个台子满足虚荣心的庸人……

可不要忘记，陈公弼为官多年，城府没那么浅薄，他思忖再三，还是把这篇文章一字不改刻碑留念。他应该意识到了，这个人还是不要招惹为妙，此人文章势必流传千古，要是一不留神，就会被丑化——就这一点而言，陈公弼还是很有自知之明的。这个效果已经达到，要不是苏轼，估计没人知道陈公弼是谁。

为了给自己找回一点面子，陈公弼还乐呵呵地告诉同事们：“咱们这里小苏的父亲，就跟我儿子一样，所以在我眼里，小苏就是孙子辈的。我前一段时间对他严厉，是害怕他少年成名志得意满，故意给他泼一盆凉水，这也是为他负责嘛！”

陈公弼是在吹牛，他要是真的为苏轼好，就应该推心置腹地教教他官场哲学，让他改掉“明褒暗贬、自作聪明”的文风和思想。苏轼的这一辈子，从二十六岁这一年开始，就在这一方面吃亏再吃亏，以娱乐浪漫的思想来做政治，一条道走到黑。

对于陈公弼的这种隐含道歉，苏家人并不领情，后来老陈因为经济问题被处理，苏家人还幸灾乐祸地编了个故事，来挖掘其思想上的根源，既光辉了自家人形象，又报了当年的仇。是故，很多人疑心是苏轼揭发了陈公弼的问题，狠狠地发泄不满。

故事是苏辙讲的：

在很久很久之前，我哥哥在陕西做官，那里有个开元寺，寺里有个老和尚，还有一个小和尚……好了，步入正题，开元寺有很多古画，你们都知道，我哥哥绘画水平也很高，他就经常去看画临摹。

这一天，老和尚神神秘秘地邀请我哥去他的小院坐一坐，到了之后，他悄悄地说：“其实，贫僧我是个炼术家，主要研究炼金术，现在有个专利，使用朱砂就可以化淡金为精金，实在是工业和经济领域的突破性发明。现在我老了，就把这个技术无偿转让给你吧！”

我哥哥很淡定，淡淡地摇头：“对不起，我是个诗人，也是朝廷官员，对这些东西不感兴趣，就算你传给我，我也不会用的。”和尚点点头说：“这就对了！就是因为你不用，我才传给你啊。”

我哥哥就奇怪了，为何坚决不用的人，和尚反而坚决要传。和尚说：“你的领导陈公弼曾经几次三番联系我，想要开发这项技术，但是我死活不给。”我哥哥就更加奇怪了：“这是什么意思，谁要你就给谁呗，干吗非要给我？”

和尚说：“我不是不喜欢陈公弼，而是害怕他拿了就一定会去用，这个东西我给过几个人，每个人用后都要出问题，要么丧命，要么丢官，总之是大大地不吉祥。”

后来，在和尚的强烈要求下，我哥哥勉强接受了这个技术，回去后却被陈公弼千方百计地央求要走。老陈一试，果然奏效，但是接着他就出问题了，被免职。他儿子后来告诉我说，他的父亲丢官后回到京城，因为房价高买不起，就又开始炼金，这一炼，把自己炼死了！

这个故事告诉我们，我哥哥是道德高尚、不贪名利的人，和陈公弼形成了鲜明的对比。虽然这个陈公弼的儿子陈季常，就是老婆“河东狮吼”的兄台，他和我们家关系很好，但这改变不了他爹低素质的事实。

这就是苏辙讲的故事，堂而皇之传到了很多地方。

炼金术肯定是假的，既然和尚的技术不能用，只会带来灾害，和尚为什么没有一把火把它烧了呢？

唯一真实的是，苏家人比较喜欢互相吹捧。他们还纠结了一帮弟子开山立派，我们看到的过分吹捧苏轼的文字，大部分都出自此派弟子编纂的《师友谈记》。比如下面这个故事。

苏轼在凤翔任满回京述职，以便调换工作岗位，在路上，就发生了传说中的灵异事件。一个随行的老兵忽然发狂，使劲拽自己的头巾，人们就把他的双手绑住。更奇异的事发生了，那头巾似乎被一个隐形的人拉扯着，掉在地上。

这下问题严重了，看来是山神发怒，苏轼回到庙里找山神理论，七七八八说了一通，告诉山神："我这随行小子是虮虱一样的东西，不劳您的大驾，何况那么多大坏蛋你不去祸害，欺负他干吗？再说我这手下一个萝卜一个坑，你把他弄疯了，没有人干活了。怎么样，给我一个面子吧，别再折磨他了。"

结果，那人好了？

很遗憾，这是一厢情愿，山神爷不但没给面子，甚至还被苏轼的碎嘴给惹毛了，一行人走出神庙，忽然刮起了大旋风，昏天黑地、沙石惊飞，人和马在风里几乎寸步难行。手下人劝苏轼给山神爷道个歉，但苏轼很强硬地说："不，绝不。"他们坚持在风中独行许久。终于，山神累了，天晴了！

这件事极大地提升了苏轼的自信心，他觉得自己已经具备和隐形妖魔作斗争的资本。很多年后，他在京城身居高位，二儿媳被无名鬼魅"附体"，苏轼利用自己卓越的口才，顺利做通了鬼魅的思想工作，圆满解决了问题。

在此之后，又发生了类似的一件事，另一个鬼魅附在家里老妈子身上，要求苏轼给她找个仙婆来沟通，苏轼断然拒绝。这个鬼还比较随和，没有生气，用比较和缓的语气说："苏大人文笔好，能不能帮我给上天写个祷告文？"苏轼摇摇头："我的文章是伺候皇上的，你算什么东西？"鬼只好再次降低要求："能不能给点酒肉？"遭到拒绝后，这个鬼继续降低要求："烧点纸行不？"即便是这个要求，也没有满足。

最后，在苏大人的慈悲下，该鬼也只是喝了一碗水，就尴尬离开了。

从凤翔回到京城后，苏轼的仕途情况也没有变得更好。因为此时是王安石当政，神宗无条件相信他，苏轼和他弟弟苏辙却对王安石的那一套毫无兴趣，这个情况前面介绍过，主要原因是苏轼认为王安石的改革过于激进，有违读书人“不言利”的本性。

苏轼在京城郁闷了一段时间，没有得到期待中的重用，便去了风景如画的杭州，是为通判。在林语堂先生的《苏东坡传》里，有名为“诗人、名妓、高僧”的一章，用来描述苏轼的杭州生活。这个传记虽然有失偏颇地从文人唯美的角度全面美化苏轼，但这个概括还是十分的精当的。

杭州生活给苏轼留下的印象，可以从他自己的描述中看出来，所谓“酒食地狱”。每天的主要工作就是喝酒、狎妓、划船游玩，或者在山寺与高僧闲谈。这种生活方式正是他理想中的样式，既显得高雅，又风流潇洒。最重要的是，他的文采和盛名总是能带来许多意外的好处。

有一次，他和刘攽兄弟在西湖上游玩，忽然从对面来了一条船，船上坐着一名美艳动人、风姿绰约的少妇，大家的眼珠子“唰”一下都被吸引过去。少妇不理别人，而是深情地跟苏轼一个人说：“很早就仰慕您的风采，一直没有机会见面，我现在已经嫁人，所以此生无缘，听说您游西湖，特地等候，为您献上一曲……”

类似这种事情，对苏轼来说是司空见惯，他的粉丝多，尤其女粉丝特别多，堪称“中老年妇女的偶像”。另一方面，他和那些官妓的关系好到了妙不可言的程度，留下很多所谓的“趣话”。比如，有一个年老色衰的官妓要求退休从良，苏轼就在文件上批示：“五日京兆，判状不难。九尾野狐，从良任便。”答应其请求。但是当另一个美貌动人的官妓，号称是第一美女，也来申请退休时，苏轼不允许了，批曰："慕周南之化，此意虽可嘉。空冀北之群，所请宜不允。"

除了各式各样的女性，僧人和文人朋友们也是他生活中很重要的部分。

初到杭州，进入西湖寿星寺，苏轼告诉朋友们："我虽然没有来过这地方，但看着确实很熟悉，你看从这里出发到忏堂，应该是九十二级台阶，我前世应该就是这寺里的和尚，现在这些人以前都是我的弟子。"

好事者过去一数，台阶果然是九十二级！

于是苏轼进一步被神化。后来又有人传说，在苏轼来之前，两个人都梦见一起去迎接"五祖戒和尚"，说给苏轼，苏轼更加得意了："我八九岁的时候，经常梦见自己是个和尚，往来于陕西。我母亲生我的时候，甚至还梦见一个高大的独目僧人……"

这就是中国古代文人的典型心态，前面我们已经了解了不少。从王旦到寇准和张咏，每个文人似乎都很乐意在自己的精神世界和宗教之间建立一种隐形的关联，这样做的目的，若简单解释为寻求神佛护佑是说不通的。

中国古代的读书人，从懂事的那一刻起，人生就为一个目标活着——做官，做大官！至于做官具体是为了什么，大家也未必清楚，不管是兼济天下还是光宗耀祖，不管它了，先努力往上爬，这就形成了一种极为不健康的思维惯性，这是对人性的极大束缚。

于是，当这些封建文人真正做了官，有了自我意识，夜深人静午夜梦回，就会偷偷思考一个问题："尔虞我诈、殚精竭虑的这种生活，是不是我真正想要的呢？"思考的结果，就是对自由的渴望，这就出来了一个巨大的冲突——肉体上或者说世俗上，要一个人主动离开富贵有点不现实，但是精神层面上，并不妨碍他们胡思乱想，并把这种愿望寄托在闲云野鹤的朋友身上。

就连最为孤傲的王安石，也有一位李士宁的朋友。

但在这些对自由的幻想中，最直接最有效的方法，并不是结交几个和尚或者道士，而是直接神化自己，告诉众人自己小时候如何奇异，还能梦见前世的痕迹，而自己的前世，肯定是一个牛人或神人。就这样，苏轼成了戒和尚，清代的袁枚更号称是苏轼的转世。

苏轼在杭州的“酒食地狱”“受极大苦”时，朝廷里王安石正在大刀阔斧地进行着改革，所以精神上来说，苏轼是有一点点的落寞，感觉距离自己的宰相梦越来越远了，但就现实生活而言，从这一时期的诗文看，他无疑是极为惬意的。

照这样下去，世上是不会有“东坡居士”的，只是多了一个风骚文人而已。

终于，他决定离开这座“温柔地狱”，给朝廷写了一封信，申请到山东密州去工作，理由是自己的弟弟在那边为官，自己去了之后，兄弟就能够经常团聚。要说朝廷还真是仁义，这个理由居然被接受了，苏轼成了密州太守。

其实根本的原因在于，此时朝廷政局发生了变化，王安石因为天旱的缘故，首次罢相，并由韩绛继任。高层的地震发生后，苏轼觉得机会来了，他所以请调密州，其实是给朝廷打招呼：“当年的少年文豪正在‘温柔地狱’里煎熬呢，你们想不想国泰民安？想不想拨乱反正？来找我吧！”

为了取得良好的提示效果，苏轼还给韩绛写了一封贺信，一顿胡吹乱拍，凶狠夸奖。可惜韩绛是“传法沙门”，一切遵照王安石的指示来办，对苏轼的示好并没什么特别反应。

到此时为止，苏轼就算表现得急功近利一些，我们也是可以理解的，不想当官的读书人就不是好读书人。但他要求太多，渴望进入权力中心，却又想要继续保持自己的独特个性，并且还企图在同僚中获得在文坛中的地位，这就有点为难命运之神了。

也就是在密州，苏轼写下了那首《江城子·乙卯正月二十日夜记梦》怀念前妻。

十年生死两茫茫，不思量，自难忘。千里孤坟，无处话凄凉。纵使相逢应不识，尘满面，鬓如霜。

夜来幽梦忽还乡，小轩窗，正梳妆。相顾无言，惟有泪千行。料得年年肠断处，明月夜，短松冈。

这首词和他在杭州的那些作品风格迥异，属于十分难得的真情流露，赚了不少眼泪。请不要小看这些深情款款的情诗，在苏轼的政治生涯中，这些东西其实起到了很大的作用。

那首名闻天下的《水调歌头·明月几时有》，也是此时的作品：

丙辰中秋，欢饮达旦，大醉，作此篇，兼怀子由。

明月几时有？把酒问青天。不知天上宫阙，今夕是何年。我欲乘风归去，又恐琼楼玉宇，高处不胜寒。起舞弄清影，何似在人间。

转朱阁，低绮户，照无眠。不应有恨，何事长向别时圆？人有悲欢离合，月有阴晴圆缺，此事古难全。但愿人长久，千里共婵娟。

密州之后，苏轼又移官徐州。苏轼在徐州的生活，本来应该是杭州生活的翻版，却因为两件事，变得波澜起伏起来：第一件事是徐州发大水了，苏轼带着全城人民抗洪救灾，在城里挖壕筑堤，有段时间吃住都在城墙上，终于把洪水挡在了城外。

这大约是苏轼为官生涯中最壮怀激烈的一段了，此事在经过适当渲染和宣传之后，就变得更加具有典型性，特意建造了一座“黄楼”以示纪念，朝廷也发了一个奖状给他。

除此之外，他还是那样喜欢玩乐，有个官妓叫马盼盼，跟他关系很好，深得苏轼书法的精髓。元丰元年（1078）重阳之日，苏轼主持盛典，庆祝黄楼落成，将苏辙所写的《黄楼赋》亲自书写刻成碑文立于楼中。在写《黄楼赋》时，其中的“山川开合”那几个字，就是马盼盼私自加上去的。苏轼也不恼怒，原样刻碑勒石。

在徐州时，苏轼认识了一个隐居的云龙山人，于是他写了一篇《放鹤亭记》：

> 熙宁十年秋，彭城大水。云龙山人张君之草堂，水及其半扉。明年春，水落，迁于故居之东，东山之麓。升高而望，得异境焉，作亭于其上。彭城之山，冈岭四合，隐然如大环，独缺其西一面，而山人之亭，适当其缺。春夏之交，草木际天；秋冬雪月，千里一色；风雨晦明之间，俯仰百变。
>
> 山人有二鹤，甚驯而善飞，旦则望西山之缺而放焉，纵其所如，或立于陂田，或翔于云表；暮则傃东山而归。故名之曰：放鹤亭。
>
> 郡守苏轼，时从宾佐僚吏往见山人，饮酒于斯亭而乐之。挹山人而告之曰：“子知隐居之乐乎？虽南面之君，未可与易也。《易》曰：‘鸣鹤在阴，其子和之。’《诗》曰：‘鹤鸣于九皋，声闻于天。’

盖其为物，清远闲放，超然于尘埃之外，故《易》《诗》人以比贤人君子。隐德之士，狎而玩之，宜若有益而无损者；然卫懿公好鹤则亡其国。周公作《酒诰》，卫武公作《抑戒》，以为荒惑败乱，无若酒者；而刘伶、阮籍之徒，以此全其真而名后世。嗟夫！南面之君，虽清远闲放如鹤者，犹不得好，好之则亡其国；而山林遁世之士，虽荒惑败乱如酒者，犹不能为害，而况于鹤乎？由此观之，其为乐未可以同日而语也。”山人忻然而笑曰：“有是哉！”乃作放鹤、招鹤之歌曰：

鹤飞去兮西山之缺，高翔而下览兮择所适。翻然敛翼，宛将集兮，忽何所见，矫然而复击。独终日于涧谷之间兮，啄苍苔而履白石。

鹤归来兮，东山之阴。其下有人兮，黄冠草屦，葛衣而鼓琴。躬耕而食兮，其余以汝饱。归来归来兮，西山不可以久留。

元丰元年十一月初八日记

这篇文章写得超凡脱俗，把这位云龙山人描绘成了一个“喝上几杯酒，皇上不想当”的大隐者。

身边的人不解了，问他：“这个云龙山人，也就是个无知村夫而已，以你的江湖地位，把他吹得神乎其神，跟古隐者陶渊明似的，而且还给他留诗，是不是有点过了？”苏轼醉眼矇眬，来了一句大实话：“装铺席耳。”也就是说，文人场面上的话，哪里能相信呢？

玩乐归玩乐，现在要说的，是第二件事，这是一颗稍嫌苦涩的种子，不久后就会发芽。

前面章节里有一个人，早年跟王安石一派。他母亲去世后，他没有按照规矩丁忧，引起了朝野喧嚣，苏轼就借着狠夸一位孝子讽刺了他，这个人就是李定。这一年，李定的儿子路过徐州，前来拜见苏轼。

好歹也是故人之子，苏轼按照常理设宴招待，可是李定的这个儿子是个愣头青，根本不晓得自己父亲和眼前这位笑眯眯的“苏叔叔”的江湖恩怨，吃完饭剔着牙，又提出一个“过分”的要求，让苏轼给他写一份“荐墨”，也就是名家的推荐信。

苏轼没有当面拒绝，点头应承下来，但也不写，就一直拖着。

某天和李定儿子闲聊，苏轼装作无意问他：“听说人中长一寸，就有百年寿命，不知道是不是这样？”李定儿子说：“我也不知道，没听过这个。”苏轼哈哈笑了，旋即又若有所思：“如果真是这样的话，那么彭祖活了八百岁，人中岂不是要八寸，好一个‘呆长汉’！”

看着“苏叔叔”欢快的笑容，李定儿子明白这是在讽刺自己不知深浅，还敢让我来推荐你，你就是个想吃天鹅肉的“呆长汉”。

这是一件小得不能再小的事了，苏轼经常和人开玩笑，以此获得精神上的愉悦。但这一次他失算了，李定是他的敌人，也是个严肃的敌人，此人有仇必报。

元丰二年（1079），苏轼调任湖州。也就是在这里，他的倒霉日子拉开了序幕，以前不经意间种下的种种恶果，竹笋般一夜之间长起很高。在此之前，就算他能做天下一等文章，在京城和地方工作多年，却还是没有领悟什么叫“政治”。

老天爷来给他补课了。

大风起于青萍之末。事情的肇始，来自一份官方文件。苏轼到湖州后，按照规定，不管是升是降，都应该给皇帝写一份上表，表示决心和感谢，保证把工作做好。问题就出在苏轼的这一封《湖州谢上表》：

臣轼言：蒙恩就移前件差遣，已于今月二十日到任上讫者。风俗阜安，在东南号为无事；山水清远，本朝廷所以优贤。顾惟何人，亦与兹选。臣轼中谢。伏念臣性资顽鄙，名迹堙微。议论阔疏，文学浅陋。凡人必有一得，而臣独无寸长。荷先帝之误恩，擢置三馆；蒙陛下之过听，付以两州。非不欲痛自激昂，少酬恩造。而才分所局，有过无功；法令具存，虽勤何补。罪固多矣，臣犹知之。夫何越次之名邦，更许借资而显受。顾惟无状，岂不知恩。此盖伏遇皇帝陛下，天覆群生，海涵万族。用人不求其备，嘉善而矜不能。知其愚不适时，难以追陪新进；察其老不生事，或能牧养小民。而臣顷在钱塘，乐其风土。鱼鸟之性，既能自得于江湖；吴越之人，亦安臣之教令。敢不奉法勤职，息讼平刑。上以广朝廷之仁，下以慰父老之望。臣无任。

在这篇文章里，苏轼又犯了老毛病，自作聪明地影射别人。他以为这样，别人就吃了哑巴亏，有苦说不出。

他实在是太低估政治家的能力了，欲加之罪，何患无辞。历史上的某些人在某些时候，都是“被”违法的，自己实际上都不知道哪里出了状况——更何况苏轼他是刻意自找的。

在这份谢表中，苏轼感谢皇帝不嫌自己性资顽鄙：“皇上啊，您知道我很迂腐，不能和那些新进之人共事；但又发现我比较老实，不喜惹是生非，就派我到地方保全一方百姓……”

这句话的问题在“追陪新进”和“老不生事”。苏轼其实是变着法表示自己的刚直不阿，不和那些刚刚红起来的权贵们同流合污，而且我还要和那些“惹是生非”的人划清界限。

这就惹怒了那些“新进”，他们都是谁呢？

为首的就是他的故人李定，时任御史中丞，掌管着朝廷舆论机关。

李定看了这个谢表，心里一阵窃喜：正计划怎么收拾你，你倒送上门来了。

要知道，此时围绕在神宗身边的一帮小年轻，算得上是王安石的衣钵弟子，虽然他们在操守、能力和品质上与王安石距离甚远，但是毕竟属于变法派阵营。他们中很多人早就对苏轼的牢骚有所不满：这个夸夸其谈的家伙徒有虚名，一直对变法派不阴不阳的，是时候收拾他了！

当然，这是宏观政治因素，属于不可抗拒的，是历史的必然，从私人恩怨角度来说，是因为李定现在掌握了主动权，这是偶然因素。

“乌台诗案”就此开始……

第十五章 福兮祸兮

“乌台诗案”对苏轼的人生观产生了极为深远的影响。在很长一段时间里，他变得谨小慎微，无复往日的潇洒不羁。最重要的是，在此后的黄州生涯中，苏轼人格中最为宝贵的一面被发掘出来了，他变得愈加达观，不管在如何恶劣的环境下，都保持了精神的富足和娱乐的精神。

这件事的逻辑，还是没有摆脱一般政治斗争的模式，那就是先定罪，然后再搜集证据，最后罗织罪名，捉拿下狱。

乌台，就是御史台，这个名字挺有意思，是一个有趣的巧合。因为在汉代，御史台院里种满了柏树，引来了很多乌鸦安居，每天上班特别热闹，叽哩呱啦黑压压一片，所以当时人们就把此处称作“乌台”。这同时也隐约影射了在这个院子里工作的人，都不是善茬，都是乌鸦嘴，他们一开口，就有人要倒霉。

第一只“乌鸦”叫何正臣，现在除了学历史的，很少有人知道他是谁了。这位何正臣九岁就赐进士出身，后来又靠自己的本事考上了状元。在他的那个圈子里，他也是个极为出名的人物。

何正臣给神宗上书，直接定了苏轼的罪：“苏轼自以为聪明，喜欢愚弄朝廷，谤讪讥骂，无所不为。但凡有什么水旱灾害，他就要归咎于新法，现在写了这个湖州上表，更是肆意诋诮，很明显在讽刺战斗在变法第一线的同志们，如果此人不公开从重处理，新法就会终结！”

因为该文是第一炮，所以应该是经过了御史台班子的讨论，行文还算严谨，首先明确指出苏轼政治倾向上有问题，是新法潜在的或者说已经活跃起来的危害者。这一伙人算是把稳了神宗的脉搏，作为一个在传播上具有轰动效应的焦点人物，苏轼对新法的态度直接影响着群众的理解，而新法得到了神宗的全力支持，绝对是不容动摇的。

新法不能动，神宗对苏轼的态度就动摇了。

第二个炮手叫舒亶。这个人是王安石的老部下，之前负责火速追捕郑侠的就是这位名捕，当时他只是个跑腿的外勤，现在成长起来了。舒亶也不是一般人物，据说是个状元公。他对苏轼的文章也有点不服、不满。现在借着工作，来实践“文人相轻”的理念，打击文化敌人。

就性格而言，舒亶和李定、章惇都是同一类型的，他们身上没有司马光那种温吞，也没有苏轼的温和戏谑。舒亶在地方上当官时，有个人喝醉之后，驱逐继母离家，这是不孝，属于比较严重的罪行。被逮到衙门后，这家伙还表示不服，被舒亶就地正法，即刻执行了。

当然，舒亶也因为此事遭到了停职处理，后来是被王安石的弟弟发现，得以重返朝廷。

舒亶的上书就比何正臣要具体多了，列举出苏轼的具体罪状。报告神宗说：“近来苏轼写了个谢上表，讽刺时政的意味很浓，庸俗浅陋之徒都在传诵。影响极为恶劣……”

他甚至列举了具体几条：

第一，为了平衡产业结构，皇帝您发钱给那些守本业的贫民。苏轼就写诗说：“赢得儿童语音好，一年强半在城中”，这分明是在和国家大政方针唱反调。

第二，为了提高官员的执政能力，皇帝您下令申明法令考核官员。他讽刺说：“读书万卷不读律，致君尧舜知无术。”意思是说，您要是没有一些法律知识，不懂得规章制度，就算遇到了尧舜这样的明君，也是个废人——苏轼一直认为，道德和文采才是正道。

第三，为了向大自然索取财富，您下令兴修水利。苏轼又来了：“东海若知明主意，应教斥卤变桑田”，这更是赤裸裸的讽刺，东海龙王不给面子，没有把盐碱地改成良田，就因为现在不是明君执政。

第四，朝廷下令严肃盐务，不许贩卖私盐。他发牢骚说："岂是闻韶解忘味，迩来三月食无盐。"其意说：不是像夫子说的那样，听听韶乐就可以解馋，我都三个月没有吃到盐了！

就这样的人，竟然还能在朝廷当官！他口出之言，全是讥讽的文字，要么镂板出版发行，要么刻石立碑，到处传播……

作为舒亶上书的附录，还有几卷苏轼的作品作为"罪证"。苏轼刚出版了几本畅销书，到处都可以买到，搜集证据极为简单。

何正臣和舒亶出手之后，紧接着，御史台的一把手李定一锤定音，打出了致命性的一击。如果说前面两个人分别是从政治和思想上抨击苏轼的话，李定的文章则是总结性的，全方位"揭露"苏轼的"丑陋嘴脸"。

李定说："苏轼这家伙，本来没啥本事，偶然考中了'异科'，尾巴就翘到了天上。一直'沮毁'朝政，皇帝都没管他。但他越来越嚣张，不骂朝廷不开口，每天不说一些狂悖之语就会肚子疼。他读书不少，却不知道尊重领导，反而'肆其愤心，公为诋訾'……陛下执政，他因为怨恨不重用自己，更是到处抨击，伤教乱俗，还有比这更恶劣的吗？"

神宗的情绪从怀疑、不满、恼怒，终于演变成了愤怒。受王安石的影响，神宗一直觉得苏轼有点华而不实，他曾经给司马光说过："你眼神不好，苏轼这个人你看错了，他不是什么好人！"①

皇帝大手一挥："那就把苏轼先捉回来再说！"

此时在湖州的苏轼还过着优哉游哉的小日子，他的人生主题还是和尚、名妓与文友。彼时他有一个文友刚死，苏轼伤心得伤肝摧胆，根本没

---

①"轼非佳士。"

有意识到一场莫名其妙的灾难，如同一只饥饿的老鹰，正在头顶盘旋。

至于为什么新法少壮派要不遗余力地对付苏轼，很多苏粉都自作聪明地解释，说是因为苏轼的名声太高，而且神宗很喜欢他，所以他随时可能回到朝廷当大官，威胁到变法派，于是“小人们”先下手为强。苏轼最大的拥护者就是他弟弟苏辙，苏辙说过：“朝廷那伙人为什么要搞我哥哥，就是因为我哥哥名声太大，才华太高，要和朝廷争胜负而已。”

这是典型的一厢情愿，要知道，每天送到朝廷的弹劾文件何止成千上万，大家互相攻击更是政治生活的常态，为什么神宗单单注意到了关于苏轼的奏章呢？

而且作出最后处理决定的，正是神宗本人。

古代的苏粉们惹不起神宗，就拿李定他们开刀①，现代的苏粉们就跟着他们前辈的僵化思想，认为神宗受到了“小人”的蒙蔽，错误迫害了一代文豪。

其实苏轼就是这样一个人，喜欢开玩笑，喜欢用反讽的形式发表自己的独特看法，是一个具有巨大娱乐潜质的明星文人。他的畅销书肯定会在第一时间流入朝廷，神宗不是痴呆，他难道看不出其中对朝政的隐隐不满？

所以这件事，其实是神宗和苏轼的个人恩怨，李定和苏轼的个人恩怨则是一条导火索。神宗要整谁，当然就要动用国家公器，非把这个人教育得心服口服、印象深刻为止。上一章里，王安礼去营救苏轼，神宗的语气就很调侃，他说：“没想怎么整他，随后就会放出来……”

所以，一切都在神宗的掌握当中。神宗心里早就有底了，吓唬吓唬就算了，给苏轼的那张大嘴戴个口罩。

---

① 不可否认的是，李定起到了煽风点火的作用。

当朝廷派皇甫遵去抓捕苏轼，又引来一个故事。据说，苏轼在朝廷有一个线人驸马王诜，他是神宗的姐夫，也是个风流情种，热衷于搞婚外情，把神宗皇帝的姐姐都给气死了。因为王诜和苏轼玩得很好，即刻把消息告诉了苏辙，苏辙又派人去通知哥哥，本来苏辙的人出发得晚，但是皇甫遵的儿子在路上生病耽搁半月，苏辙的消息先一步到了。

这个事情说到这儿似乎有些离谱：第一，皇甫遵出差抓人，为什么还要带着儿子同行呢，他是想要借故公费旅游吗？第二，从苏轼后来的表现看，他似乎没有任何思想准备，不像是已经知道消息的样子。

皇甫遵到湖州，苏轼请假在家专门伤心，晾晒那位死去故人的作品，此人据说画竹很有一手。听到朝廷来人抓捕自己，苏轼知道凶多吉少，贬官都是轻的，心里不可能不慌张，顿时乱了方寸，就和手下的通判商量："你说我是穿便装呢，还是穿官服去见使者？"

通判拿主意："还没定你罪呢，没事，就穿官服吧。"

等见了皇甫遵一行，苏轼的腿就更加软了：场面太正式了——皇甫遵身着正装，靴袍俨然，手里拿着笏板，身后跟着面目狰狞的小厮，也是身着制服，怀里似乎还揣着东西，一副苦大仇深的表情。

苏轼先服软了："我因为爱说话，把朝廷惹怒了，所以今天必然要被赐死，死不足惜，请问能不能让我回家和老婆孩子说一句再见？"苏轼这是在试探，大宋开国这么多年，还没有因言杀人，他害怕自己的尖牙利嘴让自己成为第一个牺牲品。

皇甫遵沉默良久，卖足了关子，方才缓缓说："还不至于这样。"

沉默许久，苏轼手下那位通判斗胆问皇甫遵："太尉既然来捕人，手里应该有公文吧？"皇甫遵横他一眼："你是哪个？"这个通判倒是不卑不亢，说："我是这里的通判！"皇甫遵这才拿出公文。

看完公文，苏轼一颗扑腾乱跳的心这才安静下来，公文上只是"寻常追摄行遣”，也即带回去问话而已。饶是如此，皇甫遵大约是受了李定的嘱托，很刻意地显示自己的权威，弄得苏文豪特别没有面子。皇甫遵办完这趟差事，回去后说不定会得意地在家谱上记载：“某年月，湖州捉苏轼，拉一太守，如同驱逐鸡狗一般，实在过瘾！”

这是别人眼里的苏轼，狼狈慌乱，但苏轼事后为自己辩白，此事却有了另一番模样。话说家里哭成一团，要送他上路，事后苏轼却坚称自己当时并不是特别害怕，还笑嘻嘻地同夫人说：“你不要这样，你就不能学一学人家杨处士的老婆，作一首诗送我？”这是有典故的，所以他的夫人“扑哧”一声就笑了。

这一笑，苏轼的形象就高大起来，有点“笑傲江湖”的味道。

“杨处士”指的是真宗时期的一个隐士杨朴，某天忽然被真宗召见，吉凶难测，夫妻俩心里也有点忐忑。见面后，真宗笑眯眯说：“你来见我，这是一件大事，出发之前，有没有人给你赠诗啊？”杨朴说：“有啊，我夫人写诗给我了。诗曰：‘更休落拓耽杯酒，且莫猖狂爱咏诗。今日捉将官里去，这回断送老头皮。’”

这首朴素的诗，惹得真宗哈哈大笑。

在后面我们就会陆续看到，苏轼对他这一段人生际遇，实际上是觉得有点尴尬的，所以很多事情经由他自己亲口讲出来，就美好、潇洒、幽默起来，颇有“此地无银三百两”的味道。毕竟是文人，还是在乎面子的。

从湖州到京城，这一路很梦幻，据说苏轼好几次想要自杀，都没有成功。

到京城后，苏轼当即下狱。最恐怖的是，入狱后，有人就一拍惊堂木，喝问：“你家五代之内，有没有免死铁券？”这句话又把苏轼的心脏提到了嗓子眼，因为只有犯了死罪才会被问这个问题，其他罪行都是问三代而已。

入狱之后，审问进行得很是顺利。不用人拷打，苏轼几十年的诗文都在脑袋里的，招出了很多“黑材料”。除了舒亶列举的例子，还有很多带刺的文字，比如送给爱开玩笑的刘攽的“刺舌君今犹未戒，炙眉我亦更何词”诗。

“刺舌君”说的是有一个人，用锥子刺自己儿子的舌头，叫他不要多嘴说话；“炙眉”说的是有个叫郭舒的人，得罪了某个厉害人物，被人家摁在地上，把眉毛给烧光了。这是在影射刘攽被人“刺舌”，而自己也被人“炙眉”，惨遭“政治毁容”，意思是朝廷不让人好好说话，搞言论封锁。

总之，大致上都是这一类文字，说严重也不严重，说没事，也没那么简单。

有一则传闻，说李定审讯苏轼后，默默地站在那里思考许久，方才说出一句：“苏轼奇才也！”身边人不知道领导什么意思，也不敢接话，又过了一会，李定方才开口：“他二三十年前的诗文，援引经史，随问即答，无有一字差错，真乃天下奇才！”这个事也许是真的，因为没有人敢去怀疑苏轼的文采和智商。

这里重点要提的，是一首特别的诗——《王复秀才所居双桧二首·其一》：

凛然相对敢相欺，直干凌空未要奇。
根到九泉无曲处，世间惟有蛰龙知。

这是一首很普通的托物言志诗，描绘了一棵在塔前凛然挺立、刚直不阿的桧树，谁都不惧，活得自由自在，而且树根深深地扎在地底下，一般人都不了解，只有地底下的蛰龙才明白。所谓“根到九泉无曲处，世间惟有蛰龙知”。——苏轼这是在自比，世间难得知音，自己只好卓越而寂寞着。

李定审问苏轼，就把这首诗拿出来了：“别的反动文字咱先不说，你这诗里头有个‘龙’字，你不问天上之龙，也就是现在的天子，却钻到地底下问什么‘蛰龙’，你说是不是有点反动，怎么解释？”

苏轼绝顶天才，在危急情况下，脑子当然转得极快，当即引用了王安石的一篇旧作《龙泉寺石井诗》：

山腰石有千年润，海眼泉无一日干。
天下苍生待霖雨，不知龙向此中蟠。

他辩解道：“昔年王丞相去信州，也写过‘天下苍生待霖雨，不知龙向此中蟠’，感慨说天下苍生正需要雨，这条龙却躲在这里度假，不好好干活。你要问的话，我这条‘蛰龙’，就是王丞相那一条龙。”

这一招“移花接木”很厉害，堪称乾坤大挪移，把王安石牵扯进来，要定罪就一起来吧。王安石的分量李定自然很清楚，变法的祖宗、神宗的老师，任谁都不能动他一根汗毛，只好悻悻起身离去。

可李定毕竟不甘心，不久后，苏轼这个难题又交给了宰相王珪。

王珪是个比较典型的平庸官僚，官样文章写得极好——“其文闳侈瑰丽，自成一家，朝廷大典策，多出其手，词林称之。”但他出于贪恋权位的目的，在政治上属于“风派”。当年跟着王安石混，被唐垌痛骂，现在自己当了宰相，也没什么独特见解。于是被大家称为“三旨宰相”，上殿见皇帝，谓之“取圣旨”；皇帝裁决后，谓之“领圣旨”；回去转告来办事的人：“已得圣旨。”

就是一个人肉传话机器。

现在的局势，看到这帮少壮派们欣欣向荣，王珪会站到哪一边，这是不用思考的事。老革命就这样成了少壮派的枪，带着诗稿去找神宗："苏轼这小子有问题，陛下龙飞在天他却不敬，去寻什么'蛰龙'，我看这个要从重处罚！"

皇帝身边的章惇站了出来，及时拉了苏轼一把："称龙的未必都一定得是皇帝，人臣也是可以称龙的。照你这个逻辑推断，诸葛亮当年号称'卧龙'，是不是也有二心？"

退朝后，章惇悄悄指责王珪："你这样可不地道，这是要把苏轼一家子都置于死地！"王珪老脸红彤彤的，嘴唇翕动一会，低声辩解："我这是听舒亶说的。"章惇冷笑一声："舒亶的唾沫也可以吃吗？"

这件事肯定是真的，因为在常规的历史知识里，章惇是个小人兼奸臣，关于他的宋人笔记基本上都是负面的，这件事是章惇政治生涯中极为罕见的闪光点。而且苏轼出狱后，写给他弟弟的信里也说："章子厚①平时给我医药救助，等到我落难了，还替我说话。"

那么，章惇和苏轼是如何建立友谊的？

话说当年苏轼在陕西凤翔，结识了一位朋友，交谈之下才知道，二人原来早有渊源。在苏轼参加考试那一科，他没有中状元，欧阳修的弟子曾巩也没有，当年的状元是个叫章衡的小子，而这小子是章惇的本家侄子。那一年，章惇其实也考上了，但他一看状元居然是自己的子侄辈，丢不起这个人，卷铺盖回家，以后再考——后来又很容易考中了前三名。

由此可见此人的性格，绝非池中之物，更不是一般腐儒可比，注定成为一个枭雄式的人物。

① 章惇字子厚。

在凤翔那会儿，苏轼和章惇年龄也不大。那个年代没有电脑没有手机，更没有绩效考核，所以人们颇有些雅兴，喜欢到处游玩。我们现在翻开苏轼的文集，可以发现，每到一个地方，他放下包袱第一件事就是打听哪儿有名胜古迹，哪儿是不是有几个月不吃饭的异人什么的。

苏轼和章惇二人某日游南山，到达一处仙游潭，山势十分凶险，绝壁万仞。就在这悬崖上，有一座小桥，说是小桥，其实就是一根摇摇欲坠的木头。章惇邀请苏轼跟自己一起走过去，到石壁上写个“到此一游”。苏轼不敢，连连摇头说这样太不环保了。章惇就不管他了，自己带着文具，挽起袖子“平步过之”，过去后还像猿猱一样“垂索挽树”，吊在悬崖上，饱蘸浓墨写道：“苏轼、章惇来！”

写完后原路返回，章惇神采依旧，大气不喘。

苏轼真是百感交集，一是感慨章惇的豪气，二来对自己的胆怯有点不好意思。他摩挲着章惇的后背[①]，用开玩笑的语气说：“你今后肯定能杀人。”

章惇不解，问他为何。苏轼说：“能自判命者，能杀人也。”一个人如果能够这样对待自己的生命，随时可以拼命，当然也就不把别人的命当回事了。

苏轼这句话说对了，他以后就会体会到章惇的狠劲。

如果说这件事还不能塑造章惇立体丰满的人物形象，那么笔者继续举例子，用以说明章惇的处事风格。

故事的主角还是苏轼和章惇。休息日他们在山寺小饮，喝得正高兴时，忽然听到外头有人惊呼：“外面有只大老虎！”两人喝得有点多，胆气豪壮，立刻策马去看热闹。等距离老虎十步左右时，马害怕了，打

① 也许苏轼是在摸章惇的后背，看看有没有吓出冷汗。

着响鼻胆怯后退。

章惇执意要过去，使劲鞭马前行。

苏轼在后面劝他："算了吧，你看四条腿的马都害怕了，你跑得过它吗，赶紧回来吧！"说完这话，苏轼自己调转马头，蹬蹬后退好几步。章惇不听他，犹自催马往前，还一边喊道："没事，我心里有数！"

这匹倒霉的马就这样，被赶到了老虎前面，章惇带着一个铜锣，在石头上击打，发出了金石之音，老虎则瞪圆眼睛，看着这个奇怪的两条腿怪物。大概老虎潜意识里觉得有点危险了，旋即虎躯一震，窜出几里地去。

这些神奇的事情使章惇产生了一种自信，坚信自己是个牛人。听说哪个庙里闹鬼，他就专门去住，结果他一去，怪物果然就销声匿迹。

苏轼和章惇二人性格如此的不同，一个温和幽默，一个桀骜强悍，这注定他俩不会成为永久的朋友。苏轼大约也意识到了，章惇注定会走一条另类的道路。有一次他从外头回来，章惇正露着大肚子乘凉，就摸着自己的大肚子问苏轼："你说这里头是啥东西？"

苏轼十分严肃："都是造反的事！"

得到这个评价，章惇顿时曹操附体，犹如听到"乱世之枭雄"的评价一般，很豪气地哈哈大笑。

多年后苏轼复制了这个故事，摸着自己日益松弛的中年肚子问他的红颜知己："朝云，你说这里头是啥？"朝云回答："一肚子不合时宜。"说白了就是牢骚话。苏轼也是哈哈大笑，不过明显不够豪气，带着辛酸。

到苏轼下狱时，他和章惇的关系还是不错的，所以章惇念旧，拉了他一把。但在《宋史》中，章惇被列在第一批奸臣里，而且我们注意到，跟随王安石变法的那些人，很多都"被"奸臣化了，但是他们的带头大哥王安石却不是，如此不正常的事，却被刻意淡化了。乃至于很多人直接得到结论，说王安石变法失败主要是用人不当，因为这些人道德败坏，才使新法夭折。这个逻辑太直接，不能成立。

章惇之所以成为奸臣，一是他参与变法，站位就不好。在当时很多人都反对变法的情况下，章惇显然是站错了队；二是章惇性格强悍，得罪了不少人，比如他和苏轼的矛盾，无疑使很多人对他的判断产生了偏颇。

好了，不绕那么远了，苏轼还在监狱里煎熬着，眼巴巴等待我们去看望他。

苏轼是个名人。在娱乐明星匮乏的封建时代，除了皇帝，我们还能拿谁当偶像呢？于是他被捕的事情就在朝野刮起了一股风，小道消息漫天飞舞。当时的人们每天见面都要交换一下情报，最近苏轼是什么状况。

在神宗这边，首先是承受到了“苏粉”的压力。这两位苏粉分别是他的祖母和他的母亲，看来苏轼“中老年妇女之友”的名头绝非浪得虚名。神宗的祖母，当年的曹太后看神宗神色有点不对，就问他：“你最近心里是不是有事啊？”神宗叹口气说：“事比较多啊，最近有个叫苏轼的家伙，谤讪朝廷，白纸黑字地给我抹黑。”

曹老太太急了：“是苏轼、苏辙吗？”

神宗很震惊：“您怎么认识这个人？”曹老太太就娓娓道来，讲述了那个苏家人传颂百代的故事：那年考完试，仁宗一蹦一跳回去，高兴地说我为子孙后代找了两个宰相……

遗憾的是，还没等苏轼从监狱出来，这位粉丝就辞世了。

她是太皇太后，辞世是一件大事，一般都要大赦天下。事实上，苏轼也希望借着这机会重获自由，所以在监狱里写了很多挽诗，深情怀念老太太的恩情——实际上他们见没见过面都是个问题。

大赦天下之际，另一位粉丝出面了，神宗的母亲高太后告诉他："不要胡乱赦免那些恶人，你把苏轼放了就行了。"请注意这个高太后，在苏轼所有的粉丝里，她是最有权威的一个，而且她本人对苏轼人生际遇的影响，简直不亚于苏轼的亲生父亲苏洵。

除了两位女粉丝，苏轼昔日的朋友也都陆续站出来，为他说情，这时候就显出了人情冷暖，其实真正为他说话的也没几个。第一当然是苏轼的弟弟苏辙，毕竟血浓于水，苏辙恳请降职为哥哥抵罪；第二是王安石的弟弟王安礼，这完全是出于正义感；第三是在职的一些官员，比如吴充拿曹操容忍祢衡作比喻，劝神宗放了苏轼。

最后一类，就是个别退休官员。这里头有个张方平，也是苏轼兄弟出川时遇到的第一个贵人，据说他派儿子去给皇帝送信替苏轼说情，但他儿子胆小没送出去，这件事令张方平很遗憾，后来见到苏轼，还专门把原件拿出来，告诉苏轼："我当初确实去营救你了，不是我不够意思，你要相信我……"

看了张方平的营救信，苏轼啥也不说，伸出舌头啧啧几声。

兄弟连心，只有苏辙读懂了哥哥的意思，告诉他的拥趸们："我哥不吐舌头行吗？你看老张的信里说我哥哥'文章天下奇才'，这正是朝廷所忌讳的，他名声太高，和朝廷争胜，所以才被人胡整。"拥趸们就一脸崇拜问苏辙："那应该怎么写？"苏辙面有得色道："就说本朝从没杀过士大夫，神宗皇帝好面子，害怕别人非议，自然收手。"

从说话语气判断，应该是在神宗驾崩后苏辙说这番话的。苏辙虽然比哥哥深沉有心计，他还是没有号准神宗的脉搏——你文章写得好不好不重要，神宗不玩文字，神宗要的是能干实事的人，最讨厌不干事还瞎嚷嚷的纵横客。

好了，苏轼在监狱等得太久了，我们还是回去继续说他吧。

苏轼临入狱前，心情极为沉重，就跟随行的儿子苏迈约好，平时送饭只送肉和菜，一旦高层做出处决的命令，就送鱼来，好让自己有个思想准备，留下写遗嘱的时间。

结果有一天，鱼来了，还是腌制的鱼！

在苏轼看来，这些小鱼就是来自地狱的勾魂使者。恍惚间，小鱼嘴里传来虚无缥缈的声音："来吧，你活不久了……"我们现在知道，苏轼以后出狱了，还活了很久，他"东坡居士"的名号就是后来才取的，要是此鱼消息属实，就没有苏东坡这个人了。

那么，这是怎么回事呢?

原来是在京城待久后，父子俩弹尽粮绝，苏辙就去陈留化缘，寻求经济上的帮助去了[①]。临出发前，交代一个亲戚替自己送饭，但是忘记交代那个"鱼暗号"，这就有了误会。

苏轼呆呆看着小鱼，半生前尘往事一一浮上心头，难道这一生就要了结在此处了么？自己的宰相梦、文坛领袖难道就此打住了？不行！坚决不行！川人特有的韧劲在体内发作，他还要做最后的努力，于是写了诗，托人悄悄交给弟弟苏辙。

苏辙收信一看，除了抒发"与君世世为兄弟"的亲情，还有极为主旋律的"圣主如天万物春，小臣愚暗自亡身"。他知道哥哥的意思，就把此信退了回去，监狱方面一看，这是政治犯的作品，按规定必须上缴——于是神宗皇帝看到了苏轼的表白。

与此同时进行的，是王安石的营救[②]。

总之，在这些因素综合交织下，苏轼终于结束了他的牢狱生涯，逃

① 他的朋友们此时踪迹全无，司马光也一句话都不敢说。

② 王安石当时退居金陵，上书神宗："安有圣世而杀才士者乎？"

出生天。

当然了，在苏轼自己看来，此事又是另一番模样。据他自己讲，某天他在监狱里，熄灯号响后，正要睡觉，忽然进来两个人，一声不吭睡下。苏轼也没理他们，以为是新来的犯人，自顾睡去。

半夜里，苏轼在黑甜乡里正神游，忽然被人摇醒，原来是两个新犯人，他们低声说："恭喜苏学士！"苏轼迷迷糊糊，问道："啥意思？"二人不再说话，叫他好好睡觉，随即离开。

后来才弄明白，这两个是神宗派来的小黄门，潜伏过来探视苏轼的。据说他们回去，报告了苏轼呼噜连天的睡态后，神宗点点头："我知道苏轼胸中无事！"言下之意，神宗还是赞叹了苏轼的心胸坦荡，监狱之旅如履平地。

这件事经过传播后，变得很著名，和"鱼暗号"一样流行，至于真假，就很难考证了。神宗派人看看苏轼有没有继续牢骚不断，这也是很有可能的。

如此一来，也印证了笔者的前文所说，这是两个人之间的恩怨，神宗就是给他点颜色看看，给他敲敲警钟。

神宗感觉差不多了，有点解气时，就把苏轼放出去了，这就有了他的黄州之旅，职务是"黄州团练副使"，官小不说，还"不得签署公事"，属于坐冷板凳的处理官员。

对苏轼来说，这是人生的一个巨大转折点。他被命运之神安排，被动地在黑牢里待了一段时光，是不光彩也不舒坦的。但是对中国文化来说，却是一件大事，这一座黑牢正如一个酿酒作坊，苏轼在落寞忐忑之后，流出汩汩佳酿……

苏轼也说自己文章"吾文如万斛泉源，不择地皆可出……"莫非就是这个意思？

“乌台诗案”对苏轼的人生观产生了极为深远的影响。在很长一段时间里，他变得谨小慎微，无复往日的潇洒不羁。最重要的是，在此后的黄州生涯中，苏轼人格中最为宝贵的一面被发掘出来了，他变得愈加达观，无论在如何恶劣的环境下，都保持了精神的富足和娱乐的精神。

到黄州后，苏轼给章惇写了一封情真意切的信。这封信不同于他往日的游玩应景文章，显得很是质朴老实。在这封信里，苏轼跟章惇说：“自从我出事之后，大家都不和我往来了，即便是亲戚朋友，也一字不写，只有老朋友你给我写信。而且还听说你当了副宰相，我很欣慰，因为一直以来我都跟身边的朋友们说，章惇奇伟绝世，肯定是一代伟人，对他来说，封侯将相简直不当回事……”

叙旧完了，苏轼又进行了自我检讨：“自己之所以犯事，就像是得了神经病，又好似被什么怪物附体，控制不住自己——大概这就是我穷命所致吧，现在病好了，我反思自己，甚是惭愧。如果这样还是不思悔改，我还算是人吗？”

到黄州后，不管苏轼如何落魄，好歹还是国家官员，到任后照例得写一封感恩戴德的谢表，感谢皇帝把自己安排到这里来工作。这一次苏轼可不敢耍嘴皮子了，变得异常老实，说自己“无官可削，抚己知危”。

神宗拿到这谢表后，仔细看了，露出小人得志的笑容：“苏轼，你也害怕打屁股了吧！”①

降服了苏轼这只文坛螃蟹，神宗终于舒坦了。

可他终究舒坦不起来，作为帝国的一把手，要操心的事情太多，和苏轼斗气，只是娱乐活动而已。

神宗的烦恼很快就来了，而且来得气势汹汹，当然了，他这是自

---

① 原话是：“畏吃棒耶！”

找的。

自从王安石开始变法后，国库里收罗了不少钱，有了这些钱垫底，神宗的志向就越来越大。和他的每一任祖宗一样，他把目光伸向了遥远的北方。那边的宿敌辽国，现在过得也不轻松，腾不出手来欺负别人，倒是西夏，似乎挺活跃的。

西夏很小，又那么活跃，最要命的是，西夏所处的地理位置非常关键，这就让它成了神宗的菜。

很可惜，神宗雄心勃勃地组织的两次北伐运动，均以失败告终。具体的原因很复杂：一来宋军多年没有参加实战，早忘记了如何打仗；二来用人不当，第一次用宦官李宪，第二次用徐禧，酿成了惨绝人寰的“永乐之役”。帝国复兴的小苗苗，顿时被铁蹄践踏凋零。

对西夏战争的失败，不光影响了国力，也打掉了神宗的盲目自信和虚荣心，本来这应该是他人格成熟、自我修炼的一次机会。但是，大约是由于性格过于刚强吧，神宗心中的郁闷甚至影响了他的身体状况。

不知道是因为遗传，还是因为边境战事失利的影响，自此以后，神宗的身体一天不如一天。三年后，神宗怀着万丈雄心驾崩了，享年三十八岁。

神宗之后，帝国又进入了另一个阶段，十岁的哲宗即位，高太后垂帘听政。高层的人事变动，会对每个人的命运产生直接或间接的影响。

闷头编书的司马光，抬起了头……

苦中作乐的苏轼，也看到了迟来的曙光……

后　记

十年前，我挤上了开往河南的火车。我要去的地方是巩义，一个不大的中原城市。在她的臂弯里，沉睡着北宋的七个半皇帝——赵匡胤的父亲没当上皇帝，但他两个儿子都当皇帝了，所以也享受了帝王陵寝的待遇。

我这样说其实是不准确的，因为皇帝们早已经尸骨无存，像是行吟四方的流浪诗人、卖艺侠客，留下一座座秋风里的宅院，盛满传说。

我忽然觉得，自己是一个失约的迟到者。

在当时，宋皇陵是个很生僻的地方，即便在无所不能的网络上，也只有零星的路线信息。在我大学同学和一位出租车师傅的带领下，我们沿着坑坑洼洼尘土飞扬的乡村公路，拐得晕头转向，终于将陵寝齐齐看了一遍。

七个皇陵，两个在市区受到了它应该享有的保护，其余五个，则散落在乡村野地之中，只余下一尊尊面色肃穆的石雕。这些若有所思的石像，比岁月更加倔强，一言不发，却又禅味深长。

相对来说，太祖的墓还是最为气派的，面前徐徐铺开几十亩青翠欲滴的麦田，像是一种延续千年的祭祀。我自小生活在四川丘陵地带，这种景象很少见到，但那一刻，并没有多少惊诧，倒是感觉甚为熨帖。

也只有这个格局，才配得上太祖——在我动笔之前，他是一个陌生的神，当我写完他的朝代，他已是我的朋友了。也只有这个格局，才孕育出灿若星辰的名臣和昌明和谐的政治。

那些守护着帝王陵墓的龙马、武士、大象、波斯人，都是宛若熟睡，身上散发出强烈的生的气息，它们或者斜着身子隐藏在麦田，或者袖手躲在松柏之间，甚至有一只石羊因为迷恋或者好奇，完全钻到了黄土里，只露出一双淳朴的角来。

若不是亲眼所见，根本无法想象一个王朝的陵墓湮没于此。村里的孩童衣着鲜艳，在两名武士之间拴上皮筋，咿咿呀呀哼着歌谣跳跃；年迈的老人一袭浓黑，蹴在石座上谈天说地，咂吧着烟袋……

但这些，丝毫没有引起我的诧异，我怀里端着一盏青瓷，里面是平平的欢喜。这个感觉在那一刻变得尤为真实——我们的出租车拐过巷子，几个汉子端着大碗蹲在墙角吃饭，不远处就是小山一般的封土。

他们是谁的子孙呢？我有点恍惚。

对于村民们来说，皇陵亲切熟稔得像是亲人，不需要一丝敬畏。最高贵的和最普通的，以一种亲密的、真实的姿态在这里碰头，高高在上的皇帝走下了神坛，生前费尽心机树立的权威和繁文缛节的礼仪，现在终于以一个相反的姿态派上了用场。

我相信，皇帝们若是在天有灵，必定是欣慰的——这才是真正的与民同乐，这才是一个王者雍容的风骨。

人世富贵的顶点，莫若君王；人世最大的耻辱，莫过于死后被人发冢，这七座陵墓，大多被洗劫过。但我生不起恨来，不管是毁于谁手，发丘中郎将、河南和洛阳的淘沙官或者小股的土夫子，这都是真实的曾经，也是历史的规律。

世界就是这样，道是无情却有情，历史亦然。

这就是这些夕阳下的皇家陵墓给我的启示，不管如何落魄艰难，它们曾经在这里，也将继续在这里。这是存在的力量，相对于它，功名利禄，荣辱兴衰，不过是张牙舞爪的纸老虎，轻易被时间碾成灰烬。

所以，我对书里的任何人都没有恶感，我尽力所做的，就是恢复他们鲜活的存在，尽管这很难，尽管这几乎是不可能的，但是我试过了，我还会继续尝试。希望细心的你可以体会他们的体温，毕竟在我们的血液里，有他们的影子。

历史上的许多人物，也许本来很平凡，也许就是因为特定时刻做出了非同寻常的事情，一个选择，一封信，乃至几句话，让他们青史留名，家喻户晓。

唯物主义者，从来不相信晶莹剔透的英雄，每个凡人都有伟大的刹那，每个英雄也都存在瑕疵。历史上肯定出现过无数个值得我们纪念和赞叹的瞬间，而史书只能挂一漏万，我的目标就是尽力去探求，甚至去猜测，这就是为什么本书引用了大量野史材料的原因。

眼下，这个孩子即将踏上江湖，在茫茫书海中走上自己的征途。我的内心半是欢欣半是惶恐，希望它能得到更多读者的认可。

感谢《新宋》作者阿越老师为本书作序，以历史学博士的视角解读了本书。感谢贾平凹、阿来、陈彦、徐则臣四位文坛前辈对本书的鼎力推荐。

感谢我的工作单位和我的母校，我享受着她们所提供的清净安宁的宝贵时光，也发生了重大蜕变。这里良好的学术氛围，让我始终保持着旺盛的好奇心和求知欲，日日学习，夜夜思考。

感谢我的编辑老师们，感谢你们的慧眼，愿意出版一个不知名作者的作品，这份认可和鼓励，是我前进的动力，你们的专业精神令我佩服。

感谢所有关心和帮助我的人。

感谢阅读和购买此书的读者朋友，有你们的支持，我才能走得更远。

王　佳

2021 年 12 月于西安